Catharina Regina

Geistliche Sonnette,

Lieder und Gedichte

Catharina Regina von Greiffenberg: Geistliche Sonnette, Lieder und Gedichte

Berliner Ausgabe, 2015, 3. Auflage

Vollständiger, durchgesehener Neusatz mit einer Biographie der Autorin bearbeitet und eingerichtet von Michael Holzinger

Erstdruck: Nürnberg (Michael Endter) 1662.

Textgrundlage ist die Ausgabe:
Catharina Regina von Greiffenberg: Geistliche Sonnette / Lieder und Gedichte / zu Gottseeligem Zeitvertreib, Nürnberg: In Verlegung Michael Endters, 1662.

Herausgeber der Reihe: Michael Holzinger
Reihengestaltung: Viktor Harvion
Umschlaggestaltung unter Verwendung des Bildes:
Catharina Regina von Greiffenberg (anonymer Kupferstich aus der Leichenpredigt von G. A. Hagendorn, Nürnberg 1694)

Gesetzt aus Minion Pro, 10 pt

ISBN 978-1484071229

Inhalt

Geistliche Sonnette, Lieder und Gedichte 11
Erklärung des Kupfer Titels 13
[Zuschrift von Hans Rudolf von Greiffenberg] 14
Vor-Ansprache zum edlen Leser 16
[Ehrenverse] 27
   [von Johann Wilhelm von Stubenberg] 27
   [von Wolfgang Helmhard von Hohberg] 27
   [von Sigmund von Birken] 28
   [von Jakob Sturm] 30
Kunst-Klang in dritthalb-huntere Sonneten oder Klinggedichten 31
   [Erstes Hundert] 31
      Christlicher Vorhabens-Zweck 31
      Heiliges Lobverlangen 31
      Herzliche Lobens-Begierde 32
      Brünstiges Weißheit Verlangen 32
      Sehnlichster Weißheit-Wunsch 32
      Eiferige Lobes vermahnung 33
      Göttlicher Anfangs-Hülffe Erbittung 33
      Wunsch eben deßelbigen 34
      Demütiger Entschluß - Gott zu loben 34
      Von der hohen Erschaffungs Gnade 34
      Gottes Wunder Würkung in der Schwach- und Nichtigkeit 35
      Uber Gottes gnädige Vorsorge 35
      Uber die Wunder verzuckende Himmlische Vorsehung 36
      Auf die seltene Schick- Verstrick- und Erquickung Gottes 36
      Auf die erniedrigende Erhebung und erhebte Nidrigkeit 37
      Auf Gottes Herrliche Wunder Regirung 37
      Gottes Vorsehungs-Spiegel 37
      Auf die unverhofft-wunderliche Vorsehung Gottes 38
      Gedanken des Großglaubigen Abrahams 38
      Deßen Danksgedanken - bey unverhoffter Entsetzung 39
      Auf Gottes Wunderspielung - mit seinen Heiligen 39
      Das er quickete Unglück 40
      Freud schallender Ausspruch 40
      Uber Gottes Ersetz- und Ergötzen 40
      Auf die süßeste Gnaden-Erquickung 41
      Auf eben dieselbige 41
      Der Gottes-Wunder Erklingung 42
      Auf meinen Vorsatz - die Heilige Schrifft zulesen 42
      Freuden-und Wunschgedanken 43
      Uber des Glaubens Krafft 43
      Uber die Allmacht-erscheinende Meer-Reise der Israeliter 43
      Uber die Gottes-Gnadentrieffende Wüsten 44
      Auf Gottes tieffe Wunder-Verzuckung 44
      Auf die Gott-beliebende Glaubens stärke 45
      Auf eben dieselbe - und Göttlichen wortes Krafft 45
      Die verharrende Hoffnung 45

Auf meine - unabläßliche Hoffnung ... 46
Auf Gottes all-übertreffende Güte ... 46
Das vermehrte verlangen ... 47
Auf die von Gott selbst geschriebenen Gesetz Tafeln ... 47
Die tröstliche Gottes Gnade ... 47
Von Gottes gnädiger Regirung im Creutz ... 48
Das beglückende Unglück ... 48
Das Tugend-ersprießliche Unglück ... 49
Herz-aufmunterung - in grosser Trübsal ... 49
Uber die unverkürzte Hand Gottes ... 50
Uber Gottes unbegreiffliche Regirung ... 50
Auf eben die selbige ... 50
Uber mein Symb. oder gedenkspruch ... 51
Uber die Unglückselige Tugend ... 51
Uber mein unaufhörliches Unglück ... 52
Uber die Verbergung Göttlicher Hülff' und Gnaden ... 52
Uber Gottes wunder-Beherrlichung in der Schwachheit ... 53
Auf die Thränen ... 53
Auf eben die selben ... 53
Auch über die Thränen ... 54
Auf eben selbe ... 54
Auf meinen bestürmeten Lebens-Lauff ... 55
Auf das verwirrte widerwärtige aussehen ... 55
Auf eben das selbige ... 55
Uber Gottes regirende Wunderweise ... 56
In äusserster Widerwärtigkeit ... 56
In eben derselben ... 57
Gemüts-Stillung ... 57
Auf Gottes seltsame Geist-Regirung ... 57
Auf eben selbige ... 58
Auf die Göttliche Gnaden-und Wunderhülff-Hoffnung ... 58
Auf die unbegreiffliche Glaubens Art ... 59
Ruhe der unergründlichen verlangen ... 59
Uber mein unablässliches verlangen und hoffen ... 59
In vielfältiger Widerwertigkeit ... 60
Glaubens Erkäntnus ... 60
Glaubens Unabläßlichkeit ... 61
Unwiderlegliche Glaubensgründe ... 61
Uber Gottes Wunderführung ... 61
Uber ein zu ruck gegangenes ... 62
Auf berührtes verhindertes Vornehmen ... 62
Gänzliche Ergeb-und Begebung - in und nach Gottes Willen ... 63
Auf berührte Verhinderniß ... 63
Auf eben selbe [1] ... 64
Auch auf selbe Begebnus ... 64
Uber des Creutzes Nutzbarkeit ... 64
Auf die verfolgte doch ununterdruckliche Tugend ... 65
Auf eben selbe! ... 65
Gänzliche Ergebung in Gottes willen ... 66
Auf die Tugend-bedrängnus-Zeit ... 66

Als ich mich [...] zu Ruhe begeben und das schreiben lassen muste 66
Auf die unverhinderliche Art der Edlen Dicht-Kunst 67
Auf mein langwüriges Unglück 67
Trost in Unglück 68
Uber die / mitten in Unglück entfangene - Geistliche Ergetzlichkeit 68
Auf Glückliche Erquick-und Erfreuung 69
Auf das Lust-vermehrende Unglück - nach erlangter Errettung 69
Hertzliche Lob-und Freud-Aussprechung 69
Auf mein freudiges Beginnen 70
Uber ein unverhofft beschertes Hülff-Glück 70
Auf Gottes süsse Erquickung und Wunder-Regierung 71
Herzlich-vergwistes Vertrauen auf Gott 71
Die [...] unbeschreibliche Süssigkeit der Güte Gottes 72
Glaubens-Blick und Bericht von Gottes Gnaden-Herze 72
Der Sonneten - Andres Hundert 73
Auf die Aller heiligste Menschgeburt meines Erlösers 73
Frolockungs Gedanken 73
Auf Christus Wunder-Geburt 73
Uber das Ewige / nunmehro Fleisch wordene - Wort 74
Uber den beliebten Gottheits-Tempel die Keuschheit 74
Auf die / der Gottheits-Sonne - aufgehende Freuden-Nacht 75
Frolockende Freudbezeugungs-Ermahnung 75
Auf Christus Wunder-Geburt [1] 75
Auf desselben Mensch-werdige Wunder-That 76
Auf eben selbige 76
An die unvergleichlich-Glücklichen Bethlehems-Hirten 77
Auf Höchst-erwehnten Wunder-Tag 77
Auf eben diese Herz-entzuckende Freuden-Geschicht 78
Auf Christus Allerheiligstes erstes Blut-vergiessen 78
Auf die Höchst-wunderliche Geburt - unsers Heiligen Heilandes 78
Demütige Dienstaufopferung - zu Gottes Ehren 79
Am H. Neuen Jahrs-Tag 79
Neuen Jahrs Wunsch-Gedanken 80
Auf meinen Aller süssest-und Lieblichsten Herrn - Jesum 80
Andere Neu Jahrs Gedanken 81
Auf die Allerheiligste Tauff Christi 81
Uber des Allwachenden Schlaf 81
Freuden-volle Anrede - an das Wunder- erweckte Mägdlein 82
Auf die Begebnß - mit dem Cananeischen Weiblein 82
An die Cananeische Glaubens-Heldin 83
Auf die Erleuchtung des Blinden am Wege 83
Auf die Wunder-Ubung - an dem Taub- Stumm-und Blinden 83
Auf die über-Natürliche Meer-Wandelung des Herrn 84
Auf unsers Heilandes [...] Wunder-Wandel auf dieser Erden 84

An die allübertreffende - von keinem Lob nie erreichete Gottes
Güte 85
Über Christus Leben und Leiden 85
Über das aller heiligste Leiden meines Heilandes 86
Über meines Erlösers - Trauren am Oelberg 86
Auf des Traurenden Christi - herz- und schmerzliches Gebet 86
Über den [...] Leidens-und Erlösungs-Anfang im Oelgarten 87
Auf den aller theurest-und sauresten Blut-Angstschweiß 87
Über meines Jesu blutigen Lieb- und Schmerzen-Schweiß 88
Auf meines Erlösers Bande - im Oelgarten 88
Auf den / meinem Heiland unwürdigst-gegebenen - Backenstreich
.... 89
Auf Christi Bekäntnuß - vor dem Hohenpriester Caiphas 89
Auf meines Seelen-Herrschers Verspott-und Verspeyung 89
Auf meines liebsten Jesu schmerzliche Geiselung 90
Auf meines hochverdienten Heilandes Dornen-Krone 90
Auf das erbarmbare Jammer- Bild meines Herrn Jesu 91
Auf deßen schwereste Creutztragung 91
Auf Christi Schmerz-und erbärmliche Creutzigung 91
Auf die aller grausamste und erbärmlichste Creutzigung 92
Über das Wort: Er ward ein Fluch am Holz 92
Auf meines Heilandes allerheiligste Wunden 93
Auf sein allerheiligstes Blutvergiessen 93
Auf den / meinem Heiland gegebenen - Rohrstab 94
Auf Christi Verlassenheit am Creutz 94
Die sieben Erzgnaden-Worte - unsers Erlösers am Creutz 94
  Das Erste 94
  Das 2. Wort 95
  Das 3. Wort 95
  Das 4. Wortt 96
  Das 5. Wort 96
  Das 6. Wort 97
  Das 7. Wort 97
Auf unsers Erlösers - Siegreiche Höllenfahrt 98
Auf meines Auserwählten Jesu verscheiden! 98
Die Sieben - Zeichen oder Wunder-Worte 99
  Das erste: die Sonn-Finsterniß 99
  Das andre: Des Vorhangs im Tempel Zerreissung 99
  Das dritte: Das Erd-beben 100
  Das vierdte: Die Felsen Zerreissung 100
  Das fünffte: Die Gräber-Eröffnung 101
  Das sechste: Der umstehenden Bekehrung 101
  Das siebende: Die Seiten Eröffnung 102
Auf die Frölich-und Herrliche Auferstehung Christi 102
Auch auf dieselbige 102
Auf die / den Weibern offenbarte - Auferstehung 103
Von Frucht und Empfindung der Auferstehung 103
Auf die Heilig-Herrliche Auferstehung Christi 104
Trost - aus Christus allbesiegender Himmelfart 104
Auf die Siegreiche Himmelfart unsers Heilandes! 104

Freudenschall - Auf berührtes Wunderfest 105
Uber das Lieb-und Wunderreiche Abendmal unsers Herren 105
Uber dieser Göttlich-hohe Wunder-Geheimnus 106
Freudenschall - über diese Gottes-Entfahung 106
Uber die Geniessung des Höchst-heiligen Abendmals 106
Auf eben dieselbige 107
Auf vor-erwähnte Hochwürdigste Entfahung! 107
Auf eben dieselbige [1] 108
Auch auf die Höchstheilige Abendmahls-Empfahung 108
Wunsche-Seufzer zu Gott dem H. Geist - am H. Pfingstfest 109
An den wehrtesten Herzens-Schatz - den Heiligen Geist 109
An die Lieb-reicheste Geistes-Taube 109
Auf des Heiligen Geistes Wunder-Trost 110
An Gott den H. Geist 110
Auf dessen sanfftes Sausen 111
Uber das unaussprechliche Heilige Geistes-Eingeben! 111
Sehnlichs Verlangen nach vorgenossenen Geistes-Freuden 112
Herzliches Geistes-Jauchzen 112
Glaubige Dienst-Aufopferung Gott dem H. Geist 113
Uber die Allerheiligste Göttliche Dreyeinigkeit 113
Auf eben dieselbige [2] 113
Lob der Höchst-Heiligen Dreyeinigkeit 114
Lob-und Wunder-Gedanken 114
Ferneres Lob - und Andacht 115
Herz-bezeugter Gottheits-Trieb 115
Zugabe von L. Sonneten 116
H. Neuer Jahrs-Wunsch 116
Zum Glücklichen Neuen Jahrs-Anfang 116
Von dem Allwesenden Namen Jesus 116
Christliche Dienst-Aufopferung 117
Einfältig-doch Allvermögende Glaubenskrafft 117
Verwerffung der schnöd-und öden Geld-Lieb 118
Ich rede von deinen Zeugnussen vor Königen 118
Als die Heiden die H. Schrifft verbrennen wolten 119
Als durch eines H. Mannes Leibeigenschafft 119
Als mir einmal - am H. Drey König Abend 119
Auf das neue widerwärtige Glück 120
Uber die unverletzliche Tugend 120
Die Dienst-anbietende Tugend 121
Beantwortung der Tugend auf ihre Bedingung 121
Uber meine vielfältige Widerwärtigkeiten 122
Die Unüberwindliche-beherzte Standhafftigkeit 122
Dämpfung der unzeitigen Tugend-Regung 122
Auf die endlich-alles-überwindende Tugend 123
Auf eben dieselbe 123
Uber die streitende Christen-Ruh 124
Auf die überflüssige Winter -und Widerwärtigkeits-Länge 124
Auf den - Gott Lob! vergehenden Winter 124
Gott-lobende Frülings-Lust 125
Gott-lobende Frülings Lust! 125

Gott-lobende Frülings-Lust [1] ... 126
Gott-lobende Frülings-Lust [2] ... 126
Gott-lobende Frülings-Lust! ... 127
Gott-lobende Frülings-Lust [3] ... 127
Gott-lobende Frülings-Lust [4] ... 127
Gott-lobende Frülings-Lust! [1] ... 128
Gott-lobende Frülings-Lust [5] ... 128
Gott-lobende Frülings-Lust [6] ... 129
Gott-lobende Frülings-Lust [7] ... 129
Gott-lobende Frülings-Lust [8] ... 129
Gott-lobende Frülings-Lust [9] ... 130
Gott-lobende Frülings-Lust [10] ... 130
  Uber ein Lustbringendes Regenlein ... 130
  Sonnen-Lob ... 131
  Uber das kleine wolbekandte Blümlein: Vergiß mein nicht ... 131
  Auf den Geistlichen Wortes-Donner ... 132
  Auf die liebliche Sommer-und Ernde-Zeit ... 132
  Auf eben dieselbe [1] ... 132
  Auf den Kornschnitt ... 133
  Auf die Fruchtbringende Herbst-Zeit ... 133
  Christliche Abend-Gedanken ... 134
  Gänzliche Ergebung in Gottes Willen ... 134
  Auf die unaufhörliche Gottes- und Tugend-Liebe ... 134
  Wunsch-Gedanken ... 135
  Verlangen - nach der herrlichen Ewigkeit ... 135
  Vorgebildete Erblickung - der Herrlichkeit Gottes ... 136
  Uber die Unendlichkeit Gottes ... 136
Kunst-Gesang in Funfzig Liedern: untermischt mit allerhand Kunst-Gedanken ... 137
  1. Uber meine geliebte Seelen-Göttin - die Himmlische Deoglori ... 137
  1. Uber das Sinnbild - Ein die Welt-Kugel beschauender Adler ... 138
  2. Lob-Lied - Der schönen Euthymia oder Gemüts-Ruhe ... 138
  2. Uber den / durch alles Ungewitter - der Sonne zufliegenden Adler ... 140
  3. Der H. Jungfrau Maria - Wiegenlied ... 140
  4. Neu Jahr-Lied ... 142
  3. Auf das Neue Jahr! ... 143
  4. [Jesus / Tugend / Ehr und Glück - helffen mir das Jahr anfangen] ... 143
  5. Neu-Jahrs-Gedanken ... 143
  5. [Jesu! schweb' in meinen Sinnen -] ... 144
  6. Andacht-Bereitung - zur Betrachtung des H. Leidens Christi ... 145
  7. Uber das H. Leiden Jesu Christi ... 147
  6. Wider verhoffen - in Hoffnung ... 148
  8. Auch auf das H. Leiden Christi ... 148
  7. Der Herr kennet den Weg der Gerechten ... 150
  9. Jesum-Lobendes Liebe-Lied ... 150
  10. Uber des Himmlischen Seelen-Bräutigams Vollkommenheit ... 152

8. Der im Himmel sitzt / lachet ihr - und der Herr spottet ihr 153
11. Uber Gottes gnädige Regierung 154
9. Ich förchte mich nicht vor viel hundert tausend 157
12. Trost-Lied 157
13. Unterthänige Dienst-Aufopfferung dem Höchsten 158
14. Anderer Theil: Demütige Dienst-Aufopfferung in Wohlfart 160
15. Widertritt 163
16. Endschallende Reimen 164
10. Erkennet doch daß der Herr seine Heiligen wunderlich führt
.... 165
17. Klag-Lied 165
18. Auf das widerwärtige Unglück 166
11. Du Herr - segnest die Gerechten 167
19. Auf eben dasselbe 168
20. Auf die unglück seelige Tugend 169
12. Es müssen alle meine Feinde zu Schanden werden! 171
21. Auf eben selbige 171
22. Die verfolgte Tugend 172
23. Auf die in den Sonneten gedachte zuruck gegangene Pfingst-Reise
.... 174
24. Uber Die Göttliche Gnadenbeglückung 175
13. Gott ist ein rechter Richter 177
25. Erhörungs Verlangen 177
14. Der Herr ist des Armen Schutz 179
26. Uber die Nichtig und flüchtige Welt-Lust. 179
27. Gemütes-Beruhigung 180
28. Die wider erholete Schwermütigkeit 181
15. Herr - warum trittestu so ferne. etc 183
29. Uber den Spruch Christi: Friede sey mit euch! 183
16. Ich traue auf den Herrn 184
30. Ergebung In Göttliche Regierung 185
31. Freudiges Trost-Lied 186
32. Ringel-Lied Uber des Glaubens Krafft 187
17. Herr wie lang wiltu mein so gar vergessen 188
33. Morgen-Lied 188
34. Frülings-Lied 190
35. Uber die Blumen 190
36. Göttliches Wunder Lob 191
37. Wiesen Liedlein 193
18. Was ist der Mensch! daß du sein gedenkest 194
38. Spazir- oder Schäfer-Liedlein 195
39. Lust Liedlein bey dem Ypserfluß 196
40. Lob der zu Zeiten angenehmen Einsamkeit 198
41. Auf die tröstliche Gedanken - von der Göttlichen Güte 200
42. Göttlicher Gnade Betrachtung - in der Blühe 201
43. Uber die Nachtigal 202
44. Gott-Lobendes Frülings Lied 204
19. Dreyständige Reimen 205
45. Auf die blühenten Bäume 205
20. Eben solche 207

46. Auf Gottes Wunder-Beglückung 207
47. Trost-Liedlein 209
21. Aus dem Wälschen. Uber die Empfängnus Christi 210
48. Uber das Gebet 210
22. [Wer kan die Wunder-Bahn in Gottes Wegen finden] 212
49. Auf die Geistes-Erleuchtung 212
23. An Gott den H. Geist 213
50. Geistes-Belustigung in Gottes Wunder-und Gnadenwerken 214
24. Morgen-Gedanken 215
51. Auf die ruhige Nacht-Zeit 215
25. O Caesar, O Nulla 216
52. Bey Ansehung der Sternen - Wunsch-Gedanken 217
26. [Das / was man von Gott soll sagen - flösset uns derselbig ein] 218
27. Ich will eine Hülffe schaffen etc 218
28. Leidens-Entschliessung 219
29. Ketten-oder Ringel-Reimen 220
30. Aus dem Lateinischen versetzt 220
31. Ogni Cosa per lo Meglio 222
32. Un cuor Animoso Vince ogni estremo 223
33. Sopra il malo, aspetto il bono 223
34. Chi non risica, non quadagno 223
35. Dove non arrivano le forze bisogno che sopplisce l'acutezza del' ingegno 223
36. Lauro, palma, olivo, spesso in Sauio sono congiunto 224
37. Le belle cose, piaceno à tutti 224
38. Un cuor generoso, non è soggeto à l'incostanza della fortuna 224
39. Altri tempi, altre cure 224
40. Chi semina virtu, fama ricoglia 224
41. Il saggio, domina le stelle 224
42. Chi si arma di virtu, vince ogni affetto 225
43. Vive si, che dopò morte tu vivi ancora 225
44. Un bel morir, fa l' huemo contento 225
45. [Der Erden warmer Hauch / so in die Lufft sich schwinget -] 225
46. Uber Pygmalions Geltsucht 225
47. Uber den gekreutzigten Jesus 226
Spruch-Reimen 226
Biographie 232

Catharina Regina von Greiffenberg

Geistliche Sonnette, Lieder und Gedichte

zu Gottseeligem Zeitvertreib /

erfunden und gesetzet

durch

Fräulein Catharina Regina /

Fräulein von Greiffenberg /

geb. Freyherrin von Seyßenegg:

Nunmehr

Ihr zu Ehren und Gedächtniß /

zwar ohne ihr Wissen / zum

Druck gefördert /

durch ihren Vettern

Hanns Rudolf von Greiffenberg /

Freyherrn zu Seyßenegg

Erklärung des Kupfer Titels

Den edlen Dichtergeist / schickt Gottes Geist herab.
der Kunst Klang und Gesang / ist hoch- und wolgebohren:
den Himmel hat er ihm zum Vatterland erkohren.
allda er Gottes Lob dem Engel Chor eingab.
des Himmels Gegenhall und Echo / sey die Erde:
sie lobe Gott mit dem / womit Er labet sie.
Der Thon / zu Gottes Thron sich schwinge spat und früh:
die Leyr / kommt Himmel-ab / und wieder himmlisch werde.
Diß zeigt uns dieses Buch. Der Andacht Himmelbild
spielt Gott zu Ehren auf / schickt Ihm die Flammen wieder /
die sie von Ihm empfieng / und dichtet Engel-Lieder.
Die Davids-harffe / hier Deboren Finger fühlt.
Hier singt Uranie / die vom Berg Sion steiget.
Weg mit dem Helikon! ihr andern Musen / schweiget!
doch lasset / wie ihr thut / in einen Felsenstein /
zu ewiglichem Ruhm / diß Werk geschrieben seyn.

Der Wolgebohrnen Fräulein / Fräulein Catharina Regina von Greiffenberg / gebohrnen Freyherrinn von Seyßenegg

In Gebühr geliebte Fräulein Muhm. Sie weiß sich zu erinnern / was massen / als der allerhöchste GOTT /nach seinem allweisen Raht und Willen / Dero H. Vattern / weiland meinen geliebten leiblichen H. Brudern / Herrn Johann Gottfried von Greiffenberg /Freyherren auf Seyßenegg / durch den zeitlichen Tod seeliglich zu sich abgefordert / mir die Obligenheit gleichsam zugestorben / ihre Fr. Mutter und Sie (zumaln Sie der zeit sich noch in gar zartem und grünem Alter befunden) zubedienen und zu versorgen. Und dieser meiner Schuldigkeit habe ich zwar / nach meinem wenigen Verstand / mich möglichster weiß befliessen: wiewol es meine Vermögenheit / wie auch der Zeit gelegenheit / nicht leiden wollen / Ihnen und mir selbst / nach Dero Würdigkeit / hierinn ein Genügen zu leisten. Und da ich ja etwas / wie gering es seyn mag / dißfalls gethan hätte / so wird mir solches allzuüberflüssig belohnet / durch die Ehre und Freude / so ich daraus geschöpft habe und noch schöpfe /indem ich Sie / meinst durch angebohrnen Trieb ihrer schönen Natur und edlen Geistes / an löblicher Gottes- und Tugend-Liebe / schönem Verstand und adelichen Sitten / von Tag zu Tag zunehmen sahe / und nunmehr / neben ihrer Person / zugleich auch ihr Gemüte zu seiner Vollkommenheit erwachsen sihe. Gleichwie Sie nun võ ihrer Jugend auf / wie ich Ihr billich das rühmliche Zeugniß gebe / nichts unterlassen / was einem Adelichen / Gott- und Tugendliebendem Gemüt wol anstehet: Also hat Sie auch / da Sie ihre Zeit auf dem Land in weniger Gesellschafft bishero zugebracht / ihre Einsamkeit sonders wol und nützlich / nemlich zu Lesung guter Bücher / verwendet / und also / wie jener saget / in mangel der Lebendigen / sich mit den Todten besprochen. Insonderheit hat Sie / von erster Zeit an ihrer Leskündigkeit / zu der nunmehr in unser Teutschen Muttersprache hochgestiegenen edlen Dichtkunst ein eiffriges Belieben getragen / und nicht allein dergleichen Bücher vor andern mit Lust gelesen / sondern auch endlich / mit Zuwachs der Jahre / die Feder selber angesetzt / und zu ihrem Zeitvertreib / aus selbst-eigner Belehrung ihres schönen Verstands / ein und anders Gedichte zu Papier gebracht: welche denn von etlichen unsern guten Freunden / die von dieser löblichen Kunst -Ubung beydes Verstand und Ruhm haben / mehrmals beliebet und belobt worden. Weil nun ich meines theils an denselben auch meine sonderbare Ergetzlichkeit jederzeit gehabt / überdas bey andern eine Begierde / deren durch den Druck theilhafftig zu wer den / vielmals verspüret: als habe ich mich erkühnet /ohne meiner geliebten Fräul. Muhme Vorwissen und Erlaubniß / eine Anzahl derselben in den Druck färtigen zu lassen / und selbige allen Gott- und Kunstliebenden mit zutheilen / nicht zweifflend / es werde diß mein Vorhaben zu Erbauung Christlicher Andacht und zu mehrung des Kunst-Reichs gereichen / und meine geliebte Fräul. Muhm werde mir solches / da es etwan wider ihren Willen geschehen / nicht verargen können. Will ich also Ihr hiemit dieses Büchlein /welches ohne das ihr eigen ist / wiederum überreicht haben / zu gutem Andenken / und damit Sie heut oder morgen / wann Sie / durch Gottes gnädige Verfügung / in mehrerm Glück und Vergnügung leben /auch vielleicht mit andern Sorgen und Geschäfften beladen seyn wird / sich erinnern könne / mit was Ubung und Zeitvertreib sie ihre Jugend zugebracht /welches dann / weder von Ihr selbst / noch von jemands anders / wird können getadelt werden. Schließlich wünsche ich / daß meine geliebte Fräul. Muhm /ihre übrige / gebe Gott noch lange und glückseelige /Lebenszeit solchermassen / mit Gott- und Menschen-gefälligen Kunst- und Tugend-Ubungen / woran ich zwar im minsten nicht zweiffele / zubringen / und nach Endung derselben / in jenem allein- und recht-glückseeligem Freuden-Leben / was Sie hier angefangen / ewig fortsetzen / und die hochwürdigste / hochheiligste Göttliche Dreyeinigkeit / im Chor der Heil. Engel und Auserwehlten / mit himmlischem Lobgesang ehren und preisen möge. Thue mich hiemit in Dero Gedächtniß / zu gebührlicher Gunst und Gnade empfehlen / und verbleibe in aller Gebühr /

 Ihr allezeit getreuer
   Vetter und Knecht

      Hanns Rudolf von Greiffenberg /
      Freyherr auf Seyßenegg.

Vor-Ansprache zum edlen Leser

Von der Fürtrefflichkeit / und insonderheit von der Geist- und Kunstfähigkeit / des lieblöblichen Frauenzimmers zu schreiben / ist eine Arbeit / die ein gantzes Buch erfordert / und nur von etlichen Blättern nicht kan umschränket werden. Es wär auch eben soviel / als nach dem Homerus eine Ilias schreiben wollen: dann hiervon allbereit / der an Stand und Verstand welt-berühmte Unglückseelige / in der Zuschrifft / der verteutschten Geschicht-Reden H. *Joh. Franc. Loredani*, an die Teutsche Kunst Göttinn Fräul. Margaretha Maria von Buwinghausen; *Cæl. Sec. Curio*, in der *Dedication* an die Englische Pallas / Königinn Elisabeth / den Schrifften der gelehrten Welschinne *Fulv. Olympiæ Moratæ* vorgefüget; das Register gelehrten Frauenzimmers / den Gedichten der Englischen Kunstinne /*Johannæ Westonæ*, angehänget; die Schrifften der gelehrten Edlen Niderländerin /*J. Annæ* Schuermanns; *Joh. Pet. Lotichius*, in seiner *Gynæcologia*, von *Joh.* Tacken verteutscht; *Joh. Bellinus*, in der verteutschten Abigail *Henr. Corn. Agtippæ*; der Venus-Ehrenhold / und andre mehr dergleichen Schrifften / die volle Genüge zu lesen gegeben haben.

Von dem Geist-Reichtum und Kunst-Vermögen dieses Edlen Geschlechts / wollen wir allein das H. Gottesbuch reden hören. Die Erzmutter Sara hatte die Ehre / vor Abraham ihrem Gemahl / der doch ein Vatter aller Gläubigen heist / daß sie vom Unterschied der geist- und fleischlichen Geburt / des Gesetzes und Evangelii (wie es / der hocherleuchte Himmelsbot an die Heiden auslegt) weissagte / mit diesen Worten: Stoß die Magd hinaus mit ihrem Sohn / d.i. das Fleisch / das Gesetz / den Bund der Beschneidung! dann der Magd Sohn soll nicht erben mit meinem Sohn / als dem Sohn der Freyen / d.i. mit dem Geist /dem Evangelio und Bund der Verheissung.[1]

Also auch ihre Schnur Rebecca / legte die Antwort Gottes von ihren Söhnen / aus prophetischen Geistestrieb / gewisser aus / als ihr Gemahl Isaac / der doch ein Fürbild Christi ware. Sie hatte gehört /[2] daß der Grössere solte den Kleinern dienen; sie sahe Jacobs Frommkeit und Esau Boßheit. Isaac liebte den Esau /aus blinder Liebe / und nur wegen der Erstgeburt: aber Rebecca liebte den Jacob / den Gottliebte / und von dem sie ihr selbst weissagte / daß sie in seinem Samen würde eine Mutter des Messias werden. Dannenhero sie auch den Segen Isaacs / mit List / von Esau auf Jacob lenkte.

---

1 *Gen. 21. 10. Gal. 4. 30.*

2 *Gen. 35. 23.*

Miriam / Mose und Aarons Schwester / war eine Prophetin in Volke Sottes: dannenhero sie / mit Aaron wider Mose murrend / sich rühmte: Redet nicht der Herr auch durch uns.[3] Sie war auch eine geistliche Poetin / und sange den andern Weibern vor / wie sie Gott danken solten / der Israel von der Hand Pharao errettet hatte: und hat sie ohnezweiffel Mose das Lied dichten helffen / welches dazumal vom gantzen Heer angestimmet worden.

Um die Zeit *Ili*, des Trojanischen Königs / waren viel tausend Männer in Israel: gleichwol hatte / vor ihnen allen / ein Weih / die Prophetin Debora / den Geist der Weißheit / über das Volk zurichten. Und eben diese / hatte gleichfalls allein den poetischen Geist / ein schönes Triumf-Lied zudichten / als Barak / auf ihren Befehl und mit ihrer Hülfe / den Sissera K. Jabins Feld-Marschalk / aus dem Feld geschlagen hatte. Also pflegt / wie aus diesen zweyen Beyspielen erhellet / der Prophet- und Poetische Geist beysammen zuseyn: damit man wisse / daß dieser so wol als jener von Gott einfliesse.

Die Mutter Simsons / hatte auch mehr Geists / als ihr Mann Manoah / welchen sie / als er wegen des Engels Gegenwart in Furcht ware / mit diesen Worten lehrte und tröstete: Wann der Herr Lust hätte / uns zutödten / so hätte er das Opfer nicht genommen von unsern Nänden / Er hätte uns auch nicht solches alles erzeiget und uns so grosse Zusagen von unserm Sohn hören lassen.[4]

Was vor ein herrlicher Geist die fromme Nanna / Samuels Mutter / getrieben habe / ist aus ihrem lehrreichen schönen Dank-gebet abzunehmen. Und wie andächtig diese zu Gott / eben so vernünfftig haben zu den Menschen geredet / das kluge Weib eines Narrn / Abigail / das Weib von Thekoa / und die weise Frau zu Abel: welche / mit ihrer Weißheit der Männer Thorheit und Unvermögen hoch-ersprießlich ersetzet haben.

Die Weiseste / unter allem hohen Frauenzimmer / so jemals gelebt / ist ohnezweiffel gewesen Maqueda / die Köginn aus Reich Arabien: weil sie / einen weiten Weg gereiset / die Weißheit Salomons des Königs aller Weisen und Weisesten unter allen Königen / anzuhören. Und es mag wol der Königliche Hof zu Sion damals ein irdischer Himmel gewesen seyn: als an welchem der Geist der Weißheit / die zwey allerweisesten Personen beyderley Geschlechts / als das gröste Weltwunder / auf den Schauplatz gestellet / und zu jedermans Erstaunen miteinander reden und handeln lassen.

---

3   *Num.* 12. 2.
4   *Iud.* 13. 23.

Als der fromme König Josia / von Abstellung der Abgötterey und wieder-Aufrichtung des wahren Gottesdienstes / den Herrn fragen wolte / hat er / nicht zu dem Hohenpriester Hilkia / oder sonst zu der Priester und Schrifftgelehrten einem / sondern den Hohenpriester selber / zur Prophetin Nulda / gesendet: hat also dazumal / der Geist Gottes / dem gantzen Israel /durch ein Weib / geantwortet.

Ein weibliches Beyspiel hohen Geistvermögens und himmlischen Weißheitglantzes / hat sich gewiesen / in der Mutter der sieben Brüder / zu der Maccabeer Zeiten: welche *Josephus, Salome* oder Salomona nennet / und eine absonderliche Lobschrifft von ihr geschrieben. Es ist verwunderbar und unerhört von einer Mutter / daß sie nicht allein soviel Söhne / einen nach den andern / erbärmlich martern sehen / sondern auch sie zu einer solchen Beständigkeit / durch welche sie ihrer aller beraubet wurde / anmahnen konte. Ich bin eure Mutter / sagte sie / und habe euch gebohren: aber das Leben und den Odem habe ich euch nicht gegeben. Der / der alle Menschen erschaffen /wird euch das Leben / das ihr itzt um seinet willen fahren lasset / wiedergeben. Sind Worte voll Geist und Feuer: aber noch mehr diese / mit welchen sie den jüngsten noch übrigen Sohn / ihr nunmehr einiges Kind / flehentlich bittet / daß er sich doch auch wolle peinigen und zum Tod fördern lassen. Du mein liebes Kind / spricht sie / das ich neun Monden unter meinem Nertzen getragen / das ich gesäuget und mit grosser Mühe erzogen habe! erbarme dich doch über mich! Fürchte dich nicht vor dem Nenker / sondern stirb gern / wie deine Brüder: daß dich Gott samt ihnen wieder lebendig mache / und mir wiedergebe. Sie hat nach diesem selber gethan / was sie gesagt /und das Gesetze Gottes mit ihrem Blut versigelt.

Der Engel des neuen Bundes / der Sohn Gottes und unser Bruder im Fleisch / ward auf Erden am ersten gegrüsset von einem Weibe / der Priesterinn Elisabeth. Dazumal hat der H. Geist das erste *Concilium* und Kirchversammlung angestellet mit zweyen Weibern / hochwürdigsten Müttern des Messias und seines Vorläuffers / deren dieser sein Vorläuffer-Amt allbereit in Mutterleib angefangen. Und ist kein Wunder / daß der H. Geist durch sie so geistig geredet /weil sie mit der Heiligkeit selber schwanger giengen. Elisabeth / thäte allhier den Vortrag / vom Glauben /durch welchen Maria den Vatter des Heils empfangen hatte. Sie aber / die Mutter ihres Herrn / eröffnete in ihrem schönen Lied und *Magnificat*, das himmlische *Decret* dieses allerheiligsten *Concilii*, solches Innhalts: Gott erhebet die Elenden / durch Ernidrigung des Allerhöchsten.

An diesem Orte etwas wenigs von der Würdigkeit des weiblichen Geschlechts zusagen / so haben wir dieselbe zuerlernen aus dem höchstbewürdigten Mutter-Nahmen. Es ist nicht genug / daß die gantze Menschen-Welt demselben ihr Seyn und Leben schuldig ist: man muß es ihm auch dank wissen / daß er das Heil der Welt zur Welt gebracht. Ein Weib / wol freylich das bäste Geschöpfe / ward eine Mutter des Schöpfers / und zwar ohne Zuthun eines Mannes. Der Sohn Gottes hätte sich wol / wie die Eva / aus einem Manne Mensch-formem können: aber Er hat Mensch-werden wollen / von dem Samen einer keuschen Jungfrauen. Die Männer mögen sich groß damit machen /daß zween von ihnen / nemlich Henoch und Elias /und vielleicht auch der dritte / Moses / lebendig gen Himmel geholet worden. Was ist aber das / gegen der unermesslichen Ehre / daß der Herr des Himmels eines Weibes Sohn ist? daß eines Weibes Fleisch und Blut / Jesus Christus / zur Rechten Gottes sitzet / die Menschen vom Tod erlöset hat / und dermaleinst aller Welt Richter seyn wird?

Es erscheinet nachmals / daß dieser heiligste Weibessame / in den Tagen seines Fleisches / dem weiblichen Geschlecht mehr Gnad erwiesen / als den Männern; gleichwie er auch von jenem mehr geliebet worden / als von diesen. Stracks nach Antrettung seines Lehramts / ehrete Er ein Brautfest mit seiner Gegenwart / und mit seinem allerersten Wunderwerk. Auf seinen Reisen liesse Er ihm nicht allein Jüngere / sondern auch Jüngerinnen [5] nachfolgen. Drey Todten erweckte Er / soviel man aufgeschrieben hat. Der eine /die Tochter des Schul-Obristen / war selbst ein Weibsbild / und gabe Anlaß zu der tröstlichen Vergleichung des Todes mit dem Schlaff. Der andre /ware ein einiger Sohn einer betrübten Wittib: welche Er / zugleich mit dem süssen Wort / Weine nicht! und mit dem Gnadenwerk / indem Er ihr den Sohn lebendig wieder gabe / getröstet. Der dritte / Lazarus / war ein Bruder der zwo Christliebenden Schwestern Martha und Maria: denen meinst zulieb / er den Verstorbenen wieder belebte. In das Städtlein Sichar / dasselbe gläubig zumachen / schickte Er / nicht seiner zwölf Boten einen / sondern ein Weib die Samaritana; nach dem Er / bey dem Jacobsbrunn / sich den Lebensbrunn in ihr Hertz eingeflösset. Einsmals sahe Er /ihrer viele / viel in den Gotteskasten legen: aber unter allen denselben lobte Er am meisten / die arme Wittib mit den zweyen Schärflein. Seine Jünger / schalte Er zum öfftern vor kleingläubig: aber ein Weib / und zwar eine Heidinn / die Syrofönissa / ward von Ihm gepriesen mit dem Namen einer Großgläubigen.

---

5 *Luc. 8. v. 2.*

Von den Männern / wurde Er verfolget: aber von den Weibern / wurde Ihm nachgefolget. Jene / trachteten Ihm nach dem Leben: diese schafften Ihm und seinen Jüngern zu leben / und thäten Ihm Handreichung von ihrer Haabe.[6] Jene / nennten Ihn einen Samariter und Teufelsbanner / und schryen endlich gar das Creutzige über Ihn: aber ein Weib priese seelig diejenige / die Ihn gezeuget und gesäuget hatte. Alle seine Jünger verliessen oder verleugneten Ihn: die Jüngerinnen aber / gaben Ihme / mit weinen / das Geleit bis zum Creutz und Grabe. Ja eine Heidin / des Pilatus Weib / bate vor Ihn: den er / ihr Mann / zu tödten gebote.

Beym Ende der Erdwanderschaft unsers Seelen Heilandes / hat Maria Magdalena / die beständige Christliebhaberinn / mit ihrem Nardenwasser von seinem annahenden Sterben geweissagt / und seinen Leib damit zur Begräbnis gesalbet. Als Er bald darauf sein Sterbbette / das Creutzholz / auf den Rücken zur Richtstadt truge: weinte sie Ihme / mit ihren Gespielinnen / hinten nach / und sahe endlich / wie hart es ihr auch ankame / ihre Liebe kreutzigen und ihr Leben begraben.

Die Liebe ist stark / wie der Tod: singt das geistliche Brautlied.[7] Man könte wol sagen / sie sey stärker / als der Tod. Jesus hatte zwar aufgehört zu leben: aber Maria / konte nicht aufhören zu lieben. Die Liebe und der Kummer / lässt sie nicht schlaffen. Darum stehe sie vor Tags auf / und läufft zum Grabe. Weil sie nicht mehrers thun kan / so nimmt sie Salben und Threnen zu sich / den heiligsten Leichnam / wie sie öffter gethan / damit zu salben und zu waschen. Die Liebe macht sie so blind / und der Schmertz so bestürzt / daß sie denjenigen vor todt hält / von dem sie doch zuvor gegläubet / daß Er sey die Auferstehung und das Leben: gehet also hin / und suchet den Lebendigen bey den Todten. Sie klagt / man habe ihr Ihn aus dem Grab hinweggenommen: da sie Ihn doch im Hertzen hatte. Endlich erlanget sie die Ehre / vor allen seinen Jüngern / daß sie den wieder-erstandnen Jesus am ersten sihet / und mit Ihme redwechselt. Ja sie wird von Ihm verordnet zur Abgesandtin / dem Christliebenden Häufflein den Sieg ihres Christus und die Niderlage des Todes anzukünden. Ein Weib hatte / im Paradeis / dem Mann den Tod dargereichet: und ein Weib brachte den Männern / vom Grab / die Post des Lebens; sagt hiervon *Rabanus*. Ein Weib fande / nicht weit vom Baum des Lebens den Tod; und ein Weib fande / unfern von dem Todtenhaus / das Leben. Sie hatte sich / vorher in seinem Leben / zu

---

6   *Luc. 8. v. 3.*

7   *Cant. 8. 6.*

seinen Füssen gesetzet / und seiner Predigt zugehöret. Da ihre Schwester Martha / mit Haussorgen und Geschäfften / ihr viel zuschaffen gemacht: hatte sie vor sich das bäste Theil erwehlt / [8] nemlich die Liebe Jesu und die Geistesnahrung / welche ihr dann vom Tode nicht hat können genommen werden.

Gott hatte / zur Zeit des Königs *Ufia*, den Propheten Joel weissagen / und seinem Volk dieses Versprechen ankünden lassen: Ich will ausgiessen meinen Geist über alles Fleisch / und eure Söhne und Töchter sollen weissagen.[9] Dieses ward erfüllet am ersten heiligen Pfingsttag / da der Heil. Geist / nicht nur über die Jünger Jesu / sondern auch über die H. Weiber /sichtbarlich ausgegossen worden. Nachmals wird von den 4. Töchtern Philippi des Evangelisten geschrieben / daß sie geweissagt / d.i. gelehrt und geprediget haben.[10] Priscilla / das Weib Aguila / leistete / ihrem Mann / und dem H. Paulus / Gesellschafft / in Belehr- und Bekehrung der Heidenschafft: es muste auch der hochgelehrte Jud Apollo noch bey ihr zur Schul gehen /[11] und von diesem Weib lernen / ehe er ein Lehrer der wahren Kirche wurde. Daß diese Weissagung folgends noch immer an diesem Geschlecht erfüllt worden / bezeugen die Jahrbücher und Kirchgeschichten. Man durchlauffe das rohte Register derjenigen / die das Christliche Zeugniß und den Vermählungsbrief zwischen der H. Kirche und ihrem himmlischen Bräutigam mit ihrem Blut unterschrieben: man wird dasselbe / von mehr Weibs- als Mannspersonen /angefüllet befinden. Ja man wird daselbst mit Verwunderung anhören / wie etliche Geist-blöde Männer / von den Weibern / in der Marter angemahnet worden / männlich zuseyn. Dionysia / als sie ihren Sohn zum Tod mehr ziehen als führen sahe / rieffe ihm zu mit diesen Worten: Sohn! ich bitte dich / bedenke / daß wir in der Tauffe die Hoffnung der Seeligkeit angezogen haben; und laß uns ja dieses Kleid nicht verscherzen / damit nicht / der uns gen Himmel geladen hat / uns nack et finde / und in die finstre Hölle verstosse. Die Weibs-ächter und Verächter / so da schreyen und schreiben / das weibliche Geschlecht sey / wegen der ihme von ihnen angedichteten kältern und schwächern Natur / keiner Großmut fähig /mögen eine Märterinn / die Julietta / mitten in ihrer Marter / aus göttlichem Geistes-eingeben / hiervon reden und ihren umstehenden Gespielin-

---

8   *Luc.* 10. 41.
9   *Ioël.* 2. 28.
10 *Act.* 21. 9.
11 *c.* 18. 18, 26.

nen also zureden hören: Solte euch / sagte sie / die Schwachheit des weiblichen Geschlechts entschuldigen / mir diesen Gang nachzugehen: mit nichten! wir sind eines Gezeugs mit den Männern / und es ist zur Erbauung des Weibs / nicht allein Fleisch / sondern auch Bein genommen worden: daher / uns sowol als ihnen / die Stand- und Starkmütigkeit zustehet. Eulalia / ein dreyzehnjähriges Jungfräulein / als itzt eben ihre Schönheit anfienge ein Rost zu seyn / die Hertzen der Verliebten darauf zu braten / ware nicht zu jung darzu / sich auf dem Marter-rost getrost braten zulassen. Serena Keys. Diocletians Gemahlin / liesse sich die zeitliche Hoheit nicht abhalten / ihr Leben Christo aufzuopfern / um / die ewige Hoheit zuerhalten: und muste eben derjenige / der ihr die Keyserkron aufgesetzt / ihr auch zur Märterer-Kron verhelffen / dessen heidnisches Ehbette sie / mit dem Schoß und Armen ihres himmlischen Verlobten und Geliebten / seelig vertauschete. Blandina / eine Jungfrau aus Gallien / wurde langsamer müd zuleiden / als ihr Richter und Henker / sie zubeleidigen: ja sie peinigte selber ihre Peiniger / in dem sie einen gantzen langen Tag sich vergeblich bemühet hatten / derjenigen samt dem Blute Threnen auszupressen / die zu allen Plagen und Schlägen nur lachete. Apollonia / eine andre Jungfrau zu Alexandrien / zum Feuer geführt / als der Richter noch viel Ermahnens machete / beforchte und besorgte sich / er möchte das Urtheil widerruffen / und sie von diesem Ort / von welchem sie ihr liebster Seelenbräutigam heimführen solte / wieder wegführen lassen: risse sich derhalben von den Schergen / und sprang selber ins Feuer. Es konte ihr diß Feuer nicht anderst als angenehm seyn: weil dadurch sie / als ein Fönix / zum ewigen Leben verjünget / das Gefängniß ihres Leibs eingeäschert / und also ihrer Seele der Ausgang / um / in den Himmel einzugehen / solte geöffnet werden.

Noch ein Römisches Freulein / die Eufemia / als sie viel ausländische Christen auf den Richtplatz schleppen sahe / liefe vor den Stadtpfleger / beklagte sich / daß man den Fremden mehr gutes thue / als ihr / einer gebohrnen Römerin / indem man jene mit der Märterer-Kron ehrete und durch den Tod zu Christo schickte / ihrer aber verschonte und vergesse. Als sie hierauf / von den Heiden vor gantz thöricht gehalten / mit den andern hingeführt wurde / beschwerte sie sich abermals / daß man andre gebunden / sie aber ledig führte: neidend gleichsam ihre Martergenossen / daß sie nicht neben ihnen / zu den Wunden auch Bande und Fesseln ihrem Jesu mitbringen solte. Diese alle mag man wol vor geistreich und vor Gottesheldinnen / gelten lassen. Noch eine ist ihnen beyzusetzen: die H. Catharina / eine Jungfrau von Antiochien / welche nicht allein um Christi willen dapfer gelitten /sondern auch mit ihrer Kunstredseeligkeit vor die Ehre Christi dapfer gestritten / im Gefängniß 50. heidnische Philosophen mit disputiren überwunden und ihrer viele zur Seeligkeit bekehret hat.

Es ist dieser weibliche Geist- und Kunst-Reichtum /nicht allein unter dem Volke Gottes und den Christen / sondern auch den Heiden bekandt und verwandt gewesen: wie dann / in ihren Geschichtschrifften / von der *Dama*, der Tochter Pythagoras / der *Cassandra, Aspasia* und *Sappho*, der alten *Carmenta*, der *Cornificia, Cornelia, Calfurnia* und anderen / insonderheit aber von den Stbyllen / viel Rühmens ist. Und es ist vermutlich / daß / von Anfang der menschlichen Gesellschafft / das Frauenzimmer dem Mannsgeschlecht an Kunst und Tugend müsse überlegen gewesen seyn / weil / fast in allen Sprachen alle Tugenden und Künste / weiblichen Geschlechts Namen haben / auch allemahl weiblich gebildet / überdas weibliche Gottheiten denselben vorgesetzt / worden. Insonderheit aber haben sie / die Weißheit und Geschicklichkeit /zwar dem Gott Apollo / aber auch der Pallas oder Minerva / und zudem noch den neun Musen / als Schutzgöttinnen / untergeben. Unter diesen Kunstgöttinnen /haben sie eine genennt Urante: welches ein Griechischer Name ist / und hergeleitet wird von dem Wort ουραν, zu tentsch Himmel. Und diesen Namen haben sie ihr zugeeignet / entweder wegen ihrer himmlisch- und englischen Gesang-lieblichkeit / oder weil sie von himmlischen Dingen gesungen. Mit demselben stimmen ein / in unsrer werthen Muttersprache / die schönen alt-Teutschen Namen *Amalofuinta* oder Himmelswitte / ist soviel gesagt / als / himmlische Weißheit; und *Ameltruda* oder Himmeltraut / andeutend eine Gottseelige Seele / welche sich mit Jesu / dem Himmels König / verlobet und vertrauet / und dadurch eine Reging und Königinn worden. Und so eine Seele mag wol vor eine Kunst- und Weißheitgöttinn gelten / weil der Geist der Weißheit von Himmel sie begeistert und anfeuret.

Daß auch unsere Zeiten / von dergleichen geist-feurigen Kunstgöttinnen / von Himmelklingenden Uranien / Mariamnen und Deboren / von Weißheitfärtigen Maqueden / Musen und Minerven / von Gottesgelehrten Catharinen / Priscillen und Huldinnen / geadelt worden: solches haben / anfangs-erwehnte Kunstfedern / von hundert Jahren her / genugsam erwiesen und ausgeführet / bey denen man sich auch dessen mit mehrerm zuersehen hat. Nur einer einigen lob-gebührlich zugedenken / so behauptet auf sich mit recht den Namen einer wahren Uranie und himmelgeistigen Kunst Sängerinn / die Wolgebohrne Freulein /Freulein Catharina Regina von Greiffenberg / gebohrne Freyherrinn von Seyßenegg / durch gegenwärtige übertreffliche Sinnbruten: welche nicht allein vor süßklingende Schwanen / sondern auch vor hochfliegende Adler / (inmassen sie / neben andern ihres gleichen /in dem preißwürdigsten Adlerland gehecket worden) zuachten / als die da andern Dichtfedern weit vorfliegen und dieselben übergeistern.

Daß der Poetische Geist und die Dichtkunst von Himmel einfliesse / ist ein alter und wahrer Lehrspruch: dannenhero man sie / mit einer von Himmel herabgelassener Orfeus-harffen oder Leyer / ausbilden kan. Es sind aber nicht alle Hände geschickt / auf dieser Leyer zuspielen: gleichwol sind derer viele / die sich hierzu geschickt achten / da es doch ihnen sowenig anstehet / als dem Esel das Lautenschlagen. Es ist ein grosser Unterschied / zwischen einem Virgil und Baven oder Meven / zwischen einem Opitz und Hanns-Sachsen / zwischen einem Kunstdichter und Reimleimer / zwischen des Apollo Lautenspiel und des Marsyas Schalmeyen-gelirl. Und sowenig ein blosses Bild / weil ihm die Seele mangelt / ein Mensch ist: sowenig ist ein blosses Zeilengebände ein Kunstgedicht zunennen / weil ihm die sonderbare Ausfündigkeit und rednerische Kunstzier / als die Seele eines Redgebändes / abgehet. Noch sind heutzutag derer viele / welche nur ein leeres Gereim und Geleim /ohne lehrhafften Nachdruck und dapfren Wörterpracht / daherschmieren und schmieden / und wol ganze Bücher damit anfüllen: finden auch ihre hochge Ohrte Midasköpfe und Aftterrichtere / welche ihnen /vor andern / den Ehr-Namen eines Kunstdichters zusprechen. Es heist aber warlich kein Vers / (schreibt der treffliche Suchende) welches etwan unten reimweis auf den Füssen hinket / der Leib aber des Verses der göttlichen Kunst so ähnlich ist / als die Eule der Nachtegal. Der edle Spielende / nennet solche armseelige Reimerey / unglückseelige Misgeburten / deren Vätter sowenig Poeten / als die ungestalten Affen Menschen sind / ob sie uns wol unter allen Thieren am ähnlichsten sind. Der Poet Horatius / macht diesen Ausspruch:

Nicht gnug ist / Zeil und Zeil / wol binden und wol reimen:
nicht ist poetisirn / alltages-Reden leimen.
Der Geist und Feuer hat / der höher denkt und redt /
als sonst ein Pöbelkopf: der heist mir ein Poet.

Und ein vornehmer Herr / pflage hiervon gar nachdenklich zusagen: Ein Gedichte / sey wie eine Malzeit / die schmecke ihm nicht / wann nicht Fisch und Wildbret vorhanden seyen; verstunde darunter Reh und Aal / nämlich *realia*.

Wo Fisch und Wildbrät ist / das zieret Tisch und Mahl:
lädt Plato mich zu gast / so such ich Reh und Aal.

Die rechte und echte Dichtkunst / bestehet / in nutzbarem Kerninnhalt / und in ungemeinem belustbaren Wortpracht.
   Solche Gedanken und solche Worte / führt allhier unsre Teutsche Uranie / deren zart-schöne Hände auf der himmlischen Dichterharffe nur lauter-unvergleichlich zu spielen wissen. Wie dann / unter andern / das 47ste Sonnet / einen Liebhaber dieser Kunst dermassen verzücket / daß er davon Geist und Feuer empfangen / dessen Worten also nachzuspielen:

Wer kan diesem Mund gleichsingen? er ist aller Kunst beschluß.
mir verschmelzt den Geist und Sinn / dieses Feuer der Gedanken:
wie die Sonne unterdruckt / Lunen und der Sternen Fanken.
Kunst / lässt sonst nur Bäche rinnen: hier entspringt ein gantzer Fluß /
dem ich alle Ehre geben und sie andern nehmen muß.
Weil die Prob unmeßlich pralt / leidt der Ruhm auch keine Schranken.
Solt ein Muht / dem solchen Grund solche Hände bauen / wanken?
Himmels-hände nur / die Hoffnung stützen auf so fästen Fuß.
Solte / der so zierlich tröst / so ein Trost uns nicht gefallen?
ach! das Herze wird beherzet / von so schönem Wörterspiel:
aller Unmut muß daran / als am Felsen / rückwarts prallen.
Dieser Tugendfürstin Feder / fliegt und führt zum rechten Ziel.
Fassein Herze / Poesy! deine Sach in Wachstum stehet:
eine Göttinn deiner Kunst / Himmels-voll auf Erden gehet.

Gleichwie aber / die Göttliche Dichtkunst / von Himmel stammet: also soll sie hinwiederum / von der Erden / gen Himmel flammen. Aufder / von Himmel herabgelassenen Orfeus-harffe / soll man / dem Himmel und seiner Gottheit zu Ehren / Lieder spielen. Die Dichterflamme / ist nicht irdisch: darum soll sie auch nicht im irdischen brennen. Sie wird / nicht auf dem Parnassus / sondern im Paradeis / gebohren; aus dem Geistes-Jordan / oder gestirnten Eridan / und nicht aus dem Erdquellenden Hippocrene oder Claros / geschöpfet und getrunken. Diesen göttlichen Trieb nun /soll man nicht zu ungöttlichen Sachen mißverwenden / noch so heilige Geistesregung / solche himmlische Kunstbrünnlein und reine Einflus-quellen / mit dem Koth der Eitelkeit auftrüben und verunreinen. Der Berg Sion / soll der Musen Erzschrein / und der Bach Kidron das

Meer seyn / da alle Gedichte heraus- und wieder hinein fliessen. Diß thut unsre Himmel-klingende Uranie: Sie brennet von Göttlicher Lobbegierde / und von Verlangen nach Tugend und Weißheit; Sie flammet in himmlischer Liebesglut gegen ihrem ewigen Seelen-Liebhaber / deme zu Ehren sie allhier / nicht Worte / sondern lauter Geistes-funken ausseuffzet. Aber / damit der wehrte Leser / welcher allbereit entbrandt ist von Verlangen / diese Flammen und Funken zubeschauen / nicht länger aufgehalten werde / wird diese Vor-Ansprache beschlossen mit dem Wunsch:

TeVtsChe UranIe! sInget fort /
Lebt froh IM EhrnstanDe.

[Ehrenverse]

Auf der Gemüt- und Geblüt-vollenkommenen Freulein von Greiffenberg / der Teutschen Clio unsers Isterstrandes / übermänschliche Englische Geistliche Gedichte

Cherubin und Seraphin / seyn deswegen höchstgepriesen
in dem höchstem Himmels- Chor / weil durch sie mehr wird erwiesen
unsers Gottes Ehrenlob: soll dann gleicher Werke brauch
nicht bey Menschen machen auch gleiches Ruhms Lobopffer- rauch?

Lebenswehre ist / was des wehrt: doch je mehr man findt zu loben
an dem Lobensunterstand / höher wird er recht erhoben.
Weil ein Weltschmukt Schönheit ist / wo das Lob auf Weiber fällt:
die mit solcher ausgeputzt / allen Ruhm ihr Ruhm erhält.

Ihr / Ihr doppeltschönes Kind *Clio* unsers deutschen Landes!
Seyt ein Menschen- Seraffin / Engel unsers Donaustrandes!
Weil sich nicht nur mehr als schön Euer Leib und Euer Geist
sondern Gottes Schönheit selbst Euer *Orpheus*-stimm' uns weist!

O Ihr die Ihr Schönheit liebt / liebet ehret diese Schöne!
Was Gott Schönheit Tugend acht / Ihr zufolgen sich gewöhne.
weil Sie dieses alles zeiget / muß bekessen jedermann
daß die Schönheit sich nicht schöner als in Weibern weisen kan!

      Mit diesen Eilzeilen verehrt seine hochgeachte
          Freundinn / Dero ergebenster Diener
                              der Unglükkselige.

[von Wolfgang Helmhard von Hohberg]

Sonnet

Wie wann der grüne May die Felder tapeziret
mit Schmeltzwerck der Natur / das Bienlein freyen flug
auf frische Blümlein nimmt; mit künstlich-edlem Zug
und angenehmen Raub / ihr *Nectar* draus formiret:
Also der Himmelsgeist berühret und anführet
mein Freulein / euren Geist / daß er wahrhafftig klug
nimmt weid' in Gottes Wort; uns kostfrey und genug

erwünschtes Honig schenkt / draus man viel Nutzen spühret.
Dort wo der Wiesen Schoß heilsame Kräutlein trägt
das Bienlein wohnet gern: Eur keuscher Geist sich setzet
auf reines Blumwerk nur und guten Einfall hegt.
deß Bienleins Stachel offt empfindlich hart verletzet:
der Stachel eurer Wort uns sanfft das Hertz bewegt
und es ohn Schmertzenstich mit Süssigkeit ergetzet.

  Zu schuldigen Ehren / dieses aufsetzend / befihlet
   sich / zu beharrlichen Gnaden
    der unter der Hochlöbl. Fruchtbringenden

    Gesell schafft unverdient-genannt
           Sinnreiche.

[von Sigmung von Birken]

Hände von weiß-seidnem Flor /
(die die Hände der Natur
mit saffirnen Fäden sticken /)
betet an / die Männer-welt:
jeder will auf dieses Feld
einen Lieb- und Ehrkuß drücken,
Was soll wohl alsdann geschehn /
wann die schöne Hand so schön
schreibt ein geistigs Kunstgedichte?
wer kein Mopsus ist / der richte.

Eine Schnee-Alpaster-Stirn
(die mit güldnem Locken-zwirn
Sonne-strahlend ist behangen /)
Männer-hertzen an sich rückt:
jeder wünschet sich bestrickt
und in dieses Netz gefangen.
Wie / wann unter Haar und Stirn
wohnt ein göttlichs Geist-Gehirn?
ach die selbste Lieb / zu lieben
so ein Bild / sich fühlt getrieben.

Ein Corall-gezinkter Mund /
redt und lacht die Hertzen wund.
Stirn-gestirne / die da winken

aus des Aug-runds schwarzer Nacht /
machen / durch die Einfluß-Macht /
Männer-augen Liebe trinken.
Noch mehr Feur dem Hertzen gibt /
wann das Aug ein Kunstbuch liebt /
wann der Engel-Mund erklinget
und gantz Englisch redt und singet.

Von des Hertzens doppel-wall /
schallt der Liebe Gegenschall /
alle Hertzen an sich neiget;
wo der Rosen-Busem bebt /
sich mit lindem Athem hebt /
sein beseeltes Marmor zeiget.
Diß der Liebe Vestung ist /
da sie brüstet sich und rüst /
da sie Pfeile pflegt zuschärffen:
alles ihr zu unterwerffen.

Aber / wann diß Herzen-dach
deckt der Tugend Schlaffgemach /
ist der Keuschheit Pfortenrigel;
wann darinn Gotttempel thront;
wann der Künste-Geist bewohnt
diese zween Parnassus-hügel:
wer wolt halten nicht hochwehrt
so ein göttlichs Bild der Erd?
wer wolt nicht / von ihm zulesen /
achten vor ein himmlisch Wesen?

Schönste Freulein / schönster Geist /
(wie Euch dieses Buch uns weist /)
Künste-Fürstin / Dichter-Krone!
Ihr giest Geist und Flammen ein.
Alle Welt Poet soll seyn /
daß man Eurer Tugend lohne.
Adel unsrer Dichter ey!
Euer Lob der Inhalt sey
forthin unsrer bästen Lieder /
fließ' in seinen Einfluß wieder.

Nürnb. den 30. Jan. A. 1662.

Mit diesem Opfer hat sich der Hochfürtrefflichen
Teutschen Kunst-Göttinn zu Gnaden empfehlen sollen
der Erwachsene.

[von Jakob Sturm]

Catharin-Regina Freulein von Greiffenberg;
durch Buchstab-wechsel / bringt diese Reimzeit:

Ja greifet je gar fein nach obern grünen Flur.

Erklärung.
Hier / was der Himmel hegt / wird Göttlich aufgespielet:
drum hat *Uranie* das beste Theil erzielet.
hier schaut Sie Himmel-auf / und küsst der Sternen Spur:
Ja greifet je gar fein nach obern grünen Flur!

glükkpreisende hat es nachgeopfert
Jakob Sturm.

Der Teutschen Uranie Himmel-abstammend- und Himmel-aufflammender Kunst-Klang in dritthalb-huntereSonnetenoderKlinggedichten

Der Sonneten / Erstes Hundert

Christlicher Vorhabens-Zweck

Ach Allheit / der ich mich in allem hab ergeben /
mit allem was ich bin / beginne / denk und dicht!
zu deiner hohen Ehr mein Spiel und Ziel ich richt.
ach laß den Engel-Zweck / dein Lob laß mich erstreben.
laß nichts / als was dich liebt und lobet / an mir leben.
Ach gib mir Hitz' und Witz / zu richten meine Pflicht.
versag / den Geistes- Strom / die Flügelflamm / mir nicht.
ja mach den Muht zu Glut: dich brünstig zuerheben!
Ich such kein eigne Ehr / verdiene sie auch nie.
Siht aber jemand was Geist-nutzliches allhie:
so bitt' ich ihn durch Gott / er woll mir nicht zuschreiben
das Gut' in meiner Schrifft. der Ewig' ists allein /
der mir das Gute flöst in Geist und Feder ein.
Nur sein soll alles Lob / von mir und allen / bleiben.

Heiliges Lobverlangen

Daß alle Stäublein / mein / und lauter Zungen wären /
und iedes meiner Haar' ein helle Weißheit Flamm!
ich wolt zu GOTTES Lob / sie binden all zusamm.
Ach daß mein Mund die Welt vollmachte seiner Ehren!
Wollst meinem Lebens Baum viel Lobesfrücht bescheren.
nur werd die Pflicht verricht; verdorret schon der Stamm.
der Leib bleib auf dem plaz: nur werd gepreist dein Nam.
nicht sein-nur deines Ruhms erhebung / mein begehren
und einigs Wunsch-Ziel ist. Ach gib mir Krafft und Geist /
daß nicht im Himmel nur / auf Erd auch werd gepreist
dein Allregirungs Ruhm. Weil überall zugegen
die Würkung deiner Güt und alles Gottes-voll:
ists recht / daß überall in allen ieder soll
dir opfern Lob und Preiß. Dank ist des Segens Segen.

Herzliche Lobens-Begierde

Ach lob den höchsten Gott / mein Herz aus deinem grund /
ach wollst zu seinem Lob den ganzen Geist ausschütten /
daß er sein' Ehr' und Preiß recht finde in der mitten;
daß in des Herzens Herz und Lebens Leben-Stund
es fahr' unendlich fort das Lobe-Rund der Mund.
der Lauff sey ewig neu / und niemahl abgeschnitten
mäng' immer Lust-sprüng' ein der klar gewährten bitten.
der Sonn' umlauffung folg' um dieses ganze Rund:
jetz schimmer' in der Höh' in seinem hohen Wesen /
dann schein' aufberg' und thal / rühm sein' erschaffungs Macht;
strahl in die Tempel-bau / preiß seiner Kirchen Pracht;
bald tauch dich in das Meer / sein Wunder tieff zu lesen.
Erleucht auch / als die Sonn / den Nächsten / wie die Sternen.
Eh du in jene Welt dich nachmals must entfernen.

Brünstiges Weißheit Verlangen

Herr gib mir die / durch die / die Welt und ich erbaut /
die du selb selbsten bist die schönest' aller schönen /
die Seel-erhellend pflegt mit Ehrenglanz zukrönen;
die sich schwingt in ein Herz / das deinem ist vertraut /
die auf die / so auf dich vertrauend schauen / schaut;
nach der die Sinn' in mir sich hirschengierig sehnen /
mit Lust von aller Lust sich / ihr zu dienst / entwähnen!
Die Weißheit meyne ich / die keusche Hertzen-Braut.
Wann es mir schon mit ihr auf Danielisch gieng /
sie wär mir Zucker lust auch in deß Löwen Rachen.
Ich wolt / der Sternen Herr / im Herzen freyheit lachen /
Wann auch der höchst' auf mich Leibeigenschafft verhieng.
der schöne Seelen schatz pflegt überall zu funklen.
Kein' unglücks Nacht noch Macht / ja nichts / kan sie verdunklen.

Sehnlichster Weißheit-Wunsch / Zu vorgenommenem löblichen Lobewerk

Ach daß die Weißheit wär ein Pfeil / und mich durchdrüng' /
ein glantz und mich erhellt'; ein wasser / und mich tränkte /
ein abgrunds-tieff' / und sie mich ganz in sie versenkte /
ein Adler / der mit mir sich zu der Sonne schwüng:
ein helle Quell' / so in die Sinnen rinnend sprüng'!

Ach! daß den Kunst- Geist sie mir aller Weißen schenkte!
daß nur was würdigs ich zu Gottes Lob erdenkte
und seiner Wunder Preiß nach wunsch durch mich erkling!
Ich such' je nicht mein Lob / die selbst-Ehr sey verflucht!
Gott! Gott! Gott! ist der Zweck / den ihm mein kiel erkohren.
Ich bin der Pinsel nur: sein Hand mahlt selbst die Frucht;
Ihr zimt die Ehr / wird was aus meinen Sinn gebohren.
Aus Gottes trieb kan ja kein Teuffels Laster fliessen.
mein einigs flugziel ist / zu Jesus Christus Füssen!

Eiferige Lobes vermahnung

Ach lobe / lobe / lob' / ohn unterlaß und ziel /
den / den zu loben du / O meine Seel / gebohren!
zu diesen Engel-werk bist du von Gott erkohren /
daß du ihm dienen solst im wunderpreisungs spiel.
Das kleine scherflein ihm von jenem Weib gefiel:
dein' einfalt klinget wol in seinen Demut-Ohren.
Er geht sannftmütig um mit den zubrochnen Rohren.
Wie schwach und bebend' auch / beliebt ihm doch dein kiel.
Rühm / weil du Othem hast; dieweil du ihn entfangen /
allein zu diesem ziel. deß Lebens unwehrt ist /
aus dessen Mund so viel nicht Lob / als lufft gegangen.
Weil du der Gottes Güt ein wunderspiegel bist /
so laß den Strahl zu ruck in deine Sonn gelangen.
weil du dazu / so sey es auch von dir / erkiest!

Göttlicher Anfangs-Hülffe Erbittung

Gott / der du allen das / was du selbst nicht hast / gibest!
Du bist des gantz befreyt / was du den andern bist.
mein und der gantzen Welt Vranfang von dir ist /
weil die mittheilend Krafft du uns erschaffend' übest.
In deiner Vorsicht Buch du alles Welt-seyn schriebest.
dein' überschwenglichkeit mit wolthun war gerüst /
daß sie so göttlich-reich uns schenket jeder frist.
ob alles kam aus dir / du alles dannoch bleibest.
Sonst alles / als nur dich selbst nicht / anfahendes Ding /
sey mit / in / und bey mir / wann ich das Buch anhebe.
Dein Anfang-Schirmungs-Geist ob diesen Redwerk schwebe /
der gebe daß ich rein von deinen Wundern sing'.

Mein Gott / ich fah izt an / dich ohne End zu preissen:
Laß wol anfahend mich dich unanfänglich weißen.

Wunsch eben deßelbigen

Komm schönster Seraphin / berühre meinen Mund!
mich woll der Flammen-Fluß / die Gottes weißheit / tränken:
daß ich was würdigs kan zu seinem Lob erdenken /
daß alle Lieblichkeit mich netze diese Stund.
auf daß das höchste Gut aufs höchst' ich preißen kund /
wollst / Höchster / Safft und Krafft / Geist / Witz und Blitz mir
    schenken.
Ich will mich in die See der Gnaden Mänge senken /
weil in der Gottheits-Sonn' ich doch zerschmelzung fund'.
Ach aller Ehren Zweck! laß mich mein Ziel erreichen /
dein Lob! ich lebe nur / wann dieses in mir lebt.
laß mein dich preißend Werk der Pharus Fackel gleichen /
die schiffend auf der Flut man herrlichst siht erhebt:
daß in der Schnödheit / ich mach deinen Ruhm erschallen
mit Herzen / Mund / und Hand / ja kurz / in- und mit allen.

Demütiger Entschluß / Gott zu loben

Was fang' ich an? was untersteh' ich mich /
das höchste Werk auf Erden zuverrichten?
mein schlechtes Lob wird ihn vielmehr vernichten.
Er ist und bleibt / der Höchst geehrt für sich.
Fahr fort / mein' Hand / preiß Gott auch inniglich;
befleiße dich / sein Wunder-Lob zu dichten!
Du wirst dadurch zu mehrerm ihn verpflichten /
daß Er mit Freud auch wunderseeligt dich.
Laß Lob / Ruhm / Preiß / zu wett den Engeln / klingen
mit Lust: ists schon so Heilig lieblich nicht /
und nicht so hoch / noch mit solch hellem Liecht:
Gott weiß doch wol / daß sich nicht gleich kan schwingen
die kleine Schwalb dem Adler: Ihm beliebt /
was treu gemeint / ob es schon schlecht verübt.

Von der hohen Erschaffungs Gnade

Herr / deine Heiligkeit / sich selber zu besehen
hatt' eine Gottes-Lust. die Allheit fund' in ihr

ein reichs Ergötzungs-Feld / betrachtend ihre Zier.
Sie konte / Süßheit satt / auf Wollust-Weiden gehen.
Verstand / hatt tiefen Sinn' / sich selber zu verstehen.
Ihr' Allvergnügung fand' in dir auch / die Begier.
der Wille hatt geschöpfft sein wollen nur aus dir.
daß du uns schuffst / geschah allein uns zuerhöhen.
Ach Abgrund-guter Gott! Ach wesentliche Gnad /
unausgesprochne Lieb / wie soll ich dich nur loben /
dich Güt im äusersten ja nie erreichten Grad?
Wir und das ganze Seyn / seyn deine Wunder-Proben.
wann deine Gnad nicht wär / wir wären alle nicht.
gib / daß / als Strahlen / wir gehn lobend' in ihr Liecht!

Gottes Wunder Würkung in der Schwach- und Nichtigkeit

Gott / der die ganze Welt aus nichts zu nutz erbauet /
erwehlt zum Wunder-Zweck ein selbst bekenntes Nichts.
in Dunckelheit erscheint die Klarheit eines Liechts /
nachdem die Allmacht hier ihr was zu würken trauet.
Ihr eigen / dieses Werk / man geist-entzuckt anschauet /
die sich in Schwachheit übt / macht in der Ohnmacht Ichts /
springt ihr auf Heldisch bey mit Hülf des Angesichts /
und allvermögens Safft auf ihre Dürre thauet.
Mein Gott / wer sich dir lässt / dem lässt du deine Krafft.
Der Erde Feuchtigkeit / wenn sie die Stern' auftrinken /
wurd' hier auf ihr ein Koht / dort Glükk und Lebens-Safft /
pflegt in die Edlen theil der Edlesten zu sinken.
Gar gern will ich gestehn / daß ich nur Staub und Erd:
auf daß dein' Herrlichkeit in mir erfunden werd.

Uber Gottes gnädige Vorsorge

Ach hoher Gott / vor dem die Sternen gleich dem Staube /
die Sonn' ein Senffkorn ist / der Mond ein Körnlein Sand /
der ganze Erden Ball ein Pflaumen auf der Hand.
verwunderns voll hierob / ich mich schier ganz betaube.
Wann deine Haubtobacht' / auf mich ein nichts / ich glaube /
ja! reich erfahrner spür' / im Tausendschickungs-Stand:
so scheints / auf mich allein sey all dein Fleiß gewandt.
nur dieses Wunders Art zu preißen mir erlaube.
Ich bin ein nichts / aus nichts: durch deine Gnad so viel /
daß deiner Güte Mäng' ich ein eintreffends Ziel.

der Menschen bößer Sinn möcht diß vor Hoffart achten.
Doch ists der Demutgrund / Gott / deine Werk betrachten.
Ich bin / wie ich gesagt / ein Nichts: mein Alles du.
hat (Wunder!) Allheit dann in Nichtes ihre Ruh?

Uber die Wunder verzuckende Himmlische Vorsehung

Du Wunder Völligkeit / du Allbeherrschungs macht!
du unerschätzter Schatz der tieffen Heimlichkeiten!
du kunst geübter Sinn / begebnuß zu bereiten!
du hast was ist / was war / was künfftig / schon betracht:
Auf deiner Vorsicht Raht / ist schon ins Werk gebracht /
der Allmacht Pracht-geschöpf / bestimmt den folgezeiten.
Durch tausend Wunder Wind ein Stäublein hinzu leiten
zum höchsten Ehren Ziel / hast herrlichst ausgedacht.
ich wunder mich ob dem / was billich mich solt dunken.
Gott / weil du alles bist / so kanstu alles thun.
dir ist der Widerstand / als wie dem Meer ein funken /
als wie der Ewigkeit ist hier ein kurtzes Nun.
Du kanst so höchlich mich / mein Herrscher / nicht begeisten:
ich glaube / hoff und weiß / du kanst es höher leisten.

Auf die seltene Schick- Verstrick- und Erquickung Gottes

Weißeste Schickung / wer kan dich ergründen?
Heilig hoch / Weißheit tieff / Wunder versenkt!
Göttliche Heimlichkeit seltsamest lenkt /
machet oft Hafen und Sternen verschwinden.
Offtermals muß auch Erlösungs schnur binden /
daß man sich gänzlich verstricket gedenkt:
Freyhert doch wunderlichst wider uns schenkt /
lässet den Faden in Fäßeln offt finden.
Adler gehören / daß Göttlicher Macht
sondere Wunder man herrlichst betracht.
Glaubens-Gedanken in etwas hinreichen /
weil sie der Gottes-Lieb Klarheit zustreichen.
Völlige Zuversicht / Reiches versehn /
sollen als Strahlen / in dieses Liecht gehn.

Auf die erniedrigende Erhebung und erhebte Nidrigkeit

Es führt ein Wunder thun der Herrscher aller Welt:
wen Er erheben will / der muß die Knie vor biegen.
der muß onmächtig seyn / der neue Krafft soll kriegen.
wer ganz nichts von sich selbst / von dem er etwas / hält.
Die Glut / würkt nach dem Ding / das ihr ist vorgestellt /
nach deßen Art sich pflegt der Brunst gestalt zufügen.
Gott stutzt die Flügel erst / eh Er uns läst auffliegen.
Leib-eigen muß man seyn / so herrscht man wie gemeldt.
O unersinnter Sinn! wer kan dich doch begreiffen?
du bist ja der Vernunfft ein unerzieltes Ziel /
die man in diesem Meer der Weißheit muß ersäuffen.
Die Vrsach-ursach ist / dein hoher Lebens Will /
daß süß- und schöne Frücht' im Allmachts Herbste reiffen.
wer Gott gelaßen ist / mit dem hat Er sein Spiel.

Auf Gottes Herrliche Wunder Regirung

Der du mit Weißheits Safft die Sternen kanst befeuchten /
daraus das Schicksel wird; zu zeiten ohn ihr Werk
ein Kunst begebnuß spielst / zu zeigen deine Stärk /
die aller Himmel Krafft in höchster Demut scheuchten!
Es pflegt dein herrschungs-Stab von Recht und güt zuleuchten.
Mit wunder einvermängt die vorsicht ich vermerck /
vom höchsten Welt-geschöpf biß auf die ringe spörk.
der Engel feur-verständ die lieb-sorg nicht erreichten.
Du spinnst ein Glükks-Geweb mit tausend Fäden an:
durch alle Sternen Kreiß / durch alle Ort der Erden
muß Werkzeug zu dem thun / daß du beginnst / bracht werden.
Dein' Allverschaffungs Krafft macht überall die Bahn.
ziehst du nur diese Schnur / dran alle Herzen hangen /
so ist der Sinn-Entwurf schon in das That-seyn gangen.

Gottes Vorsehungs-Spiegel

Der Kasten schwebte schon / Herr Gott / in deinen Sinnen /
als sich der Himmel trübt und sich die Flut anhebt'.
Eh die alt' Erd' ertrank / schon in der neuen lebt
der beeder Welten Held / auf deines Rahts schaubühnen.
Das Feur war schon gekült / als jene Drey darinnen.
Auch David war gekrönt / weil er in Elend schwebt.

das Weib war schon entzuckt / eh ihr der Drach nachstrebt.
Gott pflegt die Schnur / eh man in Irrgang kommt / zu spinnen.
Die Schlange war entgifft / eh Paulus sie berührt.
der Freuden-Lehre[1] Liecht brann schon in Gottes wißen /
ehe man ein Füncklein noch in allen Seelen spürt.
Vor Vnglücks Schickung / ist der Höchst auf Hülff befließen.
drüm folget ihm / wie fremd und seltsam Er euch führt.
sein' Hand hat aus der Höll / geschweig aus Noht / gerißen.

Auf die unverhofft-wunderliche Vorsehung Gottes

Wann iedes Körnlein Sand / hätt Weißheit / Kunst und Sprachen /
wie Salomon / Virgil / und Cicero gehabt;
Ja wann sie mit der Stimm der Engel selbst begabt:
noch köntens Gottes Lob nit gnug erklingen machen /
das Lob / daß er erwirbt / mit seinen Wundersachen:
in dem Er / wen fein' Hand gedrucket / wider labt.
vor seinem Gnaden Blick ein Donner vorher trabt.
Verheist Er Sicherheit / beginnt das Schiff zukrachen.
Hingegen wann ich denk / ich bin im tieffsten Meer /
so bin ich unverhofft im Hafen eingeloffen.
auf Sicherheit kommt Noht / auf Noht der Hülffe Heer.
Man hat das Freuden Ziel offt unverhofft getroffen;
wie jene Spanier den Port zu Catharin
gesuchet / waren doch schon unverhofft darin.

Gedanken des Großglaubigen Abrahams /

Als er äusserst-gehorsam seinen Sohn opffern wolte

Ach Allvorsehender! solt ich nit deinem Wort
der Warheit / Herz bestrickt / Vernunfft-besiegt / nachleben?
kanst du nit / was du vor gegeben / wider geben?
wann tausend Söhn ertödt / so lebst du noch mein Hort!
An dich bind ich mein Heil / an kein Geschöpf noch Ort.
Es wird mein Same wol / wie Sternen Mänge / schweben.
dem Menschen-Stoff / der Erd / kanst neuen Geist einweben.
ist dieser schon geschlacht / die würkungskraft ist dort.
Zur Schein-Verrichtung jtzt des Bunds / den Grund ich lege:
der Warheits Pfeiler bleibt / dein Wort / vergeht die Erd.

1 Evangelium.

Gehorsam / Glaub / Gedult nur treffen Gottes Wege.
Durch alle Ordnungs weiß / der Höchste spricht: Es werd'!
(wie in dem Bau der Welt) von dem was Er versprochen.
Ehe wird der Himmel selbst / als Gottes Zusag brochen.

Deßen Danksgedanken / bey unverhoffter Entsetzung

Die Fürsorg aller Welt / der Göttlichkeit ihr Aug' /
in die mein ganzer Sinn treuglaubig sich versenkte /
den Widder / wider all mein Angedenken / schenkte.
Sie / wie ich mich versehn / versahe was da taug.
Viel Trost- und Weißheit Säfft aus dieser Traub man saug /
wie Gott zum guten End / sein Ziel und Willen lenkte /
und Wundertreu auf die / so ihm vertrauen / denkte.
Ein Balsam ist das Werk / in scharffer Trübsals Laug.
Wer ganz entselbstet sich in Gottes Hände schwinget /
Ihm gibet hin / was Gott ihm selbst gegeben hat /
aufs stärkeste mit Gott durch Hertzens Demut ringet:
g'winnt den entsatzten Sieg / vor treuen Sinn die That.
Den Gott ergebenen es lederzeit gelinget:
weil zu erhören sie / ist deßen hoher Raht.

Auf Gottes Wunderspielung / mit seinen Heiligen

Es scheint des Höchsten Gnad / aus seinem Wunderschicken.
wer solches recht betracht / wird hoch dadurch erfreut.
Der Anlaß dieser Kunst / ist Creutz und Trübsal-Zeit.
Ein unverdörrtes Feld kein Regen darff erquicken.
Der Saul veranlast ward durch Esel Flucht entrücken /
daß er zum Seher gieng' und kriegt die Herrlichkeit.
deß Schenk- und Becken Traum hat Joseph auch bereit
den Weg zur Herrschers-Macht / und Seine zu beglücken.
Der jenig / so Gott fürcht kan in der grösten Noht
durch unverhoffte weiß verhofft errettet werden.
Es wird deß Himmels thau / zu Frucht / Getraid und Wein.
Das Vnglück wird zu Glück / zu Leben gar der Tod!
der Himmlisch Künstler macht zu Freuden die beschwerden.
der Mensch ist Gottes Ziel / Gott alles guten Schrein.

Das er quickete Unglück

O süße Gottes Art! Erst kränken / dann erfreuen;
betrüben / daß hernach die Klarheit schöner schein'
und auf die Gall wolsthmeck der süße Freuden-Wein;
auf rauhen Dornen Weg die linden Rosen streuen.
Du Edle Gottes Lust / du Himmlisches verneuen /
wer nimmt nicht gerne an die Glückvermehrend Pein /
und willigt williglich in deinen Willen ein?
weil du das Creuz zuschickst mit wolgemeinten Treuen;
versenkest in die Noht / auf daß mit tausend Freud
man süßiglich verspür den Gnaden-unterscheid.
Dein Angst-verhängen zielt auf löbliches erquicken.
Du senkst den Creuzes Spieß: daß in den Heyles Ring
mit mehrer Herrlichkeit und Ehren er sich schwing.
Gott kan mit allem / gar mit Vnglück selbst / beglücken!

Freud schallender Ausspruch / des wunderlich geführten Josephs

Gott / deß Wunder vorbedacht mich / als ich noch nichts gewesen /
hat zu seiner Allmacht Zeugen / und zu seiner Güte ziel /
zu der Glückes-Schickung Ballen / zu der Weißheit Wunderspiel /
kurz / zu seiner Würkung Zweck / ursach-unergründt / erlesen;
zu der Frommen frommen auch / mich verfolget durch die Bösen!
Weil du mit dem Thron umgiengest / ich gleich in die Gruben fiel.
als im Kärker ich gefäßelt / machtest du des Zepters Stiel.
Jene dachten auf den Fall / du auf mein erhöht-genesen.
Ja du gibest deinen Freunden / schlaffend ohne Müh / ihr Glück.
ihres Traums verdeckts Gesicht muß mein Weißheit Spiegel zeigen;
flößest in der andern Sinn mein / in mich ihr / glück hinein /
bringst vom Stock zum Königs-thron / und deß Hungers
    Kunstgeschick
muß her / daß man hin kan ziehn / dein Volk zur Kunst übung
    neigen /
daß von ihnen ich / und Höchster / du von mir erkandt kanst seyn.

Uber Gottes Ersetz- und Ergötzen

Mein Gott! wer wolt sich dir nit ganz und gar ergeben /
weil deine Gütigkeit sich ganz und gar uns giebt /
und / nicht nur wann sie labt / wann sie betrübt auch liebt;

ja im erniedern selbst / sie pfleget zuerheben /
ein wenig kränkt / auf daß sie wider neu beleben
und frisch besafften kan / die sennen ruckwerts schiebt
damit sie schneller schnellt / das Glas ein wenig trübt /
auf daß die Herzen Perl / Gebet und Glaub / obschweben.
Du süßer Wunderbar / und wunderbare süße
die aus der Galle kommt / Verkehrung der Natur
wo Zucker wird zu Gall / und sie verbittert nur!
Hie aus dem bittern Creutz durchsüste Gnaden-Flüße!
O Himmlisch Gnaden Meer / machs wie du wilt mit mir:
Nur gibe daß ich werd' umfloßen stets von dir!

Auf die süßeste Gnaden-Erquickung

Ach Allheit / derer Güt' unzahlbar mich erquicket!
O viel bestrahltes Liecht / O reiches Gnaden Pfand!
nur unerforschlicher / jemehr du bist bekandt!
ich werd' erleucht-verblendt / von dir so hell beblicket.
Die heilig Wunderlust im Geist mich so entrücket /
daß ich dafür nicht nähm den höchsten Kronen-Stand.
Ich achte Geld und Welt / vor lauter Sand und Tand /
und bin vor Himmels-Freud ja selbst aus mir verzücket.
Ach daß mein Athem wär ein lob-durchsüsster Wind /
und Sternen-werts aufführt die Flammen meiner Liebe!
ach daß ich mich vor Lieb wie Fönix nicht entzünd' /
und ganz beglückt vergeh in so hoch edlem triebe!
laß mich durch Dankbarkeit / Gott / deinen Spiegel seyn /
daß widerschein dein Strahl ein Gnaden-lobes-Schein!

Auf eben dieselbige

Wie der Heiden Redner blum / Cicero / in seinem hoffen
in den Seelverzuckten Freuden von der unaufhörlichkeit
sich so süß' und sanfft vertieffte / daß er wünschet allezeit
in so hoher Herzenslust / auch betrogen / seyn ersoffen:
So ist mir der Himmels safft sanfft in Sinn und Seel geloffen
von den Allbewegungs Händen / hoch verhoffend' hingeleit /
wolt' auch / daß sein süsses flüssen sich ergöß' in mir so weit /
daß dem Erden-Einfluß' ich blieb zu keinem Tropffen offen.
Spiele nur / mein lieber Himmel / nach gefasstem Raht mit mir.
laß ja keine Irrdischkeit jrren mich an deiner Güte.

Du weist doch / mein Edler Herrscher / daß mein Haubt- und Erzbegier
einig / dich zu ehren / zielt. Mir nur mein Gemüt behüte /
daß kein' Erden Qual zersprenge / meines Glaubens Glas / im Lufft:
laß' ihn steif im Feur bestehen / ob die Noht schon knallt und pufft.

Der Gottes-Wunder Erklingung / von dem Gott geleiteten Mose

Ich der andre Noah / ward' in der Arch von Schilff erhalten:
kriegt' an stat des Wassers Milch; vor die Hirten Fürsten-zucht;
nahm / vor diesen / jenen Stand / da mich Gott berufft und sucht' /
schafft' im grün beflammten Busch mich der Schaf des Volks zuwalten.
Geist-erkeckt / erzehlt ich frey sein geheiß / ob sie schon schalten;
würkte mit dem Gottes-Stab seiner Allmacht Wunder-Frucht;
führt' aus das bedrängte Volk / ganz Siegtragend / nicht in Flucht.
Pharao wurd die Flut ein Dach / uns begunt sie sich zu spalten.
In der Wüsten / die doch war ein fett Land von Gottes Krafft /
must' uns / die wir Erden sind / selbst der Himmel Brod herregnen.
auff des Höchsten krafft-befehl / gaben Felsen süssen Safft /
auch der Feur- und Wolken-Thurn schutzt' uns wider all's begegnen.
kurz in einer wunder Summ! mein geschick und dise Reiß
ist ein Spiegel: da erscheint Gottes Macht / Güt' Ehr und Preiß.

Auf meinen Vorsatz / die Heilige Schrifft zulesen

Avf deinem Namen will / O Herr / ich mich begeben
hin in das tieffe Meer Gott-eingegebner Schrifft /
wo man mit Geistes-Mast und Glaubens-Segeln schifft;
da uns der Himmels-Port vor Augen pflegt zuschweben.
Die Augen der Vernunfft / wann man da auf will heben
Corall- und Perlen-Schätz / wann man hinab vertiefft /
muß man verbinden / daß Vnglaubens Salz nicht trifft:
daß Christus Blut-Corall im Hertzen möge leben /
O Geist / mein Steuermann! Herr Christ / mein Nordesstern!
lenk' und erleucht mich stäts / daß sich mein Zünglein wende /
mit deinem Blut geschmiert / nach dir / ob ich noch fern /
und an dem Hafen bald der Seeligkeit anlände.
In diesem Demant Meer / das deinen Thron umgibt /
ergez' ich mich / biß dir / dich mir zu weisen / liebt.

Freuden- und Wunschgedanken / bey Lesung der H. Schrifft

Es ist die Heilig Schrifft ein Himmel Thau der Seelen;
Sie kühlt / sie labt / sie frischt / die Geistverschmachtet Erd;
ietz grünt sie / blüht und lacht / ohn' einige Beschwerd /
als dieser Perlen Safft ihr lieblich kühlt die Kählen.
O Herr / wer wolte nicht diß edle Labsal wehlen /
und wollen / daß er stäts damit getränket werd?
Ach mit was Freudigkeit besieg' ich die Gefärd'!
auch alles Leid und Streit / kan ich zu frieden zehlen.
O süsses Nectar Trank! laß mich dein brunn-Chor seyn /
und flüsse durch die Röhr des Geistes in mich ein:
Laß' ein schön Wasserwerk aus diesem Brunnen springen /
den Garten dieser Welt zu wässern / daß er grünt /
und Tugend-Blumen zeugt' / auch Himmelsfrücht mög bringen;
dadurch Gott werd geehrt / dem Nächsten auch gedient.

Uber des Glaubens Krafft: Bey der Israelitischen Meer-Wunder Reise

Der Glaub das Meer kan machen trucken /
macht müglich die Vnmüglichkeit.
die stählern' kan in güldne Zeit
des Glaubens Wunderkunst verrucken /
vom Abgrund zu den Sternen zucken.
durch Streit er höchste Ruh bereit /
durch Hölen-gang zum Himmel leitt /
macht daß das Elend muß beglücken.
Ach unaussprechlichs Seelen-Wunder /
auf Erden einigs Himmlisch Ding?
Vernunfft geht / wann du aufgehst / unter.
Mit deinen Flügeln ich mich schwing
in die geheimen Gottes weißen /
und will sie öffnen / ihn zu preißen.

Uber die Allmacht-erscheinende Meer-Reise der Israeliter

Solt nicht das Gnaden-Meer dem rotem Meer gebieten?
Ja billich! dieses hat aus jenes Krafft den Safft.
die Flut wird Felsen fest / der Felß mit Safft behafft.
Gott kan die Sinnen auch verstocken und begüten.
unmöglichheit nit jrrt / die seinen zu behüten.

mit volles Wesens Herz / durch seine Krafft / er schafft.
sein Allseyn / theilet aus die unschadhaffte Krafft.
umsonst Feind / Feur und Meer / will er behüten / wüten.
geh / Gott-geleites Volk / den sondern Wunder Weg!
Sein' Allmacht ist dein Pfad / die Gnaden Hand der Steg.
geh' unvergänglichkeit / des Herren Lob zubringen /
das selb' aus Meeres Tieff in Sonnen Thron zuschwingen.
Sein mehr als Meersands-Güt' hau' in den Felsen ein.
dann wird voll seiner Ehr' ein jedes Tröpflein seyn.

Uber die Gottes-Gnadentrieffende Wüsten

Dv fette Wunder Weid / ein Schatz-Platz seltner Gaben /
Werkstatt der Gottes Güt' / ein schaubühn seiner Pracht!
wo Noht und Glaube sich zur Allmacht Zunder macht /
ein Wunder-Thaten Liecht sie bald entflammet haben.
Der Felse muß mit Safft / die Lufft mit Wachteln / laben.
das unerdenklichste / von Gott wird ausgedacht /
zu seines Volkes Hülff / so hoch ist es geacht.
die Wüsten wuste nicht / was Schatz' in ihr vergraben.
O wunderreicher Gott! Ach Allheit überall!
die leere Wüsten ist voll deines beyseyns Strahlen.
In Noht / beherrlicht sich dein' Hülffe / wie Corall /
der aus dem Wasser komt. Die schwäch' hat dir gefallen
ja gar das selbste nichts / zum Einfluß-Gegenstand:
da wird dein Macht betracht / und deine Hand erkandt.

Auf Gottes tieffe Wunder-Verzuckung

Als an dem Meergestadt der Wunder ich spatziret /
und in Betrachtung mich der tieffen Tieff vertiefft /
bedunkt mich / daß ein Schall mir aus den Wellen rüfft:
Dich hat des Himmels schluß zu diesem Fluß geführet /
daß unergründlich werd sein Ertzabgrund gespüret.
kein Anker oder Bley den gnaden-sandgrund trifft:
doch mit dem Glaubenskahn er glücklich wird beschifft.
ein ferne Reiß / zum Preiß des Himmels / dir gebühret.
Die Wallfisch seiner Krafft / ein grosse Wasserquell /
daß sich dein Schiff empor könn' heben / schnell ergiessen:
Der wunder-wellen-schwall wird es so stark fort schiessen /
das deinem Sinn-begriff sein Glückes lauff zu schnell.

Jetzt sey dir unsre Flut ein spiegel seiner zier:
dann werd' ein Fluß / daß sich die Nachwelt schau in dir.

Auf die Gott-beliebende Glaubens stärke

Weil dir der starke Glaub / das Allmacht-Mark aussaugen /
Mein Herrscher / so gefiel / daß Mosen du gestrafft /
als zweiflend' er gewankt an jenes Felsen Safft.
Wird / mein' Erz-zuversicht in deine güt / was taugen.
Er hat / was hartes zwar / doch gleichwol was / vor Augen.
Ich häng' entgegen ganz an unsichtbarer krafft:
und ist mir (was noch mehr) gar dunkelhafft geschafft /
das ich es mir oft selbst in meinem Sinn ablaugen:
doch nur aus Gottes forcht / nicht auß unglaubigheit.
Mein höchster Gott / du weist / wie sehr ich dir die Ehre
der Allmacht gieb' / und glaub' ein eussert hohe sach.
Es fliegt in dein' allhöch der Glaube nie zu weit.
Dein unerdenklichs Lob durch dieses wunder mehre.
Mein Glaubens-Felse werd' ein klarer freudenbach.

Auf eben dieselbe / und Göttlichen wortes Krafft

Ach sage nur / Ich will! vom können frag' ich nicht.
Dann Berg-versetzen dir / wie mir das Würffelwerffen.
Zum Meer- austrucknen wirst du nur ein wort bedörffen.
Eh / als im Augenblick / was du gebietst / geschicht.
Dann / mit dem wort zugleich dein Mund das werck ausspricht.
Es ist der Sternen stütz und ganzer Erde Nerven.
Es kan das ganz geschick zu deinen wundern schärffen.
Die selbst' unfähigheit aufs herrlichst es verricht.
Was darffstu auch / mein Herz / von seinem willen fragen?
ist denn der höchste nicht an Macht und güte gleich?
hörst minder wunder du von der als jener sagen?
Er ist an gnade ja erzüberschwänglich-reich:
Sie ist das eussersste an seinen eusserstheiten /
will alle Gottes Ziel im Liebwerk überschreiten.

Die verharrende Hoffnung

Ich will nur immer mehr / GOTT / deiner wunder machen /
durch harren auff dein güt'. Ich laß' / ich laß dich nicht /
ob mir der widerstand schon Hertz und Bein zerbricht /

las sterbend' auch nicht ab / du segnst denn meine sachen.
Du pflegst einmal für den / der dir vertraut / zu wachen.
Dein Mund ja seine hülff dem Elenden verspricht /
den ganzen Allmachts schwall / zu ihrem dienst verpflicht.
wer / (bist du ihre stärk) ist stärker als die schwachen?
Ist diese nur bey mir / so bin ich schon vergnüget:
sie zeig sich gleich im werk / durch offnes wunderüben:
wann zur erleuchtung dann ihr will der Geist belieben /
So ists mir gleichfalls recht / wann er nur wunder fügt.
Gott / du hast selbst die Lust in meinen Geist entzündet:
Dieselb' ist nicht vergnügt / bis sie dich selbst empfindet.

Auf meine / auf Gottes Gnad gerichtete /unabläßliche Hoffnung

Ich stehe Felsen- fest in meinem hohen hoffen.
Die wellen prellen ab / an meinem steinern Haubt.
So ist dem Meere-Heer / zu stürmen nicht erlaubt.
ihm schadt es nicht / ob schon die unglück Ström es troffen.
sind manche Glückes Schiff auch neben bey geloffen:
den rechten / keine Noht / den freuden Anfurt raubt;
das / was sonst keinem ist / ist müglich dem / der glaubt.
die innerst Gottes Krafft steht seiner Würkung offen.
die ganze Menschlichkeit / (nur Christus ausgeschlossen)
nichts ungeendtes kan / als mit des Glaubenskrafft /
begreiffen; nur durch ihn / wird Göttliches genossen.
Er saugt aus Gottes Herz der Gnaden süssen Safft:
gefolgt doch' ziehend nicht / weil er ganz überflossen.
der Glaub kommt nie zu hoch in sein lieb-Eigenschafft.

Auf Gottes all-übertreffende Güte

Grund guter Gott / wer kan zuviel doch von dir denken?
hat mehr denn / als das Meer / ein tröpflein Feuchtigkeit?
hab' ich mehr treue Sorg / als der / der alls bereit?
Ach nein! dein Gnaden-Meer kan alles überschwenken!
in dein' unendlichkeit / will ich den Wunsch versenken:
Du ewig-würkends Wort! würk' auch in dieser Zeit /
und deiner Güte Ruhm in alle Welt ausbreit!
zeig / daß du kanst mehr guts / als wir erdenken / schenken.
Ach laß / ach laß' einmal / die starke Zuversicht
zu deiner hohen Gnad' / am bösen Welt-End siegen!
laß' / eh sie untergeht / auf flammen noch dein Liecht:

daß die Angst-Müden noch neu Adler Flügel kriegen.
Schick' eine Morgenröt / eh dein Sohns-Sonn' anbricht.
Sing' uns ein Schwanen Lied / eh wir im Zügen ligen!

Das vermehrte verlangen

Gleichwie der Wind sich pflegt gemählig anzufangen /
und mehrt sich mehr und mehr / biß er mit großem Schall
die dicken Büsch durchdringt und brauset überall /
weil immer fort mehr Dämpf' und Lüfft' ihm zugegangen:
Also vermehrt sich auch / Herr Jesu / mein verlangen
nach dir / dieweil es mehrt der Gnaden-starke Schwall /
der im Gedächtnuß fand den Lobes-Widerhall /
daß aus dem Vorzug sie der hell-erklingung rangen.
zu Zeiten bringt der Wind auch Regens Fruchtbarkeit:
ingleichen Gottes Gnad / der Amteswerk gedeyen.
bißweilen würket er die Sonnenklare Zeit:
wie diese uns auch kan herzinniglich erfreuen.
der Wind hat in dem Wald nie so viel Laub bewegt /
als Gottes Gnad' in mir hat Hoffnungs-Trost erregt.

Auf die von Gott selbst geschriebenen Gesetz Tafeln

Ach schreib' auch in mein Herz / mit deines Fingers Krafft /
der Weißheit einigs Ziel / den hohen Gottes Willen.
der scharffe Geist grab' aus / und Christus Blut woll füllen
der Lehr-Buchstaben Tieff mit würk-vermögens-Safft.
Durch Thaten-Glauben werd' ihm glänzungs-Zier verschafft.
Ach meine Lippen / lasst die Tafeln in euch hüllen:
last / zuverkünden / euch / des Herren Wort nicht stillen!
sein' Ehrbekandtnuß / wie in Steinen in euch hafft!
daß meine Zunge doch möcht eine Glutkohl werden /
in andre Herzen schrieb' auch diesen Heiles Bund!
mein' Hand schreib Gottes Ruhm / so lang sie lebt auf Erden!
kurz was nur an mir ist / mach Gottes Warheit kund!
denn dein Wort wissen / thun / und in die Welt ausbreiten:
war / ist / und bleibt mein Ziel / in allen Fäll- und Zeiten!

Die tröstliche Gottes Gnade

Ja es gehn nicht so viel Staublein aus der Sonnen Strahlen Liecht /
als aus Gottes Wundern / Trost und bewehrte Hülffesschlüße.

wann ich durch Vertrauens Krafft seine Gnaden mir eingieße /
schadt das aussen Vnglücks Stürmen / meiner Sinnen-Ruhe nicht.
durch die trüben Trübsal wolken / blickt dein Gnaden-Angesicht.
deiner Gnaden milder Thau / ist in saurer Angst sehr süsse:
thu mich / wie der Perlen-Schneck / auf / damit ich ihn geniesse.
meines Geists begeiste Nadel nach dir / ihrem Stern / sich richt.
Ach mein Gast / es ist wol leicht / leider! leicht ihm vorgenommen:
aber ach! die matte That / kan so hart zum Ziel hinkommen.
Mein Gott / der mit reichen Willen / ihm zu dienen mich begabt /
wird vor lauter werk es rechnen / was ich guts im Sinn gehabt.
Er wird meiner Schwachheit auch nicht nur verauch Kräffte geben
 /
daß sie / alle Noht besiegt / wird in Ihm / in mir auch leben!

Von Gottes gnädiger Regirung im Creutz

Dem höchsten Gott beliebt / die Seinen zu probiren
mit schweigen und Verzug / ja auch mit Zornes Blick /
mit vieler Angst und Plag / mit schwerem Vngelück;
viel tausend Bitterkeit auf Erden sie offt spüren.
Doch pflegt der weise Herr / so wunderlich zu führen
der Seinen Lebens-Lauf / durch seiner Gnad geschick /
daß ihnen aller Welt Verfolgung / List und Tück /
zur höchsten Ehr' und Heil / muß unverhofft offt rühren.
Gott probt des Glaubens Gold / im Tiegel unsrem Leib:
und weiß des Creutzes Feur doch also zu regiren /
daß beedes unverseert / das Gold und Tiegel / bleib.
wann auf das äussers auch die Sachen sich verlieren:
kan Glaub und Demut doch / wie jenes arme Weib /
uns über Gottes Herz selbst machen triumfiren.

Das beglückende Unglück

Es dunken uns zwar schwer die Creutz und Trübsal-Zeiten:
Jedoch sie / nach dem Geist / sehr nutzlich seynd und gut:
dieweil / den Palmen gleich / der Christlich Heldenmuht
sich schwinget hoch empor in Widerwärtigkeiten.
Man pflegt mit grosser Müh die Kräuter zubereiten /
eh man das Oel erlangt / der Kräuter Geist und Blut:
man brennt und läutert sie bey mancher heißer Glut.
So will uns Gottes Raht auch zu der Tugend leiten.
Es muß das Spiegelglaß sehr wol geschliffen seyn /

sonst ist es nicht gerecht und wirffet falschen Schein.
der Mensch / in dem sich Gott bespiegelt / soll er leuchten /
so muß durch Creutzes-Stahl er werden zugericht.
Allein in Vnglücks-Nacht / siht man das Liecht im Liecht.
uns nutzt das Creutz / als wie dem Feld das Thaubefeuchten.

Das Tugend-ersprießliche Unglück

Der blaue Himmel gibt nicht fruchtbar-sannften Regen.
Es treuffet keinen Thau der strahlende Mittag.
Der schöne Demant auch zu nehren nicht vermag.
man muß / will man zum Port / das Wasser ja bewegen.
Die Traid-bekleidten Berg / nit Gold und Silber hegen.
So kan die Tugend auch nit blühen sonder Plag.
in gutem Glück sie grob ohn' allen Glanz da lag /
in Müh und Arbeit wolt der Höchst den Segen legen.
im sauren Meer / und nicht im süssen wachs Palast /
die theuren Perlein seyn. Also / in vollen Freuden
wird keine Himmels Zier / kein Tugend / nicht gefasst:
Ihr Balsam-Geist riecht nur im Schmerz-geritzten Leiden.
Die Sonn müst / solt ein Land sie stets bescheinen / stehn.
wann keine Nohtnacht wär / würd kein Lust-Sonn aufgehn.

Herz-aufmunterung / in grosser Trübsal

Scheint die Hoffnung aus zuseyn / ist uns Herz und Muht entfallen
    /
kan Vernunfft kein Mittel finden / zeigt unmüglichkeit sich an /
ists mit aller Menschen Weißheit und vermögen schon gethan;
Ach so last mit seufz- und fleh'n eifrig uns gen Himmel wallen.
Dann ist seine Helfferstund / wann wir bloß von andrem allen;
und die jrdisch-Hülff-Verzweifflung / ist der Wunder-Ehrenplan
nie vermeinter Freuden Stege / Göttlich urtheilt man alsdann.
Gottes Allmacht macht allein Erd-unmüglichkeit erschallen.
Schwache Geister / lasset euch diese Nebelwolk nit schrecken
schaut / nicht auf Feind / Meer / und Felsen / nur auf Gottes
    Allgewalt.
Er kan tausend Wunderweg zum erwünschten Ziel erwecken.
Die Erlösung hat sich eher / als die Noht / in ihn gestalt.
lasset den Allwürkenden nur in allen Sachen machen:
Wann die ganze Welt-Nacht schläfft / pflegt erst seine Güt zuwachen!

Uber die unverkürzte Hand Gottes

Wie? solt wol unsre Noht den Allmachts Arm selbst binden?
ist sie zu lang' und hoch / daß dieser nicht hinreicht /
der doch die Meer-Abgründ' und Sternen-Kreiß durchstreicht?
Er kan die Trübsal auch / Allherrschend überwinden
Mein sagt mir / was sich würd' ohn sein' Erhaltung finden /
dem iedes Ding gehorcht / auch iede Sache weicht?
das schützen ist Ihm so / wie das erschaffen / leicht.
der alles werden heist / macht alles auch verschwinden.
Dir / dir befihl ich mich / du Allerschaffungs Hand /
mit dir getraut' ich mir auch übermenschte Thaten
zu üben / ob sie auch schon über Krafft und Stand.
das was du segnest / geht (tobt Höll und Welt) von statten.
Ich zweifle nun nicht mehr (kan ich schon nichts) an mir.
Mein ganze Kunst ist die / geleitet seyn von dir.

Uber Gottes unbegreiffliche Regirung / seiner Kirchen und Glaubigen

Wer kan deinen Sinn ersinnen / unersinnter Gottheits Schluß?
dein' Vnendlichkeit verschwämmt alle Fünklein der Gedanken.
dir ist gleich mein Vrtheil-Liecht / wie dem Meer ein kleiner Fanken.
All mein gründen / ist gegründet im ungrundbarn Gnad enfluß:
Da ich / dir die Ehre gebend / mir auch Hoffnung geben muß.
weil dein' Allmacht ohne End' / ist auch dieser ohne Schranken:
weil die Grundfest nimmermehr / kan auch das Gebäu nicht wanken:
denn dein Ehr erhält' die Spitzen / auf der Gnad besteht der Fuß.
Ach wie kan / was Gottes Hand bauet / hält und schützet / fallen?
kan auch seiner Allhülf steuren / einigs Erden widerspiel?
Aller weltlich Widerstand muß mit Schand zu rucke prallen /
oder Kunst-verkehrt selbst dienen / zu dem Gotterwehlten Ziel.
faß dir tausend Herz / mein Herz! deine Sache treflich stehet /
durch viel tausend widerstand in ihr rechtes Ziel doch gehet.

Auf eben die selbige

Gedult / gedult ist noht / in hohen schweren dingen:
zu sehen / biß der Raht deß höchsten wird vollbracht.
Offt wird der Sinn verruckt / Vernunfft ganz blind gemacht;
auf unvermeinte Kreiß die Ausgangs Flüg sich schwingen /
entfernen sich / wann sie es solten itzt vollbringen /

vollziehen allererst wann man nit drauf gedacht:
daß unbegreiflich werd sein hoher Raht geacht /
und doch dem Glauben müß sein Ziel und Sieg gelingen.
Des Höllen-Drachen Rach / speyt Feuer daß es blitzt /
er ist jetzt zu dem End / der bösen zeit erhitzt:
doch schad sein toben nichts. Des Himmels schluß bestehet:
was in Abgrund verstürzt / empor mit freuden gehet.
Dem Gottes-willen All-All-Alles giebet nach.
Selbst Aller widerstand befördert seine Sach!

Uber mein Symb. oder gedenkspruch.

W.G.W.

Es gehe / wie Gott will / in meinem ganzen leben;
Es gehe / wie Gott will / auff dieser weiten Welt!
denn Alles / was Gott will / mir trefflich wol gefällt;
will auch / in was Gott will / mich williglich ergeben.
Es wolle / was Gott will / sich / wann Gott will / anheben.
Ich geh / wohin Gott will / deß Weg' ich mir erwehlt.
Ich komm / wohin Gott will / es sey ihm heimgestellt.
Will auch / so lang Gott will / in furcht und Hoffnung schweben.
Ich dien / wozu Gott will / dem ich mich ganz geschenkt:
auff daß man mein dabey / wie lang Gott will / gedenkt.
Ich liebe / wer Gott will / wie ich / vor alles lieben.
Ich bau / worauff Gott will / auff seinen lieben Sohn.
Woher Gott will / mag mir herkommen Freud' und wonn'.
In wie / was / wann Gott will / will ich mich allzeit üben.

Uber die Unglückselige Tugend: die heisset /durch Letter wechsel / gut end

Ob sich die Sonn verbirgt / die Winde sich erheben;
ob auch die Welle kommt / daß sie das Schiff bedeck
und ganz verschlingen will: noch gleichwol ist man keck /
wird nur des guten Ends / des Ports / vertröstung geben.
Die Welt / das Jammer- Meer! in Wellen schifft mein Leben.
Jen's ist voll Vnglücks Wind; ob diesen ich erschreck /
das ich die Segel nicht / die dapffern Sinn' / außstreck /
und laß' es so nach Lust der tollen Flut / fort schweben.
Wann nur mein Schiff erlangt / den viel gewünschten Port /
(Ich mein / ein gutes End) mein hie geführtes Leben /

So bin ich schon vergnügt / und kan mich freuen dort.
Doch kan ein gutes End allein die Tugend geben /
als die es selber ist. Werd' ich in sie versetzt /
so bin ich alles Leids und stürmens reich ergetzt.

Uber mein unaufhörliches Unglück

Ach ungerechtes Glück! hast du denn schon vergessen
dein alte Wankel-Art und steten unbestand /
daß du mich also quälst mit unermüdter Hand?
ist denn der wechsel aus / der dich so lang besessen?
wilst du mein Herzen Blut durch thränen außher pressen.
du lösest nur der freud' / und nicht des Elends / band.
ach leider Ich versink in diesem Jammer strand.
es ist die Vnglücks Flut zu tieff / und nicht zu messen.
Ich siehe keine Hülf und Rettung aus der Noht
vor mir das Meer / die Berg' aufseiten / ruckwerts Feinde.
wann seine wunder-Macht mir nicht erzeigt mein Gott /
so ists mit mir geschehn; doch / hab' ich den zum Freunde /
es geh' auch wie es woll / so bin ich schon vergnügt.
Ein dapfers Herz auch wol im grösten Vnglück siegt.

Uber die Verbergung Göttlicher Hülff' und Gnaden

Ach harter Herzens Sturm / nie satt beklagte Plag /
die selbste gütigkeit / als Felsen hart / anflehen /
nur unbeweglich fort / zur hülff' und Rettung / sehen!
der das gehör erschuff / erhört nicht was ich sag /
wann Herz-außschüttend' ich mein Noht und Elend klag /
wann meiner seuffzer wind sie durch die Wolken wehen /
und hoff / es werd zu ruck / Rath / gnad / und that mitgehen:
so spür' ich leider nichts / die Plag wächst tag vor tag.
Ach Erzerbarmer / kanst dich länger wol enthalten?
Ich weiß du fühlst selb selbst / die mich längst ängstend Noht.
Ists dir ein Herzens schmerz / so soll er dirs zerspalten /
und du solst helffen / weil dir müglich all's / als Gott.
Bin dein Aug-Apfel ich / wie lästu mich antasten?
fühlstu den schmerzen selbst / wie kanst zu heilen rasten?

Uber Gottes wunder-Beherrlichung in der Schwachheit

Mit Thränen-vollem Aug / sag' Ich: Ich glaub! zwar schwach.
Ach hilff mir starker Gott! dein' Ehr wird mehr erscheinen /
wann du mit deiner Krafft beherrlichest die kleinen.
Durch schwache / wunder thun / ist eine Gottes Sach.
Den hellen blitzen folgt / ein starker Donner / nach:
von sanfften Lüfftlein kan man kein gewalt vermeinen.
Dich einig rühmend / muß man Menschen Krafft verneinen /
bekennen auch daß fließ vom ursprung dieser Bach.
Ach Höchster! deine Krafft wird ja so klar sich zeigen
in meiner nichtigkeit / wie ein schön Angesicht
eim klaren brunnen weist sein Ros- und Lilgen-Liecht.
Es ist ja nicht die quell / der solche schönheit eigen!
sie würcket nichts / als daß sie rein und stille bleibt.
Also mein Glaub / wann Gott sein werk in solchem treibt.

Auf die Thränen

Du treuer Augensafft! wann ich schier gar verschmachte /
in Ohnmacht sink dahin / so spritzstu ins Gesicht.
Du bist bey mir / wann ich bin bey mir selber nicht.
Sonst alle Labnuß ich / nur deine nicht / verachte.
Du Brunn der wahren Lieb'! in dir / ich Gott betrachte /
ja neben mir erblick' in seinem gnaden-Liecht.
Ich senk / ertränk in dir die Noht / die mich anficht /
du Herzgrund-Rotes Meer / den Sündhund dir auch schlachte.
Die Tugend-Thetis / so bewohnet deinen grund /
wann Vnglück mich verfolgt und ich in dich mich stürze /
nimmt in ihr Königreich mich auff / mir zuflucht gunnt.
Du trauer-saure flut / mein Leben mir verkürze!
ihr Thränen / trennet mich von diesem Jammer Ort!
als Perlen / Diamant werdt ihr mich zieren dort.

Auf eben die selben

Gleich wie der Wolken last in tropfen sich verlieret:
also mein Vnglück auch durch Thränen Regenfällt.
als Haubt Plejaden / sie zu feuchten sind bestellt /
der Gottes Güte Land das hülff-blüh dann gebteret.
Diß quälend Wellen-Meer an wunsches Port offt führet.
Der Buße Muschel Perl in seinem schoß es hält /

zu dem die Amber sich / das Ruf-Gebet / gesellt.
Offt man darinnen mich / gleich als im Felsen / spüret:
Sonst treibt die Wasserkunst offt grosses Räderwerck.
Ach daß mein weinen doch auch Gottes Raths-Rad triebe /
daß er dem Sternen gang ein gut geschick vorschriebe!
Ach Thränen! hättet ihr doch zuverbrennen stärk
die starken Vnglücks band. Seyd ihr doch siedend heiß:
kühlt auf das wenigst nur die hitz / weil ihr auch Eyß!

Auch über die Thränen

Erleuterung der Angst / des Herzens Ringerung /
der schmerzen Wolkenbruch / der Trauer-Augen Regen /
ihr Thränen! die ihr seyd / wann sich die Winde legen /
die Seufzer / da das Herz vor Aengsten schier zersprung!
Ihr seyd recht zwischen Furcht und Trost die dämmerung.
Mit sorgen seet man euch auf diesen Vnglücks wegen:
doch bringt ihr manches mal deß reichen Glückes Segen /
aus ursach / weil eur Fluß die Himmels Fäst durchdrung.
Deß Himmel-Regens Zweck / ist fruchtbarkeit der Erden /
da dann der früchte Frucht Gott wider geben werden /
Lob' / Ehre / Preiß und dank / mit worten und gebärden.
Die Thränen / dienen auch / zu wahrer Tugend Zucht /
erweichen Gottes Herz und bringen freuden Frucht.
Durch sie / nimt aus dem Sinn die kummernus die Flucht.

Auf eben selbe

Die Sonn hat diese art / daß sie die feuchtigkeiten
aufziehet in die Lufft /
aus tieffer Erden Grufft /
und kan durch ihre hitz sie allgemach verleiten /
wann sie noch hoch am Tag / bringt also schöne zeiten /
den holden Bisem-tufft
der aller kurzweil rufft /
und bleibt Wind / Regen / Blitz und Donner auf der seiten.
Die Göttlich gnaden brunst
zieht auf der Thränen dunst /
wann sie nach Gottes will'n uns lieblich pflegt zuscheinen /
und kehrt in Geistes freud
die trübsal dieser zeit.
So muß sich Gottes gnad mit unser Noht vereinen.

Auf meinen bestürmeten Lebens-Lauff

Wie sehr der Wirbelstrom so vieler Angst und plagen
mich drähet um und um / so bistu doch mein Hort /
mein mittel punct / in dem mein Zirkel fort und fort
mein Geist halb hafften bleibt vom sturm unausgeschlagen.
Mein Zünglein stehet stät / von Wellen fort getragen /
auf meinen Stern gericht. Mein Herz und Aug' ist dort /
es wartet schon auf mich am Ruhe-vollen Port:
dieweil muß ich mich keck in weh und See hinwagen.
offt will der Muht / der Mast / zu tausend trümmern springen.
Bald thun die Ruder-Knecht / die sinnen / keinen Zug.
Bald kan ich keinen Wind in glaubens-Segel bringen.
jetz hab ich / meine Vhr zu richten / keinen fug.
Dann wollen mich die Wind auf andre zufahrt dringen.
bring' an den Hafen mich / mein Gott / es ist genug!

Auf das verwirrte widerwärtige aussehen

Mein Gott du bist getreu / wie seltsam es auch scheinet.
Wann alles knackt und kracht / wann Blut und muht erliegt /
wann selbst das Herz entherzt kein safft noch Krafft mehr kriegt;
wann alles man verhaust und aus zu seyn vermeinet;
ja wann uns auch gedunkt der Himmel ganz versteinet /
daß weder flehn noch bitt ihm etwas mehr ansiegt /
hingegen alles sich uns zu betrüben fügt /
und sich mit ganzer macht zu unsern Creutz vereinet:
so ist bereit die zeit der gnaden-labung hie /
die kan so wunderbald das Leid in Freud verwandlen /
die pflegt so lieblich süß die schmerzen zu behandlen
das man nicht wünschen soll / das sie gewesen nie.
Da siht man / daß Gott / nur recht zu erfreuen / kränket.
sein Liebessinn auf nichts / als unsre wolfart denket.

Auf eben das selbige

Gläub / wann du schon nit sihst / den der kan müglich machen
die selbst' unmüglichkeit / bey welchem Sonnen-Liecht
dein dunkles schicksel ist. Die ausgangs-schnur Er flicht
in dem zerrütten Strenn so seltner sinnen-sachen.
Er giebet nach / und dreht den Faden bey den schwachen /
wie sehr verhenkt und klenkt er ist / ihn doch nicht bricht /

am Glückes-Haspel / mit der zeit / ihn recht ausricht.
Sein fleiß und weißheit pflegt (schläfft lust und Glück) zu wachen.
Denk nicht / daß ihm / wie dir / das mittel sey verdeckt.
Sein Allsicht-Aug durchtringt die undurchdringlichkeiten
der heimlichkeit geheim / im wunder-Berg versteckt.
Sein' Allmachts hitz / den Stahl zu lob-Gold kan breiten.
Sein' Ehr' hat ihr in ihr ein Ehren-ärz erweckt /
das wird mit seinem Bild sich in die Welt ausbreiten.

Uber Gottes regirende Wunderweise

Du wunder würker / soll dir was unmüglich fallen?
bey dir auch keines wegs die wunder wunder seyn!
voll unerhörter ding' / ist deiner Allmacht schrein /
die sich erweist und preist unendlich hoch in Allen.
Da / wo die Sonne sitzt / entdecken sich die strahlen:
wo Gott ist / siehet man der wunder reinen schein /
die ihm / wie uns das gehn / sind eigen und gemein.
in ihm sie / voll begierd uns zugefallen / wallen.
Der Glaubens-Donner bricht die Wolken / daß der blitz /
die Göttlich Herrlichkeit / in werken sich entdecket /
gezeugt aus trübsals kält' und Menschen-Liebehitz.
Gott / zu erquicken / offt uns eine Angst erwecket.
In Vnglücks Abgrund hat sein Höh-Art ihren sitz:
das süß auf bitterkeit / und Freud' auf Leid / wol schmecket.

In äusserster Widerwärtigkeit

Ach kanstu auch / mein Herz / den Himmel / ohne weinen /
ohn' innern Herzens-brast / und äussern Thränen See /
ansehen? daß ich nicht vor lauter weh vergeh /
dieweil er gegen mir / ganz stählern ist und steinen!
Ach mag die Sonn' auch was so Elendes bescheinen?
faß dir / mein Herz / ein Herz / und Leuen mütig steh'
im Vnglücks-mittel- punct / das jederman dann seh /
wie deine Tugend sich in trübsal pflegt zu feinen.
Halt Gottes willen still! bricht schon das Herz vor schmerz /
wann nur der Wille ganz / ihm treu zu dienen / bleibet.
Streit' / ihm zu Lob / mit dir: daß nicht nur Blut austreibet /
besonder Geist und Krafft / verbrenn die Lebens-Kerz
in seiner treuen Brunst. Denk / löblich ist der Sieg /
wann nur mein Gott geehrt / wann ich schon unter lieg.

In eben derselben

Ach Herz-erforscher! sieh / wie sehr sich meines kränket /
wie heisse-qualen strahln und schmerzen-stich eingehn /
wie Vnglücks Abgründ dort / da grosse Nohtberg / stehn /
der Thränen Wolkenbruch sein festes Land versenket.
Daß nit der Alten gnad dein Vatter Herz gedenket /
und läst ein fünklein nur von seinem Trostliecht sehn!
Ach möcht der freudig Geist mein schmachtig Herz durchwehn!
daß nicht ein tröpflein Er mir des erquicksaffts schenket!
jetzt lischt / jetzt lischt es aus / es zittert allbereit /
die Lebens Geister schon den Herzenssitz verlassen /
die Krafft schmelzt sich in Safft / dringt durch der Augen strassen.
Ist höchste noht dein ziel / so ist es ietzund zeit.
laß deine Hülffe bald / eh ich vergeh / geschehen.
Wo nicht: laß deine Macht / als wie an Lazern / sehen!

Gemüts-Stillung

Sey still / gib Gott die Ehr! Er weiß die zeit zu finden:
in seiner vorsicht schatz ist sie schon ausgetheilt.
Sein Ziel wird durch gedult / durch murren nicht / ereilt.
Der Ball pflegt / schlägt man stark / aufs neue zu verschwinden.
Ein Schiff laufft Hafen ein / bey sanfft gelinden winden:
der ungedultes-Brauß die Anfurt nur verweilt.
Ein still-verwundter wird viel ehender geheilt.
Von freyheit unbekriegt / lässt Er sich eher binden.
Sich blinden / Gott vertraut / ist Haupt-vorsichtigkeit.
So höher ist sein Ziel / so minder es zu greiffen:
es wunder-herrlicht sich / mit längerung der zeit.
Die kostbarn Geister Säfft / gemach / gemach her träuffen.
so wenig als die Sonn versiht ihr untergehn /
kan Gott die rechte Zeit der Hülff' auch übersehn.

Auf Gottes seltsame Geist-Regirung

Still und stark im hohen hoffen / heimlich und verborgen seyn:
sich nit rühren / wann der grund aller Erden wird beweget;
sein unüberwindlich-stark / wann sich jetzt die schwachheit leget;
Aller Welt gerüstes Kriegs-Volk überwinden ganz allein;
in geheimen Herzens-abgrund / bergen klaren warheit schein;
dulten / daß der boßheit Rauch Ehren-flammen niderschläget.

57

Daß / vor holde Rosenblüh / Tugendstrauch Haß-Dornen träget:
ist ein Himmlisch Herz gewürke / aber kein gemeine Pein.
HERR! hilff meiner schwachheit streiten; sie ist ohne dich ein Glas:
du bist ihres schildes bild; wer dich siht / wird starr erstäunet.
Giess' allüberwindungs safft / in diß schwach und Eyren Faß!
meiner schwachheit spinngeweb / wann es deine Krafft umzäunet /
kan die stärksten Wallfisch fangen. Meine blödheit irrt mich nicht:
sie ist ursach / daß der höchste durch mich etwas groß verricht.

Auf eben selbige

Gleich wie / wo ich auch bin / der Himmel mich umfähet:
so mich mein Jesus auch mit seiner süssheit netzt.
In allem Geist-geschick / sey wie er woll versetzt /
sein Herz-erleuchtungs-Sonn' ob meinem Haupte stehet.
wann / aus verhängnus / bey den gegentrettern gehet
mein Fuß / sein Himmel-Liecht gleich strahlend mich ergetzt.
Es wird der Göttlich Raht / durch keine sach verletzt:
das ganze Welt-Rad Er auf seine Strassen drehet.
Mein Gott! ich lass ihn dir / spiel du mit meinem sinn
nach deiner dunklen Art. Verbirg' / und zeig dich wider.
Wirff / wie den Ballen / ihn bald Wolken an / bald nider.
Dein Hand-anlegen / ist gewissester gewinn.
Dein schwingen ist mir sanfft / dein fangen mein verlangen.
das was aus deiner Hand / ist allzeit zielwärts gangen.

Auf die Göttliche Gnaden- und Wunderhülff-Hoffnung

Ich weiß nicht / was noch wird aus meinem hoffen werden?
der Trost bleibt unverruckt: nichts schicket sich dazu.
Es läst mir / in dem Geist / mit wünschen keine Ruh.
Ich fühl stäts innen Trost / und aussen nur beschwerden /
werd' immer mehrers loß von allem Trost der Erden.
Ich hoff / ich harr' / ich wart / von ein zum andern nu /
auf dich / mein Himmlisch Herz. Ach / Deo glori / du
kanst mich beleben recht / nach tödlichen gefärden.
Ach denk / daß sehnen stets und nicht gewähret seyn /
sey Herz-versehrungs-schmerz und halbe Höllen-Pein.
Betrachte / daß auch nichts beständigers gefunden
auf Erden werden kan / als meine treue brunst.
hat doch standhafftigkeit Gott selber überwunden /
in jenem Armen Weib. Schenk mir auch deine gunst!

Auf die unbegreiffliche Glaubens Art

Begreiffestu schon nicht / mein Herz / das was du glaubest;
schadt nicht; deß Glaubens Art / ist unbegreifflich seyn.
Das ist sein gegenstand / was wider allen schein.
Durch ursach aus vernunfft / du ihm sein wesen raubest /
sein' Allerstreckung in zu änge schranken schraubest.
Vernunfft und die Natur / sind ihm zu kleiner schrein.
Nur Gottes Macht / güt / wort / begränzen ihn allein /
die unbezielbar selbst. Doch / wann du ihn belaubest
mit Lorbeern / die der Geist in dich gepflanzet hat /
und ganz gelassen läst vollbringen seine that:
so wirstu hinden nach sein wunder würckung sehen.
Ach glaubestu doch Gott der überschwänglichkeit /
den nicht befassen kän das ganze Erden-weit!
warum woltst nicht in dem entgeistert güt-hoch gehen?

Ruhe der unergründlichen verlangen

Nvr ruhe / meine Seel' / in Gottes tieffen wunden.
Versenk all deine bitt' / in seinem Meer voll Blut;
die kleinhett deiner sach' / in diß Allwesend Gut.
Was das geschöpfversagt / wird in dem Schöpfer funden.
Sihstu schon keinen trost in dieser Erden-Runden:
wiß / Gott ist grösser noch / als sie / dein Herz und muht.
Die wunder er allzeit auf über-Irdisch thut.
Ihr wesen wird daraus / wann alles seyn verschwunden.
Wann Geist-erforschung schon sich weiter nicht erstreckt /
so laß die sinnen in des Glaubens süßheit schlaffen:
dann wird dir Gott daraus ergetzlichkeit erschaffen
und angenehme Freud / wann er dich wider weckt.
Traustu dir höher nicht durch Hoffnung aufzufliegen:
|warheit |
so bleib' im tieffen grund der›Allmacht‹ G0ttes
|Güte | liegen.

Uber mein unablässliches verlangen und hoffen

Ach unnachlässlichkeit / Gesellschafft meines Herzen!
auf jrdisch hast verknüpft / den sonst so freyen Geist:
viel eh er aus dem Leib / als deinen banden / reist;
leidt unerleidbarkeit / verschmerzet alle schmerzen.

Ja / die Welt-änderung ist Ihm ein bloßes scherzen:
Wann Atlas / der sein Ziel / der Donner schon zerschmeist /
das schicksel neue Berg' auf ebner Rennbahn weist:
noch brinnet ewig hell die hohe Hoffnung-Kerzen.
Du Erden-Ewigkeit / du starke Engel Tugend /
Ach allbesiegende unüberwindlichkeit!
du weisest deine Krafft in meiner zarten Jugend.
Mir wird dadurch mein wunsch / dir Ehr durch mich / bereit.
Fahr' / Edle Freundin / fort! wann Höll und Welt zerspringen:
so soll uns unser sach / ob Gott will / doch gelingen.

In vielfältiger Widerwertigkeit

Mein tausendfache Noht / dein tausend tausend Heil /
O über-guter Gott / demütiglich anflehet.
Mein' Elends-tieffe bey dem gnaden-Sandberg stehet:
würd nur ein Körnlein groß von diesem mir zu theil!
doch ist die Allheit hie um nichts (O wunder) feil:
der Glaub' all ihre Krafft / ja selbsten sie / empfähet.
Die Seeligkeit der Geist in diesen Segel wehet /
der in den Hafen bringt das Schiff mit Pfeiles-eil.
Ich bin bereit im Port / und mein Port ist in mir /
auch mitten in dem Meer: was darf die Flut mich scherzen?
Ich hab' an Jesu Christ das Land und Strand im Herzen.
Den Schiffbruch fürcht ich nicht / geschäh' er auch nun schier.
in meines Jesus Schoß / in Gott des Vatters Hände /
und in des Geistes freud' / ich mit dem Geist anlände.

Glaubens Erkäntnus

Ich thu einen Glaubensblick / in das flammen volle Herze
meines allerliebsten Jesu / sih mit feuriger begier
die gewährung drinn gemahlet. Solche zu vollziehen schier /
eilet sehr sein flügel-will / abzuhelffen meinem schmerze.
Mein Hülff ist dem äusserst ernst / dem der Weltbau nur ein scherze.
Seiner gnaden Meer liebwallet / sich bald zu ergiessen mir.
Ja die wunder ring- und dringen / welches erstlich komm herfür.
Mein Gebet und flehen / ziehet Gottes Allmacht Erden werts.
Ja der in mir seuffzend Geist / kan / als wahrer Gott / ihm geben /
um was er in mir selbst bittet / seinen wunsch er selbst erfüllt.
Was sie hat in mir erreget / seine Allmacht löscht und stillt.
Ach es pflegt bey jedem wort Allverschaffungs macht zu schweben.

Was die selbste warheit saget / und die wesend macht ausspricht /
kan ja anderst nicht als werden / sonst wär Warheit Warheit nicht.

Glaubens Unabläßlichkeit

Solt sichs noch tausendmal unmöglicher anlassen /
ja ich und alls vergehn: noch gleichwol glaub' ich fort.
Ich bind den Hoffnungs Stamm' ans unvergänglich Wort /
daß wird mein Glaub' im Tod / ja gar im Grab umfassen.
Es hat die güte sich verstricket solcher massen /
daß auch die Allmacht selbst findt kein entrinnungs Ort.
Ja / sie ist selbst viel mehr / der Gnad'-und Warheit Port /
und ihrer Hoffnung frucht / die wir im Geist offt aßen.
Sie ist vollzieherin des Gnäden-Wunder Schluß:
und wie die Güt der Grund / so wenig dieser / weichet /
so nöthig sie dem Pfad der Warheit folgen muß.
Ob die Regirung schon ob allen urtheiln streichet /
dermassen wundert / daß sie alle Ziel zerreist;
so siegt aufs herrlichst doch die Warheit / in den Geist.

Unwiderlegliche Glaubensgründe

Wie kan ich / weil ich mich / auff Gott allein verlassen /
doch unerrettet seyn? Ihm alles müglich ist.
Nur das nicht / daß er deß / der ihm vertraut / vergist,
sein seyn pflegt alle ding / nur dieses nicht / zu fassen.
Daß sein verheissen fähl / unmüglich ist dermassen /
daß / eh als sie / die Erd' und Himmel brechen müst.
Sie ist gewisser / als du selbst im Wesen bist.
Doch ihr' Erfüllung reist die unerhörtste strassen.
Sie schwindet in der Hand / wann man sie sicher hält.
Vnd wann sie über Meer / nach unserm Sinn / entfernet /
sie / als ein wunder Geist / uns in die Hände fällt;
im Augenblick verlischt / bald wider neu besternet.
Diß treibt sie / biß man sich in alle wendung schickt;
dann klar und offenbar beständig sie erquickt.

Uber Gottes Wunderführung

Dv wunder Heiligkeit / und Heilig hohes Wunder!
du machest alles wol / und siht doch selzam aus.
Offt / wann du segnen wilst / komt erst ein starker Strauß.

Wann Hülff' erscheinen soll / geh'n offt die Mittel unter.
Es fället offt in Brunn der helle Hoffnung Zunder.
Entgegen gibt die See / ein Fünklein offt heraus.
Voll wunder-Liechter ist / Gott / dein vorsehungs Hauß.
Dein' Obacht ist auf uns / mit stäten Sorgen / munder.
Die Insul ist bereit / eh man zu Schiffe geht /
wo nach dem Schiffbruch uns das Meer pflegt auszuwerffen.
Von dem / den du beschützst / der Wind die Kugeln weht.
nicht weiter / als du schaffst / die Blitz' hin blicken dörffen.
Du lenkest alle Ding' / und übergiebst den Sieg
Dem Glauben / daß ihm / dir zu Ehren / alls erlieg.

Uber ein zu ruck gegangenes / doch Christlich- und heiliges Vornemen

Ich sitze ganz betrübt in diesem grünen Zelt /
muß in der Hoffnung / mich des hoffens ganz verwegen.
Der Himmel ist der Erd geneigt / und mir entgegen /
nimt mir das / wo Er mit verehrt die ganze Welt.
Hat alles seinen Lauff: mein Glück Er nur aufhält /
pflegt dessen Ringel-Pferd viel wehrzäum einzulegen.
Das Schifflein wird verfolgt von tausend Wellen schlägen:
unsäglichs Widerspiel den Port-einlauff einstellt.
Doch ist mein Herz ein Felß / an welchem alle Wellen
unwürklich prellen ab. Mein Schluß / ist ohne Schluß.
Werd ich auch schon genetzt von meiner Thränen quellen:
mein Felsenhaffter Sinn jedoch nicht weichen muß /
will / läst mich Vnglück nicht in wunsches-Hafen lauffen /
ehe ichs verlaß / mein Liecht umarmend eh ersauffen!

Auf berührtes verhindertes Vornehmen

Wie? will der Himmel nicht gerechten Anschlag segnen?
ist denn nicht / wie zuvor / der seelig / der ihm traut?
wie daß das Widerspiel man hier so klärlich schaut /
daß dem / des Hoffnung Gott / alls Vnglück muß begegnen /
Ein ganzes Jammer-Meer die Sternen auf ihn regnen;
je mehr in Schlamm er sinkt / je mehr er auf ihn baut /
und sich nur mehr und mehr im Vnglücks Paß verhaut.
Viel besser geht es / Ach! den Gottlos- und verwegnen.
Nein / nein / mein Sinn / du irrst! schweig' und bedenk' ihr Ende.
Denn / auf das schlüpfrig' Eiß hat sie der Herr gesetzt.

Der Ruhe-bringend Streit viel sicherer ergetzt /
als wann vom Nectar ich zum Acheron anlände.
Das gute / daß das höchst Gut nicht befördern will /
ist nicht gut / oder hat noch nicht erreicht sein Ziel.

Gänzliche Ergeb- und Begebung / in und nach Gottes Willen / in dieser und allen Sachen

Der Himmel ist gerecht. Möcht' auch mein Herz zerspringen
vor Leid und Schmerzens Angst / noch gleichwol sag' ich frey /
daß wunder Heiligkeit in seiner Schickung sey.
Mir muß / will mir schon nicht mein Wunsch / sein Lob gelingen.
Will ihm den Stegs-Gesang / auch unterligend / singen:
denn sein Will hat gesiegt / und meiner fällt ihm bey.
Mit ihm untrennlich Er soll bleiben einerley:
kan überwunden so den Sieg auf mein Ort bringen.
Gehts ohne Schmerz nicht ab / geschichts nicht sonder Thränen:
denk / daß du um so viel / mehr freuden Aehren kriegst.
Das gegenwärtig man zu opfern muß gewähnen
der Künfftigkeit / das du hernach mit Lachen siegst.
Mustu dich hier / mein Herz / der Tugend unterwerffen /
ein kleines-dort wird dich nichts mehr betrüben dörffen.

Auf berührte Verhinderniß

Ach Allerfülltes All / stät gegenwärtigs Wesen!
was wünsch' ich Ziel und Ort? du aller Orten bist.
Vmsonst mir von der Welt dis Glück verstöret ist.
Hör' ich dich reden nicht: kan ich dein wort doch lesen.
Ey was! du predtgst selbst / und machst die Seel genesen.
Mein Herz zum Predigtstul und Kirchlein ist erkiest.
Trotz / Welt und Teuffel / wehr / mit aller deiner List!
der Höchste macht das bäst' aus deinem gifftigstbösen.
gönnst mir den Schatten nicht / so gibt er gar den Schein.
Dunkt dich der Stern zu viel / so schenkt er gar die Sonne.
Fort / fort / entsagter Feind / mir kleines Glück mißgonne!
beneid' ein Tröpflein so: schenkt Gott ein Schalen ein.
Gott läst kein Glück zu rück' / ohn reich' erstattung / gehen.
Das stürmen / so mich irrt / muß mich in Hafen wehen.

Auf eben selbe

Wer Gott und gutes liebt / muß als zum bästen kommen /
wie bös' es sich auch zeigt / was quälen es verführt.
Im ärgsten stechen es den Stachel selbst verliert.
Das bös und Vbel selbst / muß doch den Frommen / frommen.
Mir wird das Bächlein nur / die quelle nicht / genommen.
Das ganze Weißheit-Meer von dieser Vrquell rührt /
wird / in der Wüsten auch / so bald ein Bach gespührt /
von dem das flache Feld wird fruchtbar überschwommen.
Was man mir nemen will / das hab' ich überall.
Trutz / daß der böse Geist dem Heiligen verbiete /
hell zu durchleuchten mich / mit seiner Weißheit Stral!
sein Boßheit anlast den / zu doppeln seine Güte:
Er will / durch fremde nicht mir / sondern in Person
entdecken seinen Schluß und zeigen seinen Thron.

Auch auf selbe Begebnus

Wer will / der mag den Wind verbinden:
Er unterfangt Vnmüglichkeit.
Der Geist ist doch von mir nicht weit /
macht man schon Ort und Port verschwinden.
Er bleibt nicht / bleib schon ich / dahinden:
ist stäts mit Gaben mir bereit /
mich zu erquicken jederzeit.
Er läst kein Creutz sich überwinden.
Mein standhaffts Herz ist seine Klufft /
wo Er der liebsten Seelen rufft.
Jauchz' ich schon nicht mit etlich tausend:
Ey so vertritt sein' Allheit mich /
so unaussprechlich seufz- und sausend /
daß ich sie spüre regen sich!

Uber des Creutzes Nutzbarkeit

Ein schöne Sach / im Leiden Früchte bringen!
die Edlen Stein / zeugt die gesalzne Flut.
Es wird das Gold vollkommen in der Glut.
Aus hartem Felß die süssen Brunnen springen.
Die Rose muß her durch die Dörner dringen.
Die Märtyr-Kron / wächst aus vergossnem Blut /

aus Plag' und Streit der Christlich Helden-muht.
Wer hoch will seyn / muß nach der Hoheit ringen.
Frucht in Gedult / ist köstlich / aber schwer.
In Winters Zeit / schätzt man die Frücht vielmehr:
weil seltsam ist / sie damals zu erlangen.
Wen sauß und brauß / wen knall und strahl nicht irrt /
zum Himmels-Port der Tugend-Frücht' hinführt:
der wird mit Preiß der Creutzbesiegung prangen.

Auf die verfolgte doch ununterdruckliche Tugend

Es ist die gröste Ehr' / unüberwindlich seyn /
und sich auf Herculisch dem Vnglück widersetzen.
Am widerstandes Stahl / muß keckheits Schwerd sich wetzen /
damit es schärfer wird / und krieg den Heldenschein.
Der Lorbeer widersteht dem Feur und Donnerstein.
Die Tugend lässet sich von Boßheit nicht verletzen:
was? die pflegt sie viel mehr zu wundern anzuhetzen.
Die Noht und Vnglück / ist der Tugend wunderschrein.
Was zieret Cyrus Sieg? die widerstandes Waffen.
Es kriegt / durch Kriegen nur / Philippus Sohn die Welt.
Den Zepter / Cesar auch / erst nach dem Streit erhält.
Nicht faulen Siegern nur / ist Cron und Thron beschaffen.
Drum biet der Noht die Spitz' / und laß dich nichts abwenden:
es schwebt schon über dir / die Kron in Gottes Händen.

Auf eben selbe!

Bey sanfft gelindem wind / ist leicht / den Port erlangen:
doch / wann Charybdis bellt / und Scylla uns verdreht /
wann dort ein Wellen-Berg / hier ein Meer Abgrund / steht /
und man kommt doch zu Land / dann kan man recht Siegprangen.
Nach langer Seefart / hat das goldne fell entfangen
der dapfer Jason. Preiß aus schweiß und fleiß aufgeht.
Dann / keine frucht / ohn Zucht / die Tugend nie entfäht.
Dann heist es Sieg / wann man die Welt-gefahr umgangen.
Man muß aus Ilium / wann soll die Tyber krönen /
auf kohl- und flammen gehn. Creutz ist des Glückes Thor.
Der Vnglücks Schatten kan / ein Wunderbild verschönen.
Man schwingt / gebogen / sich viel herrlicher empor.
Die Kron / kommt aus dem Feur / dann auf des Königs Haar.
So wird ein Ehren-Stern aus Vnglück und gefahr.

Gänzliche Ergebung in Gottes willen

Mit voller übergab / mit ganzer Herz-entwehnung /
mit Erzgelassenheit es dir geopfert sey!
bin / so unendlich ich verstricket war / jetzt frey /
ohn' alle heuchel list und falsche Farb'-Entlehnung.
Will willig / vor die Ehr' / erdulten die Verhönung.
Ohn deinen willen / ist auch meiner nicht dabey.
Wär Leid- und Freuden Art / auch noch so mancherley:
so lass- und dult' ich alls / um jene Gnaden Krönung.
Mein Geist schwämmt nie so hoch in deiner Wunder Lufft.
Er muß sich nider bald zu deinen Füssen lassen.
Mein will zielt / wie er woll / so bleibstu doch sein Punct:
geht / zu gehorchen dir / von Stern in Erden klufft.
Es heischt gleich grosses Herz zum lassen / und zum fassen.
Es lesch sich dir zu Lieb / was dir zu Ehren funkt.

Auf die Tugend-bedrängnus-Zeit

Schöne Tugend / dich umducke / ziehe deine Krafft in Kiel:
weil der rauhe Vnglücks wind / deine Blüh und Blätter senget.
Besser ists verborgen seyn / als vor jederman gedränget.
Hoffnung / wird schon widertreiben / kommet Tugend-Ehrungs ziel.
Dein Erz-Vrsprung / Gottes Weißheit / hat dieweil mit dir ihr Spiel:
deinen Krieg und Sieg zusehn / dieses Stürmen sie verhänget.
Gleich wie sich das Edle Oel niemal / mit dem Wasser mänget:
deine Krafft empor so schwebet / welche nie gen boden fiel.
Tugend ist ein Spanisch Rohr / bricht nicht / wann man sie schon
    bieget.
Ja der rechte Eysen-Stein / der / auf alle weiß verkehrt /
seines Herzens wunsche-spitz / nach des Höchsten Willen füget.
Allen stürmen ist unmüglich / das ihr werd diß Ziel verwehrt.
Wann auch Schiff und Vhr zerbrochen / sie am Grund im Letten
    ligt:
wider Meer und Wetter toben / sie doch / Gott zuzielnd / siegt.

Als ich mich / wider meinen willen / zu Ruhe begeben und das schreiben lassen muste

Es müssen alle ding / HERR / durch dein weißes lenken /
denselben / die du liebst / so wunder gut ausgehn.
Wann / da der Osten Ziel / sie gegen Westen stehn /

kan doch zum ersten End / dein Helffers Hand sie senken.
Mein Lustlauff wird gekürzt / man will mein Pferd anhenken /
wann es am bästen Rand / du lässest es geschehn:
weil Lebens Längerung / vor kurzweil / du gesehn.
Man muß mir Zeit für Zeit / auch ohn gedenken / schenken /
wann die geraubte Zeit / die Lebenstäg verlängt /
mein Edles Engelwerk / so ist dir nichts benommen:
du wirst / für diese Stund / die Jahr und Täg bekommen /
die mir noch künfftig sind / leicht nicht so schmerz gemängt.
Ein widers Wesen ists / still stehn im besten flug:
doch ist des Höchsten will / mir Ziel und Zaum genug.

Auf die unverhinderliche Art der Edlen Dicht-Kunst

Trutz / daß man mir verwehr / des Himmels milde Gaben /
den unsichtbaren Strahl / die schallend' Heimligkeit /
das Englisch Menschenwerk; das in und nach der Zeit /
wann alles aus wird seyn / allein bestand wird haben /
das mit der Ewigkeit / wird in die wette traben /
die Geistreich wunder-Lust / der Dunkelung befreyt;
die Sonn' in Mitternacht / die Strahlen von sich streut /
die man / Welt-unverwehrt / in allem Stand kan haben.
Diß einig' ist mir frey / da ich sonst schier Leibeigen /
aus übermachter Macht des Vngelücks / muß seyn.
Es will auch hier mein Geist / in dieser Freyheit zeigen /
was ich beginnen wurd' / im fall ich mein allein:
daß ich / O Gott / dein' Ehr vor alles würd' erheben.
Gieb Freyheit mir / so will ich Ewigs Lob dir geben.

Auf mein langwüriges Unglück

Die[1] Warheit saget selbst in diesem Freudenspiele /
daß / eh der Tag vergeht / die Tugend siegen soll
mit samt der Dapferkeit / und werden Freuden voll.
Ach! das mein Vngelück auch wär bey seinem Ziele /
vor Zornes-Donner / mir ein Gnaden Strahl her fiele!
daß ich nur einst erführ' / wie über Irdisch wol
das Gut' auf Böses schmeck; das deinen Hasses groll /
O unbarmherzigs Glück / dein Muht an mir nicht kühle.

---

1 Die Warheit redet in einem an Keyserl. Hof gehaltenen Schauspiel /
   von der verspotteten Zauberkunst.

Soll denn die Warheit selbst bey mir unwarhafft seyn /
unüberwindlich auch mein Vnglück nur allein?
Ach! so befihl' ichs dem / der alle Sachen lenket /
das sie doch endlich gut / wie böß sie sehn / ausgehn.
Sein Raht (tobt Höll und Welt /) muß doch zu letzt geschehn.
Leicht hat Gott zu erhöhn im Sinn / weil er versenket!

Trost in Unglück

Nicht verzage / meine Seele! lässt es sich schon seltsam an.
Ist doch seltsamkeit der Sam / wo die wunder all' herspriessen!
hebstu Herz und Händ zu Gott / trittstu Noht und Todt mit Füssen.
Wann das Schifflein wol bewellet / mundert Christus sich alsdann.
Wie schon Peter pflag zu sinken / er des Herren Hand gewann.
Bis der Goldsand rein allein / muß das trübe sich verfliessen.
Wie der Victriolen Geist / lieblich säurt die geile süssen:
so den bästen Freudenschmack Noht-Erlösung geben kan.
Wann der Durst am häfftigsten / ist das Wasser noch so gut.
Wann wir nach der Hülffe lechzen / und sie uns was ferne deucht
    /
wird sie / über alles Hoffen / endlich eh und leicht erreicht.
So giest Gott ein Trostes-Wasser / auf den Creutz-erhitzten muht.
Gott Durst-geistert eh die gier / dann gibt er ihr satte Weide /
mehrt den Durst im überfluß / das verlangen in der Freude.

Uber die / mitten in Unglück entfangene /Geistliche Ergetzlichkeit

Ach der übermilde Himmel / schenkt auf Leiden Freuden ein /
senkt die Frommen wol in Noht / lässt sie aber nicht versinken.
Weil sie ringen mit der Angst / pfleget Er der Freud zuwinken.
Er verkläret ihre Trübsal / mit dem gnaden wunderschein /
schicket ganze Labungs-Ströme / für ein kleines tröpflein Pein.
ja in während-gröster Qual läst er Liebes-flammen blinken /
und das Noht-verschmähte Herz aus dem Gnaden Abgrund trinken:
Er ergetzt es und versetzt es in seim Erzerbarmung seyn.
Da verschickt es wunderlich eine Eusserkeit der andern:
aus Erz-Angst in Haupt-Vergnügung / aus der Qual in Jubel-Thron
muß es durch des Höchsten Krafft / klar doch unvermärket wandern
    /
daß der Geist / vor Last und Luste / seuffzet ob dem Creutz und
    Kron.

Wol / ja wol und überwol / dem / der fest auf Gott vertrauet!
weil er nicht allein sein Hülff / ja selbst seine selbstheit / schauet.

Auf Glückliche Erquick- und Erfreuung

O Süsser Himmelschluß / auf Regen / Sonnenscheinen /
auf Stürmen / stille Zeit / auf Schnee und wehens Plag /
erblicken nach begier / den blau- und Goldnen Tag!
wer kan / daß Witterung die Sonn verschönt / verneinen?
wann / wie die Wolken / wir auch unser Angst ausweinen
und schütten / wie der Schnee / mit zittern unsre Klag
die ganz-verwirrt her fankt / und sich nicht halten mag:
da läutert Gott das Glück / das wir verlohren meynen.
Auf Gottes Gnaden-Herz / fällt unser klagen-Schnee:
hat einen warmen Grund / der untersich auf schmelzet;
dann macht die vorsichts-Sonn / daß er von oben geh;
die Welt-Erschaffung Hand das Eyse leiß weg welzet /
nit sey / bey bößer Zeit und üblem Glück / verzagt!
das gibt die gröste Lust / was uns am meinsten plagt.

Auf das Lust-vermehrende Unglück / nach erlangter Errettung

Der Deamanten Liecht / und der Karbunkel flammen
das dunkle funkeln macht. Der schatten / ist der sitz
und Königliche Thron des Strahlen spieler-blitz /
der Theurheit prob und Lob / der schön und Zierde Samen.
So pflegt aus Vnglück auch / offt Freude herzustammen /
die kost- und scheinbar wird / durch dessen trübe Hitz.
Es wird mit Creutzes-schwärz / vertiefft die hohe Witz /
das unerschätzte schätz' aus dieser Spielung kamen.
Verfloßnes Vnglück / ist / der Geist im Glücksgeschmack /
der Zucker seiner Frücht / das Durst erhitzte Laben.
Der lustigst Lustwall ist / bey tieffen Trübsal graben;
erledigt / denken nach / wie tieff darinn man stack.
Ach wann wir uns allein Gott könten ganz vertrauen!
wir würden wunder-Lust / an seiner Rettung schauen.

Hertzliche Lob- und Freud-Aussprechung /wegen Erhörung des Gebets / und gnädiger Hülffe Gottes

Der Himmel sey gelobt / im frohen Herzenspringen /
das er Erhörungs Safft auf mein Gebet gethaut /

mein Herz in seiner Angst genädig angeschaut.
Nun will mit freuden ich Ihm Lobes-Opfer bringen.
Der Ewig' ists allein / der meine Noht bezwingen
und mich ergetzen kan / weil ich auf ihn gebaut
in der und aller Noht / ungläublich ihm vertraut.
Drum läst Er mir nach wunsch jetzt alles so gelingen.
Der saure Thränen-Sam / bringt süsse freuden Frucht.
Wie Heilig / Herrlich / hoch ist Gottes wunder Zucht!
den Lebens Schauplatz Er / mit Vnglück pflegt zu dunkeln:
daß bey der Hülffe Liecht / der Allmacht Pracht erschein.
Wie die Kunst-Feuerwerk man hält bey Nacht allein /
so läst auch Gott in Noht / das gnaden Strahlwerk funkeln.

Auf mein freudiges Beginnen

Nvn laß der Lust den lauff / mein fröliches Beginnen!
nur dieses gieng noch ab / an voller Herzens-Freud.
Laß raumen ihre plätz die trübe Traurigkeit /
die in dem Herzens-Land sie lange Zeit hatt' innen!
ermunder deinen Muht / begeistre deine sinnen!
denn / die Gott selber gibt / ist kein' unreine Freud.
Brauch / weil der Höchst sie schickt / der Glück erquickten Zeit.
Columben ließ er auch / nach Angst / die Welt gewinnen.
Man soll sich recht mit Lust / wie jener Römer-Ruhm /
selbst stürzen in die Grub des Gott-versehnen leiden /
nicht nemen vor sein Creutz das gröste Keysertum:
weil die Erlösung bringt solch Herz durchsüsste Freuden.
Der Gnaden-Wolkenbruch / auf Vnglück / nidergeht.
Vor jedes tröpflein Angst / ein Lust-Meer man empfäht.

Uber ein unverhofft beschertes Hülff-Glück

Billich / weil dein Güt' im Herzen / ist dein Lob in meinem Mund
  /
O du Glück und Herzen Herr! du kanst Freud und Wundermachen
  /
auch in einem Augenblick. Hätt ich aller Engel Sprachen:
deines Lobes minsten theil / ich doch nicht aussprechen kund.
Herzens-Angst in Herzen Freude wandelstu / in einer Stund.
Deiner vorsicht Weißheit-Aug / muß vor unsre Wolfart wachen /
und so wunder Heiliglich ordnen unsre Lebens-sachen /
das von deiner Gnad wolthaten / ganz erschallt das grosse Rund.

Ach mein König / Priester / Hirt! wollest Herrschen / Opfern / weiden
über Seel / die Sünd / im wort / das ich lerne frefel meiden.
Was soll ich / mein Hort / dir geben? mein Herz? ists doch deine Gab /
die / zu tausend andern / du mir in diesem Leben geben?
was denn? ist doch dein schon alles / was ich kan / weiß / bin und hab.
Heyland! gieb / zum überfluß / dir zu Lob und Ehr zu leben!

Auf Gottes süsse Erquickung und Wunder-Regierung

Dv treuer wunderbar / und Weißheit ohn' erzielen!
du Heilig hoher Raht / erquickendes geschick!
im Vnglück pflügestu / durch Martern / unser Glück:
damit der Anlaß-Marb / die Irrungs scholl / zerfielen.
Der Thränen-Regen / muß dein Herz erweich- und kühlen /
das der versehne Sam Hülff-käumend' uns erquick /
und Ehren-Aehern-schoß mit Freuden man erblick'.
Es enden Gottes Werk in lauter Freuden-spielen.
Er nimmt das Absehn nur und zielt auf unsern Nutz /
wann Er ein Gnaden-Aug verschliesset / sein versehen
pflegt also Lieb-beseelt durch alle fäll zu gehen:
das jeder Vnglücks-Wind / entzünd den Gnadenschutz.
Ein Lieb-erhitzend Feur ist all verhängte Noht:
ein Durst dem uns und ihm frisch löscht der liebe Gott.

Herzlich-vergwistes Vertrauen auf Gott / in noch nicht völliger Glückes-Besitzung

Ach ich verlaß mich keck / Gott / auf dein treues schutzen:
ist doch / der Liebe Pfand / die Selbstheit selbst in mir!
dein Geist / aus meiner Seel / hell seufftzt und schreyt zu dir:
Gott ist mit Ihm selbst eins. Wer schadt mir / will er nutzen?
kan alle Qual / Gewalt / auch meinen Schutzer trutzen?
das Allbeherrscher-Reich / ist in dem Herzen hier.
Mit einem Fünklein Geist ich solche Kräfften spür /
das aller Erden Macht erstaunen muß und stutzen.
Ach halt dich nur / mein Glaub / zu Christus Wunden-Blut:
in seinem Herzen-Felß bistu unüberwindlich,
Schöpf' aus der Hülffe-Quell / aus seinem Blut / den Muht.
Das Meer der Gütigkeit ist Ewig unergründlich.

Zieh / weil du Athem hast; zu letzt blas ihn hinein:
so wirst von Gottes Gnad recht unzertrennlich seyn.

Die / im Gemüt entfundene / unbeschreibliche Süssigkeit der Güte Gottes

O Vberschwänglichs Gut! O Vnausdenklichkeit!
Begierigs Wunder-wol / an uns dich zu bezeigen!
je mehr dein Werk in mir sich preiset / muß ich schweigen.
Die Freud-Geniessung lässt der Rühmung keine Zeit.
War ist es / tausendmal das du viel mehr bereit /
als zu begehren ich / dein Güt' in mich zuneigen.
Dein Strom schtest schnell herab / die Seuffzer langsam steigen:
ich kriech mit meiner Bitt / du fliegest mit der Freud.
Du ausgeschütte Lieb / recht Herz-entdecktes Wesen!
wie wall- und flammestu / das du dich nur beweist!
du brichst schier / vor Begier daß wir nur bald genesen.
Wie hungert doch die Gnad / biß wir mit Lust gespeist!
dem Ewig-wohlen wohl ist schier zusagen weh /
biß sein Lieb-überfluß auf uns Lust-übergeh.

Glaubens-Blick und Bericht von Gottes Gnaden-Herze

Es glühet ganz / vor Lieb. Es wallet / vor verlangen
den Menschen guts zu thun. Es webet lauter Gunst.
Es hänget voller Frücht der Wunderschickungs Kunst.
Die Trost- und Hülffes Heer / mit Freuden ausher drangen.
Mit lauter Güt' und Treu wird drinnen umgegangen.
Begierde flammet an / ein' Erzerbarmungs-Brunst:
die laufft und steigt zum Ziel' ohn' Eitler Ehren dunst.
Ein Gnad' ist / in die wett der andern / ausher gangen.
Ey was? es ringen sich der mittel reiche Mäng' /
um / welches zu dem Heil der Menschen mehr solt dienen.
des Sohnes Menschgeburt / hält dort ihr Sieggepräng:
sie war das Köstlichste / die Sünder zu versühnen.
Der Höchste sagt': Ich kan nun länger warten nicht:
vor Lieb-Erbarmung mir mein Herz / zu helffen / bricht!

Der Sonneten / Andres Hundert

Auf die Aller heiligste Menschgeburt meines Erlösers

O Heilig hohes Werk! wie solt' ich dich recht ehren?
soll ich / vor tieffer Furcht und Ehrerbietigkeit /
mit stiller Wunderung erzeigen meine Freud?
Ach! oder darff mein' Hand dein Lob mit Ruhm vermehren?
wann dieses: Ewigs Wort / so wollst mir Wort bescheren /
dein Wunder-Menschgeburt zu rühmen in der Zeit!
mein Herz ist schon / ach mach auch Sinn und Hand / bereit!
du wollst mir / was gereicht zu deiner Ehr / gewehren?
die Göttlich Wesens-Krafft / ist in dem kleinen Kind.
Der Aelter als die Welt / ist in der Zeit gebohren.
Deß Kleid sonst Flammen-Glanz / man jetzt in Windel bindt.
Er ist zum Wunder-Zweck der Ewigkeit erkohren.
Die keusche Mutter-Hand den stäts Bewäger wiegt.
Ja / der die Welt erbaut / hier in der Krippen ligt.

Frolockungs Gedanken / bey dieser Göttlichen Menschwerdung

Du Engel-Wunder-Freud / Vermenschte Gottheit du!
geparter Wunderbar der unterschiednen Arten.
verheißnes Menschen-Heil im Edlen Eden-Garten /
der Vätter Hoffnungs-Zweck / all ihrer gierden Ruh!
du Bild-beziehltes Kind! so kommstu nu herzu /
so offt verhofft vorhin / jetz da sie dein nicht warten.
nicht Wunder wär es / das vor Wunder sie erstarrken /
als sie den Tausend-Wunsch sehn vor den Augen nu.
Das Furcht-erzittern / soll dir stat des wiegens dienen:
die heisse Lieb / für Feur. Die Freuden-Thränen seyn /
dein reines Bad. Ach soll die Erde sich erkühnen /
daß sie / dir Himmel-Safft / geb ihren Ader-Wein!
der Demut-Grund / dein Mund / hat gierigst ihn genossen:
du hast (was Dankbarkeit!) dein Blut dafür vergossen.

Auf Christus Wunder-Geburt

Wie? hat die Allheit sich in dieses nichts begeben!
die Vnaussprechlichkeit so alles sprichet aus /
macht die die Schwachheit dann zu ihrer Allmacht Haus?
will den Fußschämel sie zum Ehren-Thron erheben?

der Vnbegreiffliche / will auf den Händen schweben.
Der Erd' und Himmel regt mit seines Donners Brauß /
was mehr! das Meer verfelst mit seines Athems Sauß /
denkt in dem keuschen Glas / der Jungfrau Leib / zu leben.
Deß Wort- und Weißheit-Krafft das ganze Seyn gebohren /
läst aus dem Staub der Zeit selb selbst gebähren sich.
Gott wird ein Mensch / auf daß der Mensch sey unverlohren.
Sein Elends-Abgrund Stand / ehrt Himmelhebend dich.
Laß allen Hoffarts Pracht! weil Demut ihm erkohren
der Höchste / folgt / sie sey die Hochheit wesentlich.

Uber das Ewige / nunmehro Fleisch wordene /Wort

Du Weißheits Wesenheit! des Vatters Herzen-Bild!
du ausgesprochnes All und Ewig-Lebends Leben /
durch den die Werdungs-Krafft dem Weltkreiß wurd gegeben!
du führest der Geschöpff' ihr Wesen-Bild im Schild.
in dir erzeiget sich der Gnaden-Reichtum mild.
Von Ewigkeit auf dir die Heiles-Schlüsse schweben:
die Vrallwissend' auch du pflegest anzuheben /
und aus des Jägers Netz erlöst das arme Wild,
Selbständig wahres wort / geheimstes Engel-Wunder /
du unaussprechlicher doch Herzgeglaubter Gott /
du Seraphinen-Ehr / last dich so tieff herunder?
du mehrst dein' Ehr viel mehr / durch wendung unsrer Noht.
Gib mir / O Wortes-Quell / hoch-Weiße / dich zu loben.
Ja red' und sprich selbst aus / was ich nit satt erhoben!

Uber den beliebten Gottheits-Tempel die Keuschheit

Ach Keuschheit / du hoch Edles Gut /
wie hastu doch vor allen
zur Wohnung Gott gefallen?
Er nam / von dir / sein Fleisch und Blut.
Ja wider die Natur selbst thut:
gleich nach der Botschafft schallen /
solt' dich sein Krafft bestrahlen;
das Amen sagt der Glaubens-Muht.
Der Glaube kan die Schwachheit bringen /
zu würken in den Himmels dingen.
Der Glaube ist die höchste Krafft.
Sie ziehet an sich des Geistes Safft.

Der du dich glaubend liesst empfangen /
erfüll mein glaubiges verlangen!

Auf die / der Gottheits-Sonne / aufgehende Freuden-Nacht

O Nacht! du kanst dem Tag' ansiegen:
die Himmels-Sonn' in dir anbricht.
Du bringst der Herz- und Heiden Liecht /
von dem wir alle Klarheit kriegen.
Die Wunder-Kunst wolts also fügen /
das dieses wurd' in dir verricht:
weil in den dunklen Wort man sicht
die grösten Schätz der Weißheit liegen.
O Ehren-helle Freuden-Racht!
du hast den rechten Tag gebracht.
Wie kund' es Gott doch Ewig schaffen /
das Er gewünschter käm' herzu:
in dem wir gleich am bästen schlaffen /
schenkt Er die allersüsste Ruh.

Frolockende Freudbezeugungs-Ermahnung

Himmel! schneye Rosen / Liljen / und Narcissen / vor den Schnee /
streue Bisem in die Lufft / mach das Eise zu Krystallen /
deinen süssen wollaut-Klang durch die Lüffte laß erschallen:
daß man deine Sternen-Musik über die Natur versteh.
Sonne! wider die Gewonheit / heut um Mitternacht aufgeh:
thue der Seel'- und Engel-Sonn dieses Wunder zugefallen.
Du kanst heut / O Bethlehem / über Rom und Salem prallen.
O ihr viel beglückten Hirten / die ihr wohnet in der näh!
Es verzeihe mirs August / wann ich mir des Esels Glücke /
über seines / ließ beliben / um sein ganzes Keysertum
tauschte diesen Esels-Stand: daß ich einen Gnadenblicke
von dem kleinen Herzens-Herzog Himmlisch froh bekäm darum.
Solt' ich nicht / aus grosser Lieb' / alle Welt üm diesen geben /
der den Himmel selber ließ / daß er nur bey mir könt leben?

Auf Christus Wunder-Geburt

Seht der Wunder Reichs- Versamlung / in der Christgeburt hier an!
der so mit der Erden-Kugel / wie mit einen Apfel / spielt /
wird im Schoß der keuschen Mutter ein geraume Zeit verhüllt.

In das Glas des schwachen Leibes wird der Gottheit Meer gethan.
Auf daß wir das Leben hätten / wandlet er die Todten-Bahn.
Das uns Vberfluß ergetzet' / er hier lauter Mangel fühlt.
Kurz! diß Wunder-Wunder alles hier auf unser Heil nur zielt.
Dieses Gottes-Werk kan heissen aller Gnaden offner Plan.
Die Herzschönste Eden-Blume / blüht in Winters-ungeheur.
In dem grösten Schnee und Kälte / kommt das heissest Liebes-Feur:
daß es unsre kalte Herzen Lieb- und Andacht-hitzig macht.
Davids-Zweig / hat nun zugleiche / Laub und Blüh' und Frucht gebracht.
Daß der Mensch das Leben hätte / wurd' ein Mensch der Lebens-Fürst.
Seht / wie sehr den Gnaden-Brunnen hat nach unsern Heil gedürst!

Auf desselben Mensch-werdige Wunder-That

Die Süßheit selbst an Brüsten seuget.
Die Weißheit wird ein kleines Kind.
Die Allmacht man mit Windeln bindt.
Gott hier sein Herz leibhafftig zeiget /
ja solches gar zu uns herneiget.
das Himmelreich im Stall sich findt.
hie dient das Engel-Hofgesind.
diß alles uns zu Trost erzweiget.
Die Keuschheit einen Sohn gebahr /
der doch schon vor den Sternen war.
was Er nicht war / das ist er worden:
und was Er war / das blieb er noch:
daß Er in diesem neuen Orden /
von uns wegnähm das Sünden Joch.

Auf eben selbige

Der selbselbste Lebens-Safft / wird mit Milch getränket.
Der die weite Welt besiegt /
in der ängen Krippen ligt.
Wunder! aller Himmel Herr sich der Erden schenket.
Der selbst ist das Höchste Gut / sich ins Elend senket.
Die Bewegung wird gewiegt:
von der selbst der Himmel kriegt
seines Lauffes Ordnung-Pflicht / und nach ihr sich lenket.
Hirten! lasst den Himmel stehn /

und uns in den Stall hingehn!
kam' euch jemals auch zu Ohren
solch ein sonder-Wunderwerk /
daß die Schwachheit hat die Stärk'
und ein Stern die Sonn gebohren?

An die unvergleichlich-Glücklichen Bethlehems-Hirten

Glückliche Hirten! ich wolt nit verlangen /
König' und Fürste stat euer zu seyn?
Tausendmal lieblicher fünkert der schein /
welcher von Engeln auf euch ist gegangen /
schöner / als Kronen / da König mit prangen.
Herrlich verkündigt die Himmels-Gemein /
singen das Freuden-Lied klärlich und rein /
was ihr vor einen Christ-Helden empfangen.
Die Engel sind froh /
verlassen den Himmel /
und nehmen die Cimbel /
sie gehen zum Stroh.
Verlasset die Herden / seht Wunder mit Freuden:
hinfüro wird Gottes Lamm selber euch weiden.

Auf Höchst-erwehnten Wunder-Tag

O Nie-gesehne Sach! ein Jungfrau-Mutter wieget
denselben / der doch selbst die Haubtbewegung ist.
Er hat zur lieg statt ihm ein spannbreit Ort erkiest.
Der / so die Erd' umspannt / jetzt in der Krippen lieget.
Er lässt den Himmels-Saal / und sich in Stall herfüget.
Ach mein Herz! daß du nicht stat seiner Windeln bist /
und Lieb-verbindlichst stark umfängest deinen Christ!
Ach daß ich ihn ein mal in meine Arme krieget'!
Ach Ochs und Esel / weicht und lasst mir euren Platz!
daß ich bedienen kan den kleinen Tausend Schatz.
Was unrecht! dieser / der die Federn selbst erschaffen /
muß auf dem harten Stroh ohn alle Federn schlaffen.
mein Herz ist feder-voll / fliegt dir mein Heiland zu:
Ach würdig' es so hoch / und in demselben ruh!

Auf eben diese Herz-entzuckende Freuden-Geschicht

Seht die schöne Edenblum auf dem dürren Heu hie ligen.
Ihre Schönheit nie verwelket / in dem Winter blühet sie:
mit der Vnverletzlichkeit kan dem Lorbeer selbst ansigen.
eine Blume von der andern wunder-schönst aufspriesset hie.
Ach wer einen schönen Kranz könt von diesen Blümlein kriegen!
unter Reichs- und Sieges-Kränzen sah man kein so schönen nie;
O ich wolt mit tausend Freuden mein Haupt zu der Krönung
    schmiegen!
wann schon Dörner / nach Gewonheit / wären bey der Rosen-Blüh.
Ja das rechte Weitzen-Korn / das uns giebt das Brod zum Leben /
das bald auf die Erd wird fallen / liget jetzund auf dem Stroh.
Was noch wunderns wehrter ist / seht dem Brod selbst Nahrung
    geben.
Auf dem Stroh die Ewig Liebe brennt und flammet liechter loh /
zündet solches doch nicht an. Solten wir nit auch anheben /
und als rechte Christen-Fönix / uns verbrennen Heilig froh?

Auf Christus Allerheiligstes erstes Blut-vergiessen / und Seelsüssesten Jesus-Nahmen

Die schöne Morgenröt ließ Purpur-Perlen fallen /
die Kindheit: bald darauf die Jesus-Sonne scheint /
in welcher Gottheits Glanz und Liebes-Hitz vereint.
All' Herzens-Gnadenschätz aus diesem Heil-Liecht strahlen.
Das Lösungs-Ader-Gold muß Lieb-zerschmelzet wallen.
Das Wunder-gütig Kind vor gier und sehnen weint:
es komme nimmermehr die Heiles-Stund / es meynt /
die Segen-Flut sein Blut zu giessen aus mit allen.
Die Ewig Gottheit sich in Kindes-Wölklein hüllt.
Gleich wie uns dunkt die Sonn' in eine Hand zufassen /
von wegen grosser Weit: so Er / als Gott / erfüllt
das ganze All / und will sich gleichwol tragen lassen.
Es hat die selbste Ruh nit Ruhe / bis sie stillt
der Menschen Vnglücks-Lauff / ihr Gter / und Gottes hassen.

Auf die Höchst-wunderliche Geburt / unsers Heiligen Heilandes

Dv Wunder-Erzauszug / ach du Geheimnus Geist /
die seltnest Seltenheit das unerdenklichst Vrtheil /
bey dem Vernunfft ein Kind; abzielend alles Vrtheil!

du wirst begriffen nur durch deinen Würckungs-Geist.
Das / was der Geist gestalt / ist sichtbar nur im Geist.
Doch übertrifft diß Werk / Natur und deren Vrtheil:
viel höher ist es noch / als aller Vrtheil Vrtheil;
Welt-sichtbar / doch allein erkand im Himmels-Geist.
Ein Wunder-Neuheit / doch von Ewigkeit bewust;
Die Heilig-höchste That / in Niderheit verrichtet;
das Segen-werbend Werk / erzielet durch den Fluch;
Jehova in dem Kind: ist meine ganze Lust.
Ihm ist mein Herz und Hand / mein Muht und Blut verpflichtet /
daß jedes rühren auch sein' Ehr' und Ruhm nur such.

Demütige Dienstaufopferung / zu Gottes Ehren

HERR Jesu! meine Seel / die vor schon ganz dein eigen
samt aller Kräfften Krafft / schenk' ich aufs neue dir.
ich halte nicht vor mein / was dir nicht dient an mir.
wollst deine Gnaden Ström' in meine Glieder neigen /
der Allmacht Wunder-Pracht / in meiner Schwachheit zeigen.
Ach allerfüller! füll die Wunder-Ehr-Begier!
dein' Herrschungs Kron alsdann erlangt mehr Strahlen Zier /
wann durch der Stummen Mund du machst die Redner schweigen.
Laß deinen weißen Geist mein Lippen-Lauten schlagen /
daß solcher wollaut auch die Leuenherzen zwing.
laß' aus der Irthums Höl die Glaubens Todten jagen /
daß das dreyköpfig Thier um seine Beut ich bring.
Es ist mein ganzes Thun / zu deiner Ehr gericht /
und ist mir äusserst Ernst / nicht ein erdichts Gedicht.

Am H. Neuen Jahrs-Tag / auf den Höchst tröstlichsten Namen Jesus

Jesus sey nur du mein Trost / sonst mags wie es will ergehen.
Hab ich dich / so hab' ich alles / du mein liebster Jesu Christ!
meines Lebens Krafft und Stärke / ja mein Leben selbst du bist.
laß mich / Jesus / dieses Jahr / wol in deinen Gnaden stehen.
Laß dein grossen Sternen Raht mächtig in der That mich sehen.
deiner Gnad' und unserm Glauben / keine Sach unmüglich ist.
vor dir ist / wie Spinnenweben / aller Menschen Macht und List.
Sprich nur über meinen Wunsch / dein Krafftwort: Es soll geschehen!
Meine Hoffnung hat geblühet etlich Jahr: gieb / daß sie heur
Glück und Freuden Früchte bring. Ach was kan ich mehr verlangen.

hab' ich doch die köstlichst schon / dein liebheißes Blut / entfangen!
ist auch was auf dieser Erden / das so köstlich / süß und theur?
Jesulein / es bleib dabey! laß mich nur in Gnaden stehen:
Sonst mag alles / wie es will / in der ganzen Welt ergehen.

Neuen Jahrs Wunsch-Gedanken: als am H. Neuen Jahrstag / der Mond in Schützen gegangen

Ach triff / ach triff das Ziel / du Himmlisches Absehen /
du Lieb-erhitzter Schütz' / in meiner Glückes Scheib'!
ich meyn dein' Ehr' und Lob / daß ich es Herrlich treib:
laß es von meinem Mund / wie Pfeil vom Bogen gehen!
laß keinen Vnglücks-Wind es von dem Zielflug wehen.
Gib / daß es Sonnen-stät in seiner Kreiß-Reiß bleib.
Vnd wann der Bogen schon zerspringt / mein schwacher Leib /
acht' ich es nicht: bleibt nur mein guter Vorsatz stehen.
Ach heb' an / auf das Neu' im Neuen Jahr zusegnen /
weil tausend neue Pfeil der Teuffel ihm bereit.
Dräh' ihm sie selbst ins Herz. Laß mir dafür begegnen
der Gnad' und Hülffe Heer / das es mich stäts geleit.
Laß / wie auf Gedeons Fell / auf mich dein Segnen regnen.
Mit neuer Hülff erschein / in Neuer Jahres Zeit.

Auf meinen Aller süssest- und Lieblichsten Herrn / Jesum / zur Neuen Jahrs-Zeit

Jesu / der des Anfangs Anfang / doch selbst unursprünglich ist!
meiner Seelen Seel und Quell / aller Völker Trost und Segen!
wollst das Höchste Gut / dein Blut / dieses Jahr zum Grund mir
    legen
meines denkens / Ziel und Willens / Thun und Lassens / jeder frist:
daß / was an mir lebet / lebe dir zu Lob / Herr Jesu Christ.
Laß an mir kein' Ader nicht / als nur dir zu Dienst / sich regen.
Jeder Odem-schöpffer bring' unserm Schöpfer Lob dagegen.
Ich laß nicht von dir / O Jesu / bis daß du mir alles bist.
Zwar mein Abgrunds Häßlichkeit / solt dich ganz von mir abwenden:
doch beherrlicht deine Liebe sich in unabwendlichkeit /
liest eh von des Vatters Schoß / als von meiner Lieb / dich wenden.
Der be Göttlicht Strahlen-Himmel war dir nicht so lieb / O Freud!
als der Elend-Stall / den Fall / unser Erb-Vnglück / zu enden.
Weil du Ewig unser dachtest / ach so hilff auch in der Zeit!

Andere Neu Jahrs Gedanken

Jesu / meines Wunsches Ziel / mein Allwesendes Verlangen /
mein verneute Ewigkeit / und auch ewig neue Wonne /
meine Herz-umgebende / doch darinn aufgangne Sonne!
wollst den immer-wärungs Lauff ietzund auf das neu' anfangen.
Deine Gnade bleibet stät / ist nicht mit dem Jahr vergangen.
Eine Güt der andern folgt / wie an einer Rosen Krone
eine niegeendte Reih' geht aus Einem Strahlen Throne.
Herz-verlangter Wunder Glück / laß mich eines nur empfangen.
Dich / mein allvergnügend Gut / wünsch und will ich einig haben.
Jesu / schenk mir deine Gnade / mach es sonsten wie du wilt.
Ich (ach ein ungleicher Tausch /) nichts / vor aller Gaben Gaben /
gib mich ganz und gar dir eigen. Ach verneu dein Himmel Bild!
Jesu / rechter Wunderbar! sey es auch auf mein Begehren.
dieses Wunder-Stuck loßbrenn / dir zu unerhörten Ehren!

Auf die Allerheiligste Tauff Christi

Wird dann der Lebens-Brunn selbselbsten hier getaufft?
das Geistgeölte Haupt mit Wasser man begiesset:
von ihm der Heiles-Strom in alle Glieder fliesset /
von Lieb' und Gnaden voll / ja gänzlich überlaufft.
Mehr als Welt-wehrte Schätz man ohne Geld hier kaufft.
Das saure Sünden-Meer der Gnaden-Safft durchsüsset.
Den Zucker / Freud-verzuckt / man in der Gall geniesset.
Die Glaubens-schwere schwimmt / die leichte Sünd ersaufft.
Du Welt- und Himmel-Held / recht grosser Alexander!
du setzst den Fuß in Fluß / vor deinem Heer hinein:
wann wären tausend Welt / nach oder mit einander /
sie wurden deinem Sieg und Gier zu wenig seyn:
du hättest Meer voll Blut und Himmel voller Gnaden:
wiewol ein Tropf ist gnug / sie Sünden-rein zu baden.

Uber des Allwachenden Schlaf / in dem Wind-bestürmten Schifflein

GOTT schläfft / und schläfft doch nicht. Er schläffet / zu entdecken
der Jünger Glaubens- Schwäch' im Wetter-Widerstand /
wann er von ihnen zieht die Stürme-Schirmungs-Hand;
will / nach dem schein / den Schein des Gnaden-Augs verstecken.
der strengen Noht Gebot / macht ihn behend erwecken.
Er / der die Wind verbindt / hat an der Hand das Band /

kan wider ruffen bald / die so Er ausgesandt:
sie stellen sich stracks ein aus allen Felsen-Ecken.
Die Welle / die sich mit der hohen Wolken wolt
vermählen / welche sich herunter neigen solt /
ist wider in den Grund / zum Ordnungs Ort / gewichen.
Nun Meer und Wind wird still / ein hohe Frag geht an:
was ist / dem Wind und Meer gehorchen / vor ein Mann?
ich antwort': eben der / der Gott und uns verglichen.

Freuden-volle Anrede / an das Wunder-erweckte Mägdlein

Steh / schönes Mägdlein / auf / weil dirs dein Schöpfer schaffet!
steh' auf / fall' ihm zu Fuß / und küsse diese Hand /
die aus dem Tod dich riess und löste dessen Band /
der dich / O zarte Blum / unzeitig hingeraffet.
des Würgers Wüterey / der Lebens-Löw abstraffet.
Das Leben gab' er ihr: den Eltern / dieses Pfand /
daß durch sie kommen war in unser Erden Land.
Verwunderend / man sich in diese That vergaffet /
du Leben-geber! dir sey Lob! der Vatter sagt /
daß du mein Kind / und mich in selbem selbst / belebet.
Auf deine Gnad' es sey nun frisch in Tod gewagt:
weil deine Krafft und Safft sein faulen überstrebet.
Mein Herzgeliebtes Kind / und ich / auch alle wir /
mit tausend Lust / mein Gott / nun leb- und sterben dir.

Auf die Begebniß / mit dem Cananeischen Weiblein

Ach seht die selbste Güt' in Tyger-Haut verkleidet!
die bunten Mackel seyn / die harten Schröcke-wort:
wer hat je von dem Lamm ein Löw-gebrüll erhört?
sein selbstheit jetz mehr Angst / als in dem sterben / leidet.
Viel leichter seine Macht / als seine Güt' / Er meidet.
Es wallet Lieb-bewegt das Herze fort und fort.
Die Hülff-Gewährung / ist des Höchsten Willens-Port:
indessen er sein Herz mit Glaub- und Demut weidet.
Die Sonn / bedeckt sie schon ein Wölklein / dringt herfür
mit tausendfachen Pracht und aller Strahlen Zier.
Dein' Himmel Güt kan ja nicht anderst / als umringen
Die Erden unsrer Noht: wo müst sie sich hinschwingen?
wir sind von deiner Gnad umschlossen und bezirkt:
die / klar und regnend / uns Freud-Fruchtbarkeit stäts würkt.

An die Cananeische Glaubens-Heldin

Dv kühne Kämpferin! laß nur den Muht nicht sinken /
halt bet- und nötend' an! klopf hart an diesen Stein:
ein Gnaden-fünklein wird unfehlbar seyn darein /
das wird / nach starken stoß / mit Freuden aus ihm blinken.
Du wirst nach Heiles-Safft aus diesem Felsen trinken.
Das Tiger / wird gar bald ein Pelican dir seyn;
der Mars / ein Venus Stern; Blitz-Donner / Sonnenschein.
Es kommt bereit die Zeit / Hülf / Raht / und That zu winken.
Hör / was er sagt; O Freud! er giebt / er giebt sich schon.
Vom unbesiegbaren / trägst du den Sieg davon.
O Weib dein Glaub ist groß! es soll dir diß geschehen /
was du hoch-hoffend dich zu mir jetzt hast versehen.
Ein Glaubens-Heldenstreich / erlegt die grösten zween:
Gott / zu erbarmen sich; den Teufel / auszugehn.

Auf die Erleuchtung des Blinden am Wege

Du schwache Allmacht / du des Siegers überwinder!
die selbste Freyheit freut / von dir bestrickt zu seyn.
Recht auf Magnetisch du ziehst Wunder Ding' herein:
du rührst des Höchsten Herz / des Heiles Hülffverbinder.
die Engel-Sonn steht still vor dir / du armer Blinder!
was hält der Glaube nicht / steht Gottes Wesens Schein?
wer überwindet Gott? der Glaube thut's allein.
Er ist der Gottheit-Weg / auch Ziel' und Willens finder.
Er ist ihr unterstand / in dem sie herrlich würkt.
Die Allmacht- Muschel sich dem Glaubens-Thau aufschliest:
zu Wunder- Perlen bald Vertrauens- Krafft ersprtest /
Die / biß vollkommen sie / sein Schutzes-Schal bezirkt.
Das Pulfer kracht / so bald ein Fünklein Feur drein fällt:
die Allmacht macht / wann sich der Glaube zu ihr hält.

Auf die Wunder-Ubung / an dem Taub-Stumm- und Blinden

Was ists Wunder / daß der Stumm' alsobald zu reden pfleget:
weil des Wortes Lebens-Quelle / Christi Mund / ihm einen Safft
durch bespürzen mitgetheilet / welcher löst der Zungen hafft /
und den Finger / der die Welt selbst erschuff / auf ihn geleget?
solt des Herren Donner-Wort / das die Felsen selber reget /
nicht auch in des Tauben Ohren haben gleiche Wunder-Krafft?

der die erste Haupt-Bewegung in den Himmels-Kreißen schafft /
macht auch leichtlich / daß / der Blind / seiner Augen Glanz beweget.
Seine Werk' / auch also löblich / wie sie seyn / will er doch nicht /
daß man sie durch Lobes-Schall mache durch die Welt erklingen.
Je mehr man die Flamme birget / je viel heller sie ausbricht;
ziehet man den Bogen stark / nur die Pfeile weiter springen;
so das Lob durchdringt die Wolken deiner Demut / sagt mit Pracht:
Du / den alle Welt soll ehren / hast es alles wol gemacht!

Auf die über-Natürliche Meer-Wandelung des Herrn

Was ists / daß ohne Müh der HERR im Meer so gehet?
weicht dann das nasse Glas / die schnelle Welle / nicht?
Nein! sie ist Demant-hart / zu tragen den verpflicht /
der samt der Erd sie trägt / so lang die Welt bestehet.
Wie daß kein Wirbelwind herwehend' ihn ümdrehet!
Er macht den Wind geschwind verschwinden / wann Er spricht;
ein Wort; ihm alsobald sein rasends blasen bricht.
Ist doch sein Mund der Grund / draus erstlich Er gewehet!
welch' eine Tieffe / seht / jetzt auff der Tieffe schwebt!
die unerschaffliche / auff dieser die erschaffen /
die zuverschlingen auch / die erste / schon anhebt:
weil ihre Macht / sie macht vor ihrer gänzlich schlaffen.
Es ist das ganze Meer ein Tröpflein seiner Witz:
wie leicht vertrocknet es der Gottheit heller Blitz.

Auf unsers Heilandes Allmachtdurchstrahlten Wunder-Wandel auf dieser Erden

Jesu! deine Wunder / wundern und bestürzen mich so sehr /
das ich / stummer / als der Stumm' / eh du ihm die Sprach gegeben /
steh' im zweiffel / welches ich zu erheben an-soll' heben.
Ja / sie mehren in den Händen / leitend sie / sich mehr und mehr.
Lauter sonder Seltenheiten sih' ich / wo ich mich hinkehr:
höre / was sonst unerhört / die gestorbenen beleben;
Blinden / das Gesicht und Liecht / Seelen-Sonn und Wonn darneben /
geben / gleicher weiß den Tauben das Gehör / zu Gottes Ehr.
Krumme / lauffen wie die Reh auf der Allbewegung lenken.
auch der Aussatz lässt den Platz / deine Allmacht macht ihn rein.
Keine Sach' unüberwindlich / soll man / dir zu seyn / gedenken.

Du beherrschest alles / alles muß dir Dienst-gehorsam seyn.
Doch in dem so über-Mild du dein Herz uns pflegst zuschenken:
zeigest / daß dir könne gleichen deine grosse Güt' allein.

An die allübertreffende / von keinem Lob nie erreichete Gottes Güte

Ach du aller Wunder Wunder / und des Höchsten höchste That!
Gütigkeit / von der sich selbst dieser lässet überwinden /
der Vnüberwindlich sonst. Sünd / und Noht und Tod verschwinden
/
wann mit Herzen-süssem fliessen / du erweichest Gottes Raht.
Du hast stäts in Gottes Herze die Allherrschend' Oberstatt.
Nichts ist in der Göttlichkeit / das dich übertrifft / zufinden.
Du kanst Gottes Allmacht-Hand / schutzend stärken / straffend
binden.
Die gesamte Menschen-Wolfart aus dir ihren Vrsprung hat.
Du vermenschest Gott / O Güte! daß der Mensch unsterblich wird:
ja willst selbst / dein Gegentheil / Grausamkeit / an Gott verüben;
daß du nur an uns erfüllest deine süsse Lieb-Begird.
Alles / ja Gott selbst / du gibst: uns nur Ewig Treu zu lieben.
Guter Gott und Gottes Güte! meine Schrifft erreicht dich nicht:
mit von Lieb verzuckten schweigen deinen Ruhm man mehr
ausspricht.

Uber Christus Leben und Leiden

Nach dem Lateinischen

Der Mensch-Erschaffer / hat die Menschheit angezogen.
Es sauget an der Brust / der mit den Sternen schafft.
Es hüngert / selbst das Brod: es dürst / den Lebens-Safft.
Das Vrliecht selber / schläfft. Der Weg / wird selbst bewogen.
Die Warheit / wird verklagt; des Richters Recht / gebogen;
Gerechtigkeit / verdammt; die Zucht / mit schmeiß gestrafft.
Die Ehre / wird gehört. Die Freyheit / ligt in Hafft.
Das wesend Leben / stirbt / ist in den Tod geflogen.
Aus Thränen-Samen / wächst die frohe Lachens-Frucht.
Das Herrlich Paradeiß / folgt auf die Elend-Flucht.
So ist Er wahrer Mensch / und wahrer Gott: doch Einer:
desgleichen nie gewest / auch künfftig seyn wird keiner.

85

Die Wunderlichst Person / verricht die seltnest That.
Schau / Mensch! was Gabe Gott für dich gegeben hat!

Uber das aller heiligste Leiden meines Heilandes

O Jesu / Gottes Sohn! wie soll ich recht aussprechen
die unaussprechlich Treu / so du an mir gethan?
vor lauter Lieb' und Gier / und Wunder / ich nicht kan
die starken Geistes trieb / den Schall der Wörter / brechen.
Die Geistesregungen / die grossen Wallfisch / stechen
die Hirnes-Dämme durch / und lassen keine Bahn
der Würckung / daß sie sich kan schwingen Himmel an.
Doch treue Herz-Andacht soll ihren Mangel rächen.
Was darf es auch viel Wort / wo Herz und Thaten reden.
ein jeder Striem lehrt mehr / als Platons ganze Witz.
So ist auch nur das Herz der Dank-erkäntnuß Sitz:
daß will zwar / wie die Zung / vor überfluß erblöden.
Weil deines Leidens Zweck / mich neu und Herrlich machen:
gieb neues Herz und Mund / zu preisen deine Sachen!

Uber meines Erlösers / Trauren am Oelberg

Ach traurstu / meine Lust? du traurst / mich zuerquicken /
gebohrner Freudenfürst / der Engel Jubel-Pracht!
dein Zittern / mir mein Herz vor Schmerz zerspringen macht:
und meine Sünden mich / dein Zitter-Vrsach / reuen.
Ich will die Bußes Asch auf deine Blut-Glut streuen /
die meine Sünd entzündt: daß der nicht werd gedacht.
Daß meines werd getröst / ist dir dein Herz verschmacht /
ja lieb-zerschmolzen gar / aus lauter Gottes treuen:
du littest / daß es dich verließ / in mich zufliessen.
Dein' Angst / in meiner Angst Erfreuung mir zusagt.
Du zagest / Helden Held! daß würden unverzagt
Die Erzverzweifelten / und sich auf dich verliessen.
Weil dir dein Herz / aus Lieb zu meinem Herzen / bricht:
sich meines auch / vor Lieb / in dein Herz ganz einflicht.

Auf des Traurenden Christi / herz- und schmerzliches Gebet

Der die Erde selbst erschaffen: fällt hie auf sein Angesicht /
auf die Erd. Es betet hier / der aufs höchste anzubeten.
Der uns all' aus Noht erlöst / zaget hie in seinen Nöten.

Ach sein Fußfall / uns im Himmel Ewig das Gesicht aufricht.
Wie der Fall des ersten Menschen / unsern Vnschuld Thurn abbricht:
also fällt der ander' / uns aus dem Schuld-Thurn zu erretten.
Ein Ort / ihn in Abgrund senkt: und das ein' an dieser Ketten
zieht / durch sein Verdtenstes-Schwärheit / uns in Gottes
    Gnaden-Liecht.
Selbst die Vnbeweglichkeit / die dem Felß zersplittert / zittert.
Der die Erden beben macht / bebet selbst vor Furcht und Angst.
Gottes Zornes- Donner ihm alle Aederlein zersplittert:
daß du deren Heiles-Kräffte / meine Seel / dadurch erlangst;
und der Balsam seines Bluts / vom zerbrochnen Glas / dem Leibe /
sich in dich ergieß' und fließ / Ruch und Ruh in dir verbleibe.

Uber den Gott-schmerzlichen / uns tröstlichen /Leidens- und Erlösungs-Anfang im Oelgarten

Wie Wunder-weißlich muß doch Gottes Werk geschehn!
im Eden-Garten wurd die erste Sünd begangen:
und die Erlösung hat im Garten angefangen.
Gleich an dem Ort des Falls / must Rettung auferstehn.
So schöne Rosen ja hat niemand nie gesehn /
als meines Jesus Blut / mit der die Erd kan prangen.
Es heilt den Mordes-Biß der Höll-verfluchten Schlangen.
Aus jenem kan mehr Heil / als Noht aus dem / aufgehn.
Ach! Gott! dir ist die Krafft vom Herzen weggeronnen!
des Vatters Zornesglut schmelzt dir das Herz im Leib:
hast Herz-Erquickungs-Safft mir Armen mit gewonnen;
daß ich auch in dem Tod nicht ungetröstet bleib'.
O Blut- und Angstes-Schweiß! wollst mir mein Herze kühlen /
wann Feur der Trübsals-Hitz' und Aengsten ich muß fühlen.

Auf den aller theurest- und sauresten Blut-Angstschweiß

Du aller Kräfften Krafft / der Lebens-Säffte Bronnen /
der Herzens-Geister Geist / der alle Ding' erquickt /
bist jetzt / O Wunder-Noht! vor Aengsten schier erstickt /
daß dir das Herz im Leib' ist wie ein Wachs zerronnen.
O HERR! du hast dadurch uns neue Krafft gewonnen.
Des Vatters Feuer-Aug dich grimmiglich anblickt /
die heisse Zornes-Glut / dich zu verzehren / schickt:
dadurch wir Ewig sind der Höllenflamm' entronnen.
Dein Blutes-Purpur-Thau / den Edlen Perlen gleicht:

die baisst und stösst man wol / wann man sie auf will lösen.
Du wurdest von dem Bach der Trübsal sehr geweicht /
und littest stöß' und schläg' / O Jammer! von den bösen.
Solch köstlich Wasser labt das fast-verschmachte Herz:
dein Perlen-Blut-Safft stillt / der Seelen Sündenschmerz.

Uber meines Jesu blutigen Lieb- und Schmerzen-Schweiß

Mein auserwehltes Blut / ach mein Erlösungs-Safft!
wo sind ich Herz / wo Wort / zu lieben und zu loben
solch unerhörter Treu Herzschmerzlich hohe Proben /
wann mir vom Himmel nicht wird Preisungs-Krafft verschafft.
O Lieb'-Angst-heisser Schweiß / des Heiles Mark und Krafft /
durch Herz-geschmelzte Angst mit Schmerz heraus geschoben!
es solt Gott seinen Sohn ja haben überhoben!
viel fäster unser Heil / als sein Herz / in ihm hafft:
denn dieses wird zerschmelzt / und jenes mit erlanget.
Ein jedes Tröpflein ist ein Spiegel seiner Huld.
Die Göttlich Majestät aus dieser Blut-Angst pranget:
dieweil er nicht vergieng / ertragend' aller Schuld.
Ach Blut! komm mir zu gut / in meinem Seel-Abscheiden:
wollst auch / im Weltgericht / mich in dein Purpur kleiden!

Auf meines Erlösers Bande / im Oelgarten

Was Wunder! lässt sich dann der Erzerlöser binden?
die selbste Freyheit man mit Banden hier bestrickt.
von Sünden-Fässeln wird der Heiligste gedrückt.
Die unbegreifflichkeit / lässt sich mit Seil umwinden.
Den unerforschlichen sie hie / zum Binden / finden.
Die Ewig Ewigkeit / in Kerker wird gerückt.
Die Welt-Erbauungs-Hand / sich in die Stricke schmückt.
Ach hätt / durch Allmacht / Er doch können wol verschwinden.
Ja! eben dieses ist der Wunder Mittelpunct /
daß der Allherrschend' Herr so willig war zu Leiden /
wolt Gottheits-Erbe-Recht mit Lust im Leiden meiden:
daß nur die klare Lieb' hell' aus dem Herzen funkt'.
Er hat durch seine Band der unsern uns entbunden /
und selbe von uns ab-auf seinem Leib gewunden.

Auf den / meinem Heiland unwürdigst-gegebenen / Backenstreich

Ach! daß nicht diesem stracks ein Donnerstreich kommt vor!
was wart der Himmel / was die Erde / umzubringen
den Erzverbrecher / daß sie ihn nicht gleich verschlingen?
Ach! daß die Hölle nicht eröffnet ihre Thor?
du Haupt-Anbetungs-Zweck dem ganzen Engel-Chor /
der Schönheit Erz-Auszug! ach solst du nicht bezwingen
die Panther-Herzen / und dein Strahl sie nicht durchdringen?
Ach nein! dein Backenstreich mein Antlitz hebt empor.
Der Thron der Herrlichkeit / wird hie vor mich geschlagen.
Dem Strahlen Brunn / der Sonn / vergeht hie das Gesicht:
daß meins mit Hülf' und Trost werd' Ewig aufgericht.
Er leidt die Straff / daß wir das Bild der Glorie tragen.
Die Erz- und einig Freud / sein Angesicht / zusehen /
must dieser Sünden-Streich in dieses Lust-Ort gehen.

Auf Christi Bekäntnuß / vor dem Hohenpriester Caiphas: du sagsts / Ich bins!

Jetzt lässt die Gottheits-Sonn ein Wesens-Strahle fallen.
Jetzt schickt's ein Donner-Wort aus ihren Himmel-Mund.
Jetzt macht sie / daß sie sey das Wort und Warheit / kund.
Sie lässt den Engel-Thon / das klar Bekäntnuß / schallen.
Ich bins: der Ewig Gott / der alles ist in allen;
der Schrifft und Bilder Ziel; des Heils und Segens Grund /
auf dem das ganz Gebäu der Welt-Erlösung stund'
wie könte doch die Sonn der Warheit heller strahlen?
die Warheit / die sich Gott vor Menschen hie bekennt /
wird dort die Menschen vor der Gottheit auch bekennen.
Ach laß' auch vor der Welt dein Dienerin mich nennen /
beherzt in Noht und Tod / daß nichts von dir mich trennt.
Gib daß ich keck bekenn / vor aller Menschen Macht /
daß Glaub' in dein Verdienst allein uns Seelig macht.

Auf meines schönsten Seelen-Herrschers Verspott- und Verspeyung

Du reiner Gottheit-Glantz / den gar die Seraphinnen
sich unbedecket selbst / zu loben / wagen nicht!
wird mit dem Sündenschlamm / dem Speichel / hie verpicht
die Quell der Reinigkeit / lässt sich mit Koht umrinnen /
in dem am Thabor vor die Göttlich Schön' erschienen.

Der Höllen Vnflat jetzt das Drachen-Gifft anricht /
er schiest jetzt seinen Strahl in unser Lebens-Liecht.
Noch pfleget Gottes Lieb' im Speyungs-Meer zu brinnen.
Ach wesentliche Ehr der selbsten Göttlichkeit!
wie kanst des Spottes du doch fähig seyn / und dulten?
es ist kein' Eusserung der Liebes-Macht zu weit /
und nichts unleidenlich so Gott-gleich-grossen Hulden.
Je mehr die Göttlichkeit die Strahlen in sich rückt /
je mehrer deren Krafft aus deinem Leiden blickt.

Auf meines liebsten Jesu schmerzliche Geiselung

Ach Gott-vereinter Leib / Erzheiligtum der Erden /
du Tempel voller Geist / du Tugend-Himmels-Thron /
Herz der Dreyfaltigkeit / du wahrer Gottes Sohn!
mustu gegeißlet dann von Sünd und Sündern werden?
du leidest mit Geduld die blutigen beschwerden.
Die äusserst' Vnschuld leidt der Haupt-verbrechen Lohn.
Du hast die Schmerzen / ich die Wollust-Wonn / davon.
Mich rettend / gibstu dich in alle haupt-gefärden.
Ach! ach! ein jeder Schmiß geht mir durch Seel und Herz!
mein Lebens Geist aus mir / wie dein Blut aus dir / dringet.
Wär's nicht Vndankbarkeit und unleidbarer Schmerz:
ich wolt Erlösung nicht / weil's dir so Schmerzen bringet.
Doch weil dein Haupt-Lieb mich und mein Lieb' überwindt:
ich so viel Glut / als Blut / der Lieb' in mir empfind.

Auf meines hochverdienten Heilandes Dornen-Krone

Du / aller Engel Kron / der Himmel Zier und Pracht /
von dessen wehrtem Haupt die Gottheit-Strahlen blitzen /
lässt mit der Dornen-Kron den Thron der Hoheit ritzen;
vom Tyger-drucken dir ein jede Ader kracht.
Wol! uns ein jeder Dorn ein Lebens-Quell aufmacht /
aus der Erlösungs Safft / die Blut-Rubinen / spritzen.
Es hängt mein' Himmels-Kron an diesen Stachelspitzen /
die du erworben hast in dieser Leidens-Schlacht.
Sie solten in mein Herz / nit in sein Haupt / seyn gangen!
doch nein: mein-Heil geschick / und deine Liebe / must
durch diesen Dörner-Weg zu ihrem Ziel gelangen.
Du dultest Stachel-Riß / erwirbst mir Rosen-Lust.

Lieb / der ich mich zu Lieb will willig ritzen lassen:
gib / daß ich dich ausbreit' in Kron- und Sternen-Strassen!

Auf das erbarmbare Jammer- Bild meines allerliebsten Herrn Jesu.
Sehet welch ein Mensch

Ach sehet / welch ein Mensch! der schönste / so gebohren
in und auch vor der Zeit / des Vatters Herzen-Lust!
der Engel Wunder-Zweck / vor unsre Sünde must
der Schmerzen Schießziel seyn / damit wir unverlohren.
Der Gott-vereinigt Leib zum Abgrund wird erkohren /
wo alle Qual hinrinn / von unsern Sünden-Wust.
Es bricht / ob diesen Platz / des Zornes Wolkenbrust /
das ganze Sünden Heer sticht ihm mit seinen Sporen.
Ach Edler Aethna du! du flammest lauter Liebe /
ein jedes Tröpflein ist ein Lieb-entglühte Kohl.
Ach! daß ich nicht mein Herz in deine Striemen schiebe /
und einen Gold-Geist mir aus deinen Wunden hol.
Seht Wunder! welch ein Mensch / der Gott und uns versühnet /
mit höchster Schmerzen-Schmach uns Himmels-Ehr verdienet!

Auf deßen schwereste Creutztragung

Der / so den Himmel sonst / doch ohne Schmerzen / träget;
der nur den Sternen winkt / so thun sie was Er schafft:
ist mit dem schweren Joch der Dienstbarkeit behafft.
daß unerträglich' Ihm zutragen Gott aufleget.
Die Schuld der ganzen Welt Er auf den Schultern heget /
Ach itzt erscheinet recht der hohen Gottheit Krafft:
die ist in Mattigkeit / der Menschheit Lebens Safft:
und menschlich Fähigkeit / die so zu leiden pfleget.
Ach Er hat auch mein Creutz mit seinem hier gefasst.
was Gottes Leib berührt / das pfleget Er zu weyhen:
wie kan doch immer seyn so süsse Last verhasst!
was von dem Segen-brunn her fließet / muß gedeyen.
Er trägt nit nur sein Creutz / auch mich mit samt dem meinen.
aus dem Erkäntnuß-baum / kan Gottes Lieb' er erscheinen!

Auf Christi Schmerz- und erbärmliche Creutzigung

O Hohe Wunderstund! in der ans Creutz geschlagen
der Himmel-Herrscher wird. Der wahre Gottes Sohn /

hie leidet an dem Holz. Der sonst in Gottes Thron
das Allmacht-Zepter führt / muß jetzt das Fluch-Holz tragen.
Die Gottheit ist in ihm / doch nicht in Leidensplagen.
Die Sonn wird nicht genetzt / scheint sie im Wasser schon.
Die Gottheit / gibt ihm Krafft / ist des Verdienstes Kron /
erhält die Mensch-Natur / und läst sie nicht verzagen.
Die Glori-Strahlen sie einziehet / nicht die Krafft.
Er äussert sich allein der Majestät / Macht / Würden /
und seiner Gottheit nicht: die ihm die Krafft verschafft /
daß Er vollziehen kan die innern Lieb-Begierden.
Sie ist der Gold-Geist / der das schwere Leidens-Bley /
vor Gott Goldgültig macht / daß es Erlösung sey.

Auf die aller grausamste und erbärmlichste Creutzigung / meines Erlösers

Seht Wunder / was ist das? Gott / an das Creutz anhäfften!
jetzt siht die Brunnen man der Lieb recht offen stehn:
die liebe Lebens-Flüß' aus allen Adern gehn;
jetzt springt Erlösungs-Quell aus allen Leibes-Kräfften.
Die wesentliche Gnad / vermängt in diesen Säfften /
wir sichtbar nun vor uns in Blut-Rubinen sehn.
Doch muß der Heilig Geist die Krafft ins Herze wehn:
ohn Ihn / verstehn wir nichts in diesen Heilgeschäfften.
Du wirst ans Creutz / und wir an Himmels-Thron / erhaben:
hängst bloß / damit uns dort dein' Heiligkeit bekleid.
Je reicher herrscht die Lieb / je mehr die Schmerzen toben.
Viel eh die Seel vom Leib / als unsre Lieb / sich scheidt.
Er ist gecreutziget / daß wir gekrönet werden.
Daß uns der Himmel lab / verschmacht Er auf der Erden.

Uber das Wort: Er ward ein Fluch am Holz

Der Segen wird ein Fluch: auf daß der Fluch den Segen
vom Fluch erlangen kan: Gerechtigkeit zur Sünd:
auf daß Rechtfärtigung in ihr die Sünde find.
der Haubt-Gerechte / will die Schuld auf Vnschuld legen /
und die selbstschuldigen lossprechen auch dargegen.
Hier lieb' ein Zornes Feur / fürs liebste Herz entzünd.
die Erzempfindlichkeit sich selber überwind /
hasst ihren innern Zweck / der Feinde mit zupflegen.
Es senkt ins Schmerzen-Meer / der Freuden-Vrsprung sich.

des Wesens Quell und Ziel / die Selbstheit alles Lustes /
verstürzt sich / uns zu lieb / in Abgrund unsers wustes /
in Sünd- und Schmerzenhöll: so welt-verwunderlich.
Sein' Heiligkeit / wolt nicht des Drachen Rachen fliehen:
daß uns verschlungene sie könt aus solchem ziehen.

Auf meines Heilandes allerheiligste Wunden

Zerflöße dich mein Herz / und fließ in seine Wunden /
bey heißer Liebesglut / füll diese Hölen zu.
in seinem Schmerzen / such dein süße Seelen-Ruh:
es wird der Himmel jetzt in diesen Hölen funden.
Mit seinem Leben / ist der ewig' Tod verschwunden.
Du zeigest gar dein Herz! du Herzen-Tröster du /
das Gnaden Wunderwerk! ich sah in meinem nu /
sein Herzen-Paradeiß / in dem die Seelen stunden.
Ach Jesu / deine Lieb ist gar zu Göttlich-groß /
unfaßbar / unerreicht / unglaublich wolt ich sagen:
wann durch den Glauben nicht Ihr Erzseyn sie ausgoß.
Ach solst du solche Schmach und Noht und Spott ertragen /
vor deine ärgsten Feind' / uns arme Erdenkloß?
doch / was will man den Brunn üms Bäch-ergiessen fragen?

Auf sein allerheiligstes Blutvergiessen

O Guldne Blutes-Münz / ach du allgeltends Geld /
das mein' und aller Welt ihr Sünden-Last aufwäget!
auf jedem Tröflein / ist mein Seeligkeit gepräget /
und das Haupt-gütig Bild / der höchste Sieges-Held.
Die schaue-Pfenning wirfft man aus in alle Welt /
aus seiner Wunden Tbron / der Gold und Silber heget /
dem Blut und Wasser-Strom. Die Jahrzahl man drauf schläget /
die Ewig' Ewigkeit / der Nach-Welt stäts vermelt.
Ach weg mit Geld / und Welt! nur dieses sey mein Schatz /
mein Theil / mein Erb' und Zier / mein Trost / mein Ruhm und
    Leben.
Nur diß nimm' ich mit mir / wann ich sonst alls aufgeben
und sterbend lassen muß; dis hat im Schifflein Platz /
ja / dieses sey das Meer / auf dem die Seele fähret
in sichern Himmels-Port / in Nectar dann verkehret.

Auf den / meinem Heiland gegebenen / Rohrstab

Ich bin das brochne Rohr: O Herr / erhalte mich.
Zerbrich mich nur nicht gar / erbarme dich der Schwachen.
Ein leichter anstoß-Wind kan mich bald wanken machen.
In mir ist keine Krafft: Ach binde mich an dich!
es lasse / was dein Geist einbläst / vernemen sich!
es schallen aus dem Mund / die eingegebnen Sachen!
ach halt' es an dein Herz / da dir die Knecht' einstachen:
so wird dein Blut / seim Mark / recht Herzergetzbarlich.
Laß mich die Röhren seyn / nach deinem hohen Willen /
durch die dein' Ehr und Lob das Land pflegt anzufüllen /
und wider Preiß und Dank durch sie gen Himmel steigt:
der Segen werd' herab / der Ruhm hinauf / geneigt.
Nur würdig mich / mein Gott / dein Gnad in mich zu giessen.
Ob ich schon solche Ehr muß Leben-lassend büssen.

Auf Christi Verlassenheit am Creutz

Ach Zuflucht! mustu denn jetzt selbst verlassen seyn /
du / du barmherzigs Herz / von dem / der selber heisset
die Erzbarmherzigkeit / der du dich stäts befleisset /
zu seyn der Armen Trost und Gnaden-Sonnen-Schein?
Du niemandlassender / erleidst Verlassungs-Pein:
dadurch dein Gnaden-Kron stäts von Erbarmung gleisset.
der aller Elenden Beschwernussen zerreisset /
den druckt Hülfflosigkeit / der schwerest Vnglück-Stein.
Herr / diese Nöhten-Klag hast du vor mich gethan:
daß mir's am reichen Trost und Hülff nit solte fehlen.
Ja kurz: aus diesem Wort / solt mein' Errettung quellen.
Die Straff hastu erdult / mich geht sie nicht mehr an.
Mein Jesus / laß mich dich und diß zu Herzen fassen:
du woltest nicht nur seyn / ja selbsten dich / verlassen.

Die sieben Erzgnaden-Worte / unsers Erlösers am Creutz

Das Erste:

Vatter vergib' Ihnen / sie wissen nicht / was sie thun

Vergib' O Vatter / das / was sie an mir verbringen.
die That ist böß': iedoch mein mild-vergoßnes Blue

ist für die bösen / ja für die Vergiesser / gut.
Ich laß' es auch für die / so mich verwunden springen;
das Leben soll' in ihm der Tödter-Tod verschlingen.
Es ist der ganzen Welt ein Liebes-Feuer Glut:
und wunderreichst zugleich ein Sünde-Tilgungs-Flut:
mit jedem Tröpflein / auch Vergebungen ausdringen.
Reut sie das übel nur / so ist es schon gebüst:
mein Gnadenherz sich bloß mit Reu und Demut weidet.
Ich will / daß diese Schaar meins Blutes Krafft geniesst:
auf daß / aus unwehrts-furcht / man ie sein Heil nit meidet.
wer ist unwehrter doch / als die mich selbst verwund?
noch mach ich / wann sie nur mir trauen / auch gesund.

Das 2. Wort

Warlich warlich ich sage dir: Heut wirstu mit mir im Paradeiß seyn

Der ich die Warheit bin / dazu der Weg'und Leben /
zu und im Paradeiß / ich sage gnädigst dir:
daß / ob du mich und dich schon hangen siehst allhier /
du in demselben doch / sampt mir / heut noch solst schweben.
Der / der es selber ist / kan ja das Leben geben!
kein Gott-noch Lebens-Krafft spürstu zwar jetzt an mir:
denn / als ein Würmlein / ich erwirb die Himmels-Zier;
mein tieffste Nidrigkeit kan Himmel-an erheben.
Wer Gottes Kind / und mir ein treuer Knecht / will seyn /
der muß mein Creutz nit nur bloß lieben / sondern tragen /
und durch den Bach am Weg zum Himmel gehen ein.
An denen hab ich nur mein Lust und wolbehagen /
die mir / wie du / am Creutz / auch wider allen Schein /
vertrauen. Daß du würdst erlöß't / ließ ich mich schlagen.

Das 3. Wort

Weib / sihe / das ist dein Sohn

Ach Mutter / die mein Schmerz / wie euch der eure / kränket!
verzeiht mirs / daß ich mehr eur Heil als Freude such.
Ich muß es thun / es steht also von mir im Buch.
Mein Gnad' und eure Sünd / mich in diß Elend senket.
Damit ihr aber nicht euch gar verlassen denket /

so seht / daß Sterbend euch versorgt mein Schaffungs-Spruch /
so hab' ich / ob ich schon jetzt bin am Creutz ein Fluch /
Johannes Herz zu euch / und eurs zu ihm / gelenket.
Vnd du / mein liebster Freund / wollst meiner Mutter pflegen /
als der / in deren Leib ich diesen an mich nahm /
in dem ich fähig ward vor euer Heil zu sterben.
Es kan / der Schmerzen Krafft / die Liebe nicht erlegen.
Ihr Leid / ist auch ein Ast an diesem Creutzes-Stamm /
an dem ich's Leben will / durch Sterben / euch erwerben.

Das 4. Wort

Mich dürstet

Mich dürstet: daß ich euch an Freud kan truncken machen /
daß ihr vor gutem Muht jauchzt in der Ewigkeit.
Mein Blut / so dürstig ist / daß es euch Ruh bereit /
daß seiner tropffen Schweiß wie Purpur-Thau herbrachen.
Es dürstet nach dem Durst der fast verschmachten Schwachen.
und daß es ihnen selbst könnt werden mit der Zeit
ein Trank: ihr werdt dadurch des Seelen-Dursts befreyt.
Der Durst ist / nicht nach Wein / nach Herz-Erquickungs Sachen.
Ich könt den Felsen auch wol schlagen / wann ich wolt /
ich selbst der Lebens-Brunn könt frische Quellen schaffen /
ja daß mir in den Mund ein Bächlein rinnen solt.
daß ihr wurd Ewig satt / mich alle Mängel traffen.
Schau / alles diß / O Mensch / ich willig leid vor dich.
Mit Buse-Thränen solst du wider träncken mich.

Das 5. Wort

Mein Gott / mein Gott / warum hastu mich verlassen

Mein Gott wie hast' auf mich Verlassung lassen fallen!
dein ganzes Zornes-Heer jetzt stürmet auf mich ein.
Ach! du entzeuchst mir ganz den Gott- und Gnadenschein.
Ich bin ein Würmlein nur / das Elendst unter allen.
Mein süsse Labung / sind die herb' und bittern Gallen.
Doch soll mirs eitel Trost und Zucker-Wollust seyn /
wann mit der meinen ich vertrieb der Menschen Pein.
In grösten Schmerzen pflegt mein Herz vor Lieb zu wallen.
Ich will mich lieber selbst / als sie / verlassen sehn.

Vnd wann ich noch so viel / ja mehr noch / aus solt stehn /
so tauret mich doch nichts: wann sie es nur geniessen.
Mein' Haupt-Verlassung / sey ihr stäter Trostes-Brunn.
Daß sie sie finden stäts / mir alle Hülf zerrunn.
Mein Blut soll von mir weg / sie zu erquicken / fliessen.

Das 6. Wort

Es ist vollbracht

Es ist der Feind erlegt / der Höll' ihr Macht geraubet;
der Schlangen Haupt zerknirscht / Gesetz' und Schrifft erfüllt /
Gewissens Anklag' ist / auch Gottes Zorn / gestillt /
mit diesem Helden-Streich das Höllen-Reich betaubet /
den Armen Seelen auch der Himmels-Trost erlaubet.
Vmsonst der Höllisch Drach nun auf die Frommen brüllt:
in meinem Sieges-Fahn sie herrlich sind verhüllt.
Höll / Teuffel / Sünd' und Tod / schadt nichts dem der fäst glaubet.
Daß ganz' Erlösungs-Werk ist völlig nun vollbracht;
daß Opffer / so ich bin / auf Ewig schon geschlachtet.
Ich hab' es alles wol / allein / und gar / gemacht:
wer weiter Opffern will / mein völligkeit verachtet.
Nun alles ist durch mich / was euch erlöst / verricht:
drum lasst eur selb-Verdienst / seit mir allein verpflicht!

Das 7. Wort.

Vatter! ich befehl meinen Geist in deine Hände

Mit meinem / ich dir auch in deine Gnaden-Hände
gib' aller Christen-Geist. Mein Sterben sie belebt:
mein Leib'-Eingrabung sie in deine Schoß erhebt;
mein' Höll' ihr' Himmel-fahrt und Paradeiß anlände.
Auf daß in deiner Hand mein Geist / ich ihm hersende /
den ihren Ruh bereit: wornach ich lang gestrebt /
in Herz- und Höllen-Pein / im Blut und Creutz geschwebt /
|Leidens|
biß endlich ich erlangt diß meines › ‹ Ende.
|Endes |
Dieweil ja meine Lieb' am Leiden nicht vergnügt:
so will ich sterben auch / auf daß unsterblich werde
die selbste Sterblichkeit. Mein Tod den Tod besiegt.

Die Auferstehung bring' mit mir ich in die Erde.
Ihr meinet / ihr verschlingt das Leben / Erd' und Tod!
Nein! es hat minder nie mit ihm / als sterbend Noht.

Auf unsers Erlösers / Siegreiche Höllenfahrt

Du fuhrest in die Höll / mein Heiland / als ein Steger /
nicht / nach zu leiden mehr: es war bereit vollbracht!
nur / daß du sie zerstörst / und führst im Sieges-Pracht
das Höllisch Geister-Heer / die Seeligkeits-bekrieger.
Du hast den Drachen selbst / den Teuflischen Betrieger /
betrogen / da er dich nun zu verschlingen dacht:
hasts / wie der Ichnevmon dem Krokodil / gemacht /
den Schlücker selbst verschlückt; bist / als die Schlangen klüger!
zubrichst die Höllen-Burg / wirffst ihre Seulen ein.
O Samson / der im Tod / wie lebend / überwindet /
der das Gefängnus selbst gefangen führt und bindet!
die Höllen-Schaar soll nun zur Höll verschlossen seyn.
Thust das im Tod / was wird im leben erst geschehen?
dort werd das völlig' All' ich deiner Glori sehen:

Auf meines Auserwählten Jesu verscheiden!

Anbetbars Wunderwerck! will denn das Leben sterben?
verseucht die Lebensquell? verlischt das Ewig Liecht?
hat Saffts und Kraffts Vrsprung / kein Safft und Krafft mehr nicht?
will Ertz-Erhaltungs-Stärck / selbselbsten hie verderben?
das Ewig Leben wir von Christus Sterben erben.
Die äusserst' Eusserung der Gottheits-Krafft geschicht /
die jetzt im Höllen-Reich Zerstörungs-Werk verricht.
Der unsterbliche kan unsterblichkeit erwerben
im Tod; der hat sich mit dem Leben selbst verschlungen.
Aus Jesu End / erfolgt mein Glücks-Vnendlichkeit.
Es hat die selbste Stärck durch Schwachheit überrungen
die stärcksten Menschen-Feind. Der / so des Tods befreyt /
wolt sterben / daß dadurch das Sterblich' Ewig lebet.
Die Vrständ-Geister er der Erd im Grab einwebet.

Die Sieben /

In dem Tod Christi geschehene / Zeichen oder Wunder-Worte

Das erste:

die Sonn-Finsterniß

Weil die Seel- und Engel-Sonne / aller Himmel Klarheit Liecht /
der selb-selbste Gottheit-Glanz / sich mit einer Wolk bedecket:
ist es billich / daß sich auch mein betrübter Schein verstecket.
Wer wolt / wann Gott selber leidet / sich doch hoch betrüben nicht?
der ist unwehrt meiner Strahlen / der Ihn unbetrübt ansicht.
Eine neue Gnaden-Sonn diese Dunkelangst / erwecket;
vor derselben Hitz und Blitz meine Brunst und Gunst nicht klecket.
keine nebelluft noch Wolke ihr beglänzen unterbricht.
Ach ich kan ja einmal nicht meine Vrquell sterben sehen /
daß der Edle Mund verseuffzet / der da sprach mein werden aus.
ich wähl / vor des Liechtes-Liechts / eh mein eignes / untergehen.
Ach ihr blinde Menschen / sehet eurer Sünden Greuel-Grauß /
daß ihr' Höllen-Laster-Schwärz' auch den Gottdurchklärten dunkelt.
Aus der äussern eußrers Noht / eur' Erlösungs-Sonne funkelt.

Das andre:

Des Vorhangs im Tempel Zerreissung

Was soll ich weiter lang das Heiligste verhüllen?
hängt es doch ganz entblöst vor aller Welt allhier.
Daß allerheiligst' Herz brennt todte von Begier /
recht zuentdecken sich / zu zeigen Gottes Willen.
Das Gott-vereinigt Blut / läst eher sich nit stillen /
bis es ganz ausgeschütt und halb verwässert schier.
Ach diesen weichet erst des Gnaden-Stuhles Zier.
Seht / hier den Sinn-entwurff / und dort das Werk-erfüllen!
die Göttliche Geheim / mit Dunkelheit verhängt
in manchem lebens-Bild der Vätter und Propheten /
in wahre Klarheits-Sonn' ist aus dem Schatten tretten.
Ihr' Vnverberglichkeit hat mich nun auch zersprängt /
reist alle Vorhäng weg der Falschheit / zeigt im Herzen
daß Heiligst Christi Blut / und wahrer Reue Schmerzen.

Das dritte:

Das Erd-beben

Ey was! nit beben nur / ich solte ganz zerspringen;
den Mittel-punct mein Herz mitleidigst schütten aus.
Erschütt- und Zittern soll ich vor den starken Braus
der Seuffzer Winde / die sich aus den Hölen schwingen.
Der Stürme Schwerd mir soll durch Herz und Nieren dringen.
Die Berg verbergen auch der Wunder-Schmerzen Strauß /
und in die innerst Klufft das höchste Adler-Hauß:
dieweil der Tod jetzt kam / das Leben umzubringen.
Das Wort / durch daß ich ward / der Athem / der mich schuff /
mein Seel' und Quelle / stirbt: und ich solt nicht erschrecken /
und zeigen Schmerz und Leid? durch Beben / ich ausruff /
daß Gott liebt / leidt und stirbt / auf mir / in allen Ecken.
Mensch / der du auch bist Erd' / erbeb auch und erschrick!
denk / was das Leben tödt / sind deine Sünden-Tück.

Das vierdte:

Die Felsen Zerreissung

Ja / wann wir Demant selbst / wir müsten krach- und brechen.
Mit nie-gefühlter Angst ein Schrecken-Knall-Strahl dringt
durch mich / daß ganz entzwey mein harter Harnisch springt.
Mein Schall / will Christi Tod in alle Welt aussprechen:
daß Er / der rechte Felß / in den die Römer stechen /
den Himmel-Hönig Safft / Wund-Wunder Wasser / bringt /
und Felsen-stark für Euch mit Tod und Teuffel ringt /
die auf das grimmigst sich an seiner Vnschuld rächen.
Was müst ihr Menschen doch vor harte Herzen haben?
hat euch gezeugt ein Schlang / ein Tyger euch gesäugt?
wir wurden zur erbarmd / ob diesem Fall / geneigt:
die Schrick find Ewiglich die Herzenleid-Buchstaben /
gemacht in Angst und Eyl. Ach lernet doch von mir
das Herz-zersprengen auch / vor Reu / Lieb / Leid / und Gier!

Das fünffte:

Die Gräber-Eröffnung

Wir müssen offen seyn / dieweil uns aufgeschlossen
des Welt-Erlösers Tod / der unser Schlüssel ist.
Die Auferstehung sich im Grab zum Sieg-Pracht rüst /
macht Sterbend selbst dem Tod den grösten Spott und Bossen.
Der Pfeil / mit dem er ihn traff / hat ihn selbst erschossen.
Der Tod as sich zu todt am Leben / ach der List!
gar willig geben wir auch her in kurzer Frist
daß uns-vertraute Pfand / die seines Siegs genossen.
Auf! auf! ihr schlaffenden / auf! helffet Triumphiren
dem Lebens-Fürsten bald! wir machen uns schon auf.
Folgt dem Erz-Sieges-Held / wie vor im Leidens-Lauf /
jetzt in die Herrlichkeit / den Sieges-Pracht zu zieren.
Am All-erstehungs-Tag / wird unser aller Mund
euch geben all' hervor / wie auch des Meeres Schlund.

Das sechste:

Der umstehenden Bekehrung

Es ist / es ist vollbracht: die Frucht ereugt sich schon.
Der Herzen-Diamant ist durch sein Blut erweichet.
Der Heilig Geist-Magnet die eisnen Sinnen streichet.
Es ritzet neue Reu die Stachel-Dornen-Kron.
Man sicht ihn hier am Creutz / und glaubt Ihm dort im Thron
der hohen Göttlichkeit / daß er dem Vatter gleichet /
Er sey der Ewig Gott / da Er doch todts verbleichet /
siht einem Würmlein gleich; man nennt ihn Gottes Sohn.
O seltner Wunder-Glaub / den Fluch vor Segen schätzen /
zum selbst-verlassenen die Zuflucht nehmen noch /
sein Leben auf den Tod / Trost auf Trostlose / setzen /
und hoffen Hülff' von dem / der unter seinem Joch
schier selbst verschmachtet ist. So hat es Gott gefallen:
das alles Er erlitt' / und uns erlöst von allen.

Das siebende:

Die Seiten Eröffnung

Mein Heiland! wird dann gar dein Heiligs Herz verwund?
Ach ja? es wird der Welt und mir zum Lebens-Brunnen:
so lieb-erfüllt und mild ist Blut heraus gerunnen.
Ach wär / zufangen auf / doch meinem Mund vergunnt!
im Tod auch seine Lieb' herfloß und nit verschwund;
das letzte Kalt hat ihr die Hitz nit abgewunnen:
sie ist der Sterblichkeit / in seinem Tod / entrunnen.
Ach daß ich in seim Herz mich ganz verbergen kund!
mein Herz! leg dich hinein / und leb' in deinem Leben!
ist es schon Tod itzund: es stirbet / nur zu geben
die recht' Vnsterblichkeit. Ach füll die Wunden an
mit Lieb / Lob / Preiß und Dank / und stätem Ehrerzeigen:
mit tausend-Treu und Dienst / so viel ein Mensch nur kan.
Wollst glaubend hin den Mund / sie stäts zu küssen / neigen.

Auf die Frölich- und Herrliche Auferstehung Christi

Die Erde konde nicht den jenigen behalten /
aus dessen Mund sie ward. Wie kond Verwesung sehn /
in dem der Erz-Geist pflegt des Lebens zubestehn?
wie kond der Sonnen-Brunn / die Vrhitz selbst erkalten?
sie must' in Mittel-Punct / war sie schon Strahlzerspalten:
Daß aus dem Todten-Reich der Lebens-Fürst könt gehn.
Sein Mund-Lufft wär genug / den Atlas weg zuwehn.
Sein' Allmacht kan so wol in als auf Erden walten.
Was wolt dir / starker Leu / der Tod das Mäußlein seyn /
nach dem du Drachen schon und Tyger überwunden /
der Sünd und Teuffel Heer? du legst dich nur hinein:
Auf daß wir auch den Tod im Grab belebet funden.
Dein Vrständ / schon mein Grab noch ungemacht aufmacht.
Du hast Vnsterblichkeit uns Sterblichen gebracht.

Auch auf dieselbige

Engel! blaset die Trompeten! Seraphinen / singt und klingt /
Jubil-Jubil-Jubiliret / hoch-erfreuter Himmel-Chor!
Sonn' und Sterne / glänzt und danzet eurem Triumphirer vor!
Berg' und Hügel / Fels und Thürne / auch in frohen Jauchzen springt!

ihr für alls beglückte Menschen / weil es euch zu Heil gelingt /
Lobet / Preiset / Ehret / Danket / und erhebet hoch empor
den / der sich und euch erhebet aus des Todts ins Himmels Chor.
Dann die Paradeisisch' Vnschuld / sein' Erstehung / euch mitbringt.
Solte wol die Sünden-Macht dessen Allmacht überstreben /
der die selbst' Vnendlichkeit? nein sie muß sich ganz ergeben:
sein verdienstes-Meer kan löschen / nicht nur Fünklein / ganze Feur.
Ach der lang verlangt' Erlöser tödtet alle ungeheur.
Was will Welt / Tod! Teuffel / Höll / einem Christen abgewinnen?
die sind ganz verstört / verheert: Dieser herrscht im Himmel drinnen.

Auf die / den Weibern offenbarte / Auferstehung

Nicht / der im Adler Thron der Scepterführer ist /
nicht stolze Helden auch / noch Sternen-Hochgelehrte /
auch Weiße Greißen nicht / noch Geistlich-Höchstgeehrte /
sind zu der hohen Ehr / der Vrständ fast erkiest.
Den schwachen Weibern du erschienen bist / Herr Christ!
der Himmel diese Gnad nur unserm Volck bescher /
daß es die Wunder-That mit Lob und Ruhm vermehr /
erwählend reine Treu / vor arge Weißheit-List.
Weil unsre Einfalt dir / O Weißheit-Brunn / gefallen:
so laß aus meinem Mund dein Sieges-Lob erschallen.
Gott / Mensch / Liecht / Leben / Heil / kurz / alles gut ersteht.
Das ganze Himmel-Reich aus diesem Grab hergeht.
Gott / sein vereintes Seyn in seinem Tod belebet
auf Himmels Heimlichkeit / und herrlich / jetzt erhebet.

Von Frucht und Empfindung der Auferstehung

Ersteh' auch jetzt in mir / mein Herrscher / durch den Glauben;
ersteh' / mit deiner Macht / in meines Herzen Grund:
daß ich dich lebend jetzt beweiß' im ganzen Rund!
laß / vor erhitztem Fleiß / verkündend dich / mich schnauben.
Wollst deiner Gnaden-Sonn' auch aufzugehn erlauben.
Walz allen Irrungs-Stein von meinem Herz und Mund /
dich zubekennen frey und kecklich / alle Stund.
Laß meinen Herzens-Trost mir kein Geschöpffe rauben.
Bleib / weil es Abend ist / in dieser Welt bey mir.
Gib Felsen-Honig auch den Trost-Safft deiner Wunden.
Ich hab den Herzen-Brand aus deinem Wort entfunden:
du regest nicht allein / du stillst auch die Begier.

Mein Herz / das aller Welt / nur dir / HERR / nicht verschlossen /
hat dein' Erstehungs-Krafft und beyseyn recht genossen

Auf die Heilig-Herrliche Auferstehung Christi

Ha / ha / du Sieges-Fürst / du Herrscher aller Enden /
was wolt der Stein dir seyn? ein Feder / für den Wind.
Was hintern Welt-Gebäu / wo Himmels-Kräffte sind?
was ist ein Oertlein Erd / dem / der die Welt in Händen:
kan er das Sonnen-Rad / solt' Er den Stein nicht lenden?
nur auf gefall und Wahl ein Engel sich herfind /
nicht aus Nohtwendigkeit / und wälzt ihn ab geschwind.
Er könd die Grufft in Lufft / in Himmel gar / verwenden.
Solt Faros / Rhodis / Memf' und alle Wunderwerk /
die grosse Tyber-Stadt / auch Babel / Atlas / stehen
zugleich auf seinem Grab: so hätt' er gnugsam Stärk /
mit einem Athem-Hauch / sie alle wegzuwehen.
Die Sünd der ganzen Welt vergräbt er in dem Grab /
und will / daß jederman mit ihm das Leben hab.

Trost / aus Christus allbesiegender Himmelfart

Trotz Noht und Tod! trotz allem Vngelücke!
Trutz sey dem Belial! und aller seiner Schaar!
ich fürcht vor ihrer Macht mich jetzo nicht ein Haar!
sie schtessen wider mich / auch ganze Ström voll Tücke.
Wann ich nur Herz getrost nach meinem Helffer blicke /
der zu der Rechten sitzt / verlach' ich die Gefahr.
Ihm ist mein Herz / die Noht / und Mittel offenbar.
nach dem die Seuffzer ich / als Hülff-erbitter / schicke.
Er länket / wie die Bäch / der Herzen Anschläg' all.
Mit einen Wort er kan die starken Wellen hemmen.
Er läst / so viel es taugt / dem Wasser seinen fall:
Gibt keines wegs doch zu / die Ebne zuverschwämmen.
Er macht das trübe klar / aus Salz-Meer süssen Safft.
Sein Majestät'scher Sitz hat all Verschaffungs-Krafft.

Auf die Siegreiche Himmelfart unsers Heilandes!

Fahr' auf / du Sieges-Fürst / du Himmels-Adler du!
setz deine Mensch-Natur in Gottheit- gleiche Ehren.
Wollst ihren Elend / in den Allmacht-Stand verkehren.

Gib' ihr ein Ewigs Wol / auf kurzes Creutzes-nu.
Was Ewig eigen dir / gehört ihr jetzt auch zu.
Zwar Anfangs gleich / wollst du dich äusserend entbähren /
jetzt wird dein' Allmacht erst die Menschlichkeit durchklären.
In dir / O Doppel-Held / hat Majestät ihr Ruh!
du Herrscher aller Krafft / Besitzer Gottes Rechten!
du all erfüllende Allgegenwärtigkeit!
wer wolt doch deinem Leib diß Ehr-Recht widerfechten?
anbetbare Person / nach beeder Art allzeit!
vertritt- und bitt mich dort / und hilff hier überwinden.
Laß mich die Doppel-Frucht der Auffahrt recht entfinden.

Freudenschall / Auf berührtes Wunderfest

Jauchzet! jauchzet / O ihr Himmel / singet mit erklingtem Schall!
die erwünschte Engel-Wonn' aller Welt geschöpfe Leben /
Sünd' und Satans Sieges-Held / vor dem / Tod und Hölle beben /
aller Ehren-Zweck und Ziele / aller Klarheit Glanz und Strahl /
kurz! das zwey Naturte Wunder / das recht unbeschreiblich All /
will nun auf dem Gottes-Thron Welt und Himmel überschweben /
geht zur Macht-Vnendlichkeit sich Stegprangend zuerheben.
Sie wird über alls erhebet. Bleibt doch noch im Erden-Ball!
dieser Herz-Erz-Herzog herrschet / mit des Mundes Wunder-Stab /
legt der stolzen Risen Macht übermächtig ihm zu Füssen /
stürzet aufgeblaßne Sinn aus dem Thron ins Grab herab /
und erhebet die in Furcht ihm vertrauend lieblichst küssen.
Demut diesen hoch-erhabnen Siegend' überwinden kan!
Herr regier mich hier auf Erden / und bring mich dann Himmel-an.

Uber das Lieb- und Wunderreiche Abendmal unsers Herren

Der alle Speiß' erschuff / läst sich hier selber essen.
Der selber hat erbaut die Zunge und den Mund /
erniedert sich so tieff und kommt in ihren Schlund.
Der / dem die Erd' ein Staub' / ist auf der Zung gesessen.
Der kan mit einer Spann das grosse Rund ümmessen /
geht sichtbar ungesehn in unser kleines Rund.
Diß Leib- und Geists-beyseyn / ist unser fäster Grund:
der doppelt' Gott mit-uns werd' unser nicht vergessen.
Die Vnermäßlichkeit / so unser Fleisch annahm /
mit ihm in Brod und Wein warhafftig zu uns kam.
O Wunder-reicher Schatz / Geheimnus ohne Ziel!

ergründen kan ich nichts / doch glauben kan ich viel /
mein Mund empfängt dich g'wiß / der Glaube jauchzt und springt:
das Wie stell' ich dir heim. Zu Heil es doch gelingt.

Uber dieser Göttlich-hohe Wunder-Geheimnus

Der Leib / der sterbend mir am Creutz mein Heil erlanget /
und der am Thabor zeigt sein Klarheits Herrlichkeit /
in dem die Gottheit schwebt vollkommen jederzeit:
Ist eben der / der jetzt die Zung' im Brod empfanget.
Aus seinen Wunden gleich mein Mund sein Blut auffanget.
Ein köstlich Mahl für mich / im Brod und Wein bereit!
ob die Erforschung schon sich strecket nicht so weit /
der Glaub doch mit der Fahn der Warheit herrlich pranget.
Ach daß doch nicht der Leib vor Furcht und Zittern bebt /
in dem' er den aufnimmt / den selbst mit Zittern ehren
die liechten Seraphim / die Thronen / Fürstentum.
Ach! daß er nicht im See der Buse-Thränen schwebt /
zu reinigen ein Herz zur Wohnung diesem HERREN!
daß er in Noht-Abgrund sich senket / ist sein Ruhm.

Freudenschall / über diese Gottes-Entfahung

Sey wolgemuht / mein Herz! nun bistu wol gerüst /
weil du denselben hast / der alles ist in allen.
Dich wolt nicht nur ein Glanz des Himmels-Krafft bestrahlen:
Der Dreyheit Mittel-Punct in dir selbst wonhaffe ist.
Wo find' ich Wort genug / O süsser Jesu Christ /
daß ich kan deine Gnad' und neue Güt' abmahlen.
Das rechte Himmel-Brod herunter ist gefallen /
das so vollkommen labt / daß nichts mehr mir gebrist.
O trauter wehrter Schatz / O Bräutigam der Seelen /
du holde Herzens Lust / ruh' Ewiglich in mir!
du Zucker-süsser Safft der Gottes-dürst'gen Kehlen!
mein Weißheit / Stärk' und Krafft / bleib' allzeit meine Zier.
Du schönster Himmels-Prinz / wollst dich mit mir vermählen.
Ich gib zum Pfand mein Herz / du deinen Leib allhier.

Uber die hochwürdige Geniessung des Höchst-heiligen Abendmals

O Jesu / wilstu denn zu uns / dem Staub / eingehen?
Du Herr der Herrligkeit / der hohen Gottheit Thron /

der Erden Glück' und Heil / der Himmel Sonn' und Kron /
in dem des Vatters Herz wir lieb-entdecket sehen!
Ach Herz-Bereiter / wollst mit Andacht uns durchwehen /
erreg die Herzens-Kräfft' in Jubel-Wonn' und Ton:
nur zu entfahen recht den hohen Gottes Sohn /
vor dem die Engel selbst in Forcht und Zittern stehen /
Ach aller Wunder Haupt! der Mensch / den Schöpffer isst.
Der Gott-vereinigt Leib will sich mit uns vereinen.
Du Abgrund-gute Güt! gib / daß mans recht geniest.
Die Lieb'-und Allmachts-Strahl / aus Gott nie heller scheinen.
Das innerst' Herzens-Blut fliesst jetzt in unsern Mund.
Dir sey Lob / Preiß / und dank / aus tieffstem Herzens-Grund!

Auf eben dieselbige

Nicht nur in Noht und Tod / auch wesentlich im Mund /
gibt sich mein Liebster mir / mit Süssigkeit zufühlen.
Sein Lieb-erhitztes Blut solt meine Herz-Hitz stillen.
Ich küss' / und iss' ihn gar vor Lieb' in meinen Schlund.
Nicht näher er sich ja mit mir vermählen kund.
Er gibt sein eignes Herz / mir meine Gier zu stillen:
vermacht sich uns selbselbst in seinem letzten Willen /
der auch sein Erster war noch vor der Erden Grund.
Ach schick ein Flammen-Heer / die Andacht zuentzünden.
Der Herz-Bereiter komm / dein Geist mach dir die Bahn:
er schick die Tugenden / als Seelen-Zier / voran /
auf daß du kanst dein Haus rein und bereitet finden.
Gott / der du dich mir gibst! gib / daß ich würdiglich /
und daß mit deiner Gnad' ich könn' entfahen dich.

Auf vor-erwähnte Hochwürdigste Entfahung!

Ich habe den Herren der Ehren empfangen /
den Heiligen / Heiligen / Heiligen Christ.
Der Himmel Vmspanner / in mir jetzund ist.
Das Himmel Reich ist jetzt in mich eingegangen.
Der Mund will ihn fassen / die Kähl' ihn umfangen.
Die Seele mit Jubel und Jauchzen ihn küsst.
das Herze mit frohem Frolocken ihn grüst.
Die Geister / als Meister des Herzens / hoch prangen
Vngreifflichkeit fühlt' ich anjetzo im Mund.
Die alles-erfüllende Göttlichkeit schwebet

mir jetz' auf der Zungen / die sonsten nicht kund
(dieweil sie im Englischen Jubel-Thron lebet /)
begreiffen das Irdisch und Himmlische Rund.
nun Glori / Lob' / Ehr' / Preiß und Glauben ihm gebet!

Auf eben dieselbige

Ach wär es nicht genug / des Geistes Erstling haben /
das Seel-erhellend Wort / Verdiensts- und Wunden-Krafft?
daß er zum Vberfluß auch Leib und Blut verschafft.
Er will / nit nur den Geist / aus Leib und Blut selbst laben;
Will das Vnsichtbare mit sichtbarlichen Gaben /
die Gott geheim und doch mit Wesen sind behafft /
versiegeln / gibt im Wein sein Blut / in dessen Safft
das Mark der Seeligkeit / nach laut der Schrifft Buchstaben.
Dein Tod lebt recht in mir / und ich in deinem Tod.
Es hat / ist Gott mit mir / noch Leb-noch sterbend Noht.
Schon meine Sterblichkeit / Vnsterblichkeit anziehet.
Die Englische Natur / durch dein vereinen / blühet.
Dein Göttlich Leib und Blut der Himmels-Balsam ist:
wie kan verwesen das / was salbet Jesus Christ?

Auch auf die Höchstheilige Abendmahls-Empfahung

Dv Wunder- und Wunden-Mahl! Heilige Speise /
Vnsterblichkeit selber man jetzund verzehrt.
Zum Osterlamm selber der Hirt sich verehrt /
die Schafe er weidet und leitet uns leise /
durch sichtbar-unsichtbar / hochherrlicher Weiße.
Der Höhest' im Menschen leibhafftig einkehrt /
das Engel-anbetbare Menschen beschert.
Ach singet und klinget ihm ewig zu Preise!
geheimestes Gottes-Werk / Himmlische Kost!
Ach Speiße / die mit in die Ewigkeit reiset!
erquicke mich allzeit mit Lebhafftem Trost:
So dann sich die Würkung auch würklich erweiset:
du Lebens-Baum / trag' in mir löbliche Frücht!
belebe mich / Leben! mich Todten aufricht!

Wunsche-Seufzer zu Gott dem H. Geist / am H. Pfingstfest

Wehrter Geist und Herzens-Tröster / Freuden-Oel und Liebes-Glut /
Dritter aus der Einigkeit / Gott aus Gott / selbständigs Wesen /
in dem wir des Vatters Herz / und des Sohnes Wolthat lesen /
Andachts-Flamm' und Weißheits-Zunge! kom begeistre meinen Muht.
Sanffter Wind / beleb mein Leben / mach zu Flammen all mein Blut.
Laß in neuer Geist- Geburt mein Sünd-Todte Seel genesen.
Höchstes Gut / füll mich mit dir / und erlöß mich von dem Bösen.
Schweb' in meiner Seel / wie vor auf der Welt-Vermängten Flut.
Ach mein Schatz / ich fühle schon dein Lieb-süsses Herz bewegen.
Ja! mein Geist ergeistert sich / deine Hitz macht ihn sich regen.
Hoher / holder / wehrt-geehrter Herzens-Gast und Seelen-Zier!
ich erblicke deine Strahlen / ja (was Freud) dich selbst / in mir.
O mein Herz / empfang ihn wol / laß dich selber eh umringen /
als dis theure Gottes- Pfand etwas von der Welt verdringen.

An den wehrtesten Herzens-Schatz / den Heiligen Geist

Herr! beflamme meine Zunge / gib mir einen Feuer-Mund:
Daß dein' Ehr / den Strahlen gleich / mög' aus meinen Lippen scheinen.
Der du dich auf jeden setzst / Ach so würdig' auch den meinen.
Mach dein Lob' und Helden-Werke durch mich unbemündte kund:
daß dein hohes Wunder-Preißen schalle durch das grosse Rund /
wie du deine Herrschafft führst in der Herzen Glaubens-Schreinen /
Lebens-Safft in ihnen würkst / gleich als Moses aus den Steinen.
Gib daß ich / zum Kreiß aufflammend' / anleg mein vertrautes Pfund.
Laß mich deiner Allmachts-Trieb / die so sanfft Gewalt / stäts führen:
daß dein Wunder-süsses Sausen mich in Jubel-Wonn verzuck.
Laß' in allem meinen Thun deiner Krafft Bewegung spühren /
daß ich dein unsichtbars lenken mit geübten Werk ausdruck.
deine Stärke tränke mich / mach mich voll der Geistes Freuden /
daß ich jauchz vor gutem Muht / in der Seelen Wollust weiden.

An die Lieb-reicheste Geistes-Taube

Ach Taube / die den Fried' aus Christi Wunden bringet!
führ' in mein' Herzens Arch ein kleines Zweiglein hin /

weil in der Sünden-Flut der Eitelkeit ich bin /
die mich / durch deine Gnad / wie andre nicht verschlinget.
Doch bin ich auch von ihr ganz Seel-beschwert umringet.
Erhältst ihn nicht / so sinkt mein schwacher Erden-Sinn.
Dein Gnaden-Allmacht macht / daß ich beschutzt entrinn' /
ob wol der Wellen Braus mein Schifflein mächtig schwinget.
Du Strahl der Göttlichkeit / du unausdencklichs Weben /
du unvergänglicher allein nur Weiser Geist!
wollst mein geflügelts Herz durch deinen Wind erheben /
Daß in der Schnödheit schon beginn was himmlisch heist.
gib durch dein Einfluß-Krafft / daß ich nach dem mög streben /
was ewig ist / und dich / mein höchster Herrscher / preist.

Auf des Heiligen Geistes Wunder-Trost

Erquickung aus der Höh' / Herzlabendes anwehen!
du Himmel-Balsam du / im Leiden Freuden-Geist /
der tröstlich / Noht und Tod zu Trutz / mit Nutz sich weist /
aus dem mehr Freud' in uns / als sonsten Weh' / eingehen!
Ach laß / mein Leben / laß dein Herzen Liecht mich sehen.
Gib / daß der Noht zu Spott / du werdest stäts gepreist /
und ich mit Safft und Krafft in ihr von dir gespeist.
Schweb' auf der Trübsal-Flut / wie Welt-anfangs geschehen.
Du guter Gottes Geist / du Schmerzen-Stürzer / steur
dem trauer trüger / daß sein Herze-quälend Feur /
das Glaubens- Oel ja nicht verzehr in meiner Lampen.
Laß ihn zuschüren nicht mit seinem Marter Krampen.
Bethaue meine Ros / O süsser Seelen-Safft:
so hebt sie sich empor durch deine kühle Krafft /

An Gott den H. Geist

Ach du holder Herzen-Herrscher / ach du Seel Erleuchtungs-Liecht!
komm' ach komm doch auch zu mir / mich beflammet zuerquicken
/
laß ein strahlend Wunder-Lob dir von meiner Zungen blicken.
Setz dich / Weißheit / schnell' und helle in die Glaubens Zuversicht.
Bey dir / O mein Herz-Verwandler / zweifel' ich an Würkung nicht:
weil der Widerstrahlungs-Glanz kan die Strahlen weiter schicken /
den bestimmten Gegenstand kan beglückter auch beglücken.
Eine Klarheit aus der andern alsdann Herz-erleucht anbricht.
Draus wird Wunder über Wunder Lobaufhäuffend' angericht.

Du kanst mit dem Warheit-Garn gleich in einem Blick bestricken /
was so widerspänstig vor / darff sich jetzo nicht verrücken.
was zuvor auf die Vertilgung / jetzund auf Vermehrung dicht.
Du anzündens Opfer-Feur lässt dich nimmermehr ersticken.
Deiner Flammen Flug und Flucht mich in Wunderung entzücken.

Auf dessen sanfftes Sausen

O Du lieblich süsses Sausen! Ach durchdringe mich behend.
bester Wollaut / Himmels-Schall / Hertzen-stimmend Seitenspielen
/
wollest / edle Geistes-Taub / auch mit deinen Federn kielen
meines Mundes Seiten-spiele / deine Hoheits-Flüg hersend.
Mit verzuckten Freuden-Blicken dich Geistheimlich zu mir wend.
Ach mein Hort / wann ich bedenke / wie wol mir die Blitz gefielen
/
ehe ich sie noch recht erkennt; Ach das scharffe Herzen-Zielen
mußnach allem Wunsch gelingen / weil Vnendlichkeit sich end.
Was bin ich / ich Erden-Kloß / mit Gott so vertraut zu reden?
soll sich Staub den Flammen nahen? Ach er wird alsbald verzehrt.
Gottes Gnadenglanz durchdringt / wie die Sonn ein Glas / die Blöden
/
lieber unser Andacht-beten / als der Himmel klang erhört.
Nun / mein Gott / so schütt ich aus vor dir meine Herzen-Sorgen:
Schaffe daß sey wenig mir dein Will / als sie dir / verborgen!

Uber das unaussprechliche Heilige Geistes-Eingeben!

Du ungeseh'ner Blitz / du dunkel-helles Liecht /
du Herzerfüllte Krafft / doch unbegreifflichs Wesen
Es ist was Göttliches in meinem Geist gewesen /
daß mich bewegt und regt: Ich spür ein seltnes Liecht.
Die Seel ist von sich selbst nicht also löblich liecht.
Es ist ein Wunder-Wind / ein Geist / ein webend Wesen /
die ewig' Athem-Krafft / das Erz-seyn selbst gewesen /
das ihm in mir entzünd diß Himmel-flammend Liecht.
Du Farben-Spiegel-Blick / du wunderbundtes Glänzen!
du schimmerst hin und her / bist unbegreiflich klar
die Geistes Taubenflüg' in Warheits-Sonne glänzen.
Der Gott-bewegte Teich / ist auch getrübet klar!
es will erst gegen ihr die Geisies-Sonn beglänzen
den Mond / dann dreht er sich / wird Erden-ab auch klar.

111

Sehnlichs Verlangen nach vorgenossenen Geistes-Freuden

Qvelle mir / mein Himmel-Nectar / unerschöpffter Weißheits-Brunn!
wann ich nur ein Tröpflein könd von des Geistes Einfluß spühren /
wann die Herzen Geister sich möchten durch sein Regen rühren /
wann ich nur noch einmal hätte solch' ein viel beglücktes Nun!
Ach daß mir das schöne Bild also eilend doch entrunn!
wann wird mich dein Gnaden-Trieb mehr in diesen Lust-Wald führen /
wo die Himmlisch Nachtigal lieblich pflegt zu tireliren /
wo der Weißheit-Safft so süsse schnell und hell vorüber runn /
daß ich auf ein Hoffnungs- Gras mich fein sanfft könt niderlassen /
macht von Trost- und Freuden-Blumen einen Wunder bunten Kranz /
schöpffte aus dem klaren Brunn kühlen Safft und Krafft dermassen /
daß von süssen Lieblichkeiten ich in Lust verzucket ganz
schlüß die Sorgen-Augen zu / und entschlieff in vollen Freuden!
wollst so dein verlohrnes Schaf / Edler Schöpffer Schäfer weiden!

Herzliches Geistes-Jauchzen

Du wahrer Gott und Geist! du Seel'erhellend Liecht /
des Lebens Leben Geist / du fliegend' Himmelflammen!
du ziehst / im Mittel-Punct des Herzenskreiß zusammen /
was nur vor Freuden hat das ganze Welt Gewicht
in deinem Strahlen-Glanz / man das unsichtbar sicht.
Die äussern Gottes Zweck mir zu Gemüte kamen /
den Gegenwärtigen schier Seyn und Schein benahmen:
daß in das künfftig' Ich fast völlig mich gericht.
Entdeckte Wunder Güt / ach klare wahre Luft /
eröffnets Gnaden-Ziel / erklärtes Wunder-üben /
du schöner Sonnen-Brunn / machst mir mit Lust bewust /
daß der allgute Gott verhänget das betrüben:
daß mit Erzsüsser Freud er nach der Angst erquick /
macht / wie aus finstern Liecht / aus allem Vbel Glück.

Glaubige Dienst-Aufopfferung Gott dem H. Geist

Du Herzenherrscher du! gebrauche dieses Jahr!
mein Herz zum Säitenspiel / den Mund zur Lob-Posaunen /
die Zung zum Cimbelwerk; auf daß man mit erstaunen
dein Lob erschallen hör / daß ich es offenbar.
Mach deine Herrlichkeit in meiner Finstre klar.
wollst dein' Vnendlichkeit mit meinem Kiel umzaunen.
bekehr das harte Herz mit deiner Wort-Carthaunen /
daß deines süssen Triebs ich frölich werd gewar.
Laß / nach dem Splitterstrauß / ein Labe-Lüfftlein wehn.
Erhalt aus Gnaden / die sich dir zu Füssen legt /
aus Demut / Lieb und Furcht / laß mich im Glauben stehn
gerüst mit Geist und Krafft / wann schon die Sach' ausschlägt
zum Knall und Fall / gib mir mit Lust hinein zu gehn /
zu seh'n was deine Gnad vor neue Wunder hegt.

Uber die Allerheiligste Göttliche Dreyeinigkeit

Drey-Einig-Einig-Drey! auf nie begriffne Weise /
ist Gott das höchste Gut / des Wesens Wesenheit /
des Vrsprungs Vr-Vrsprung und Ewig vor der Zeit /
des Worts und Athems Safft / und alles Lebens Speise!
in jedlicher Person ich Christ- verständig preise
die Gottes Fülle / ja die Haubt-Vollständigkeit:
und doch derselben Seyn zertheilet nicht ausbreit.
bey meinem Seelen-Heil / geh' ich hierinnen leise?
die innerst Einigkeit in diesem Drey besteht /
welch' unvermängbar aus dem Einzeln Wesen geht:
zwo Ewig Einige doch unterschiedne Sachen!
Gott-Vatter / Sohn und Geist / du Einig wahrer Gott!
verzeih mirs / daß ich dich verklär / die ich nur Koht.
dein Klarheit will sich auch im duncklen sichtbar machen.

Auf eben dieselbige

Ach du unzertrenntes Wesen in der Dreyheit / wahrer Gott!
Vatter / der du hast die Welt / und in dieser mich erschaffen:
mich Gefallnen auch erlöst / Sohn / mit Creutz und Leidens Waffen:
und du Geist mein Herzens-Herrscher / tröstest mich in aller Noth.
Alle Drey sind eins / zu retten meine Seel vom Sünden-Tod.
Gott gab seinen liebsten Sohn: Dieser ist im Tod entschlaffen /

aller Sünden Quäl-Stich Ihn / mir Ruh zu verschaffen traffen:
und mein Tröster / tunkt im Glauben mich in Christi Wunden-roht.
Vnterschiedlich in den Werken / gleich im Willen / Gnad' und Güt /
kan man diß gedreyte Eins und geeinte Drey erkennen /
aus der abgetheilten Ordnung. Ach begreif' es mein Gemüt.
jedem sind die Werk gemein / und auf keine Weiß zu kennen:
doch Gebährungs Eigenschafft nur dem Vatter zu zuschreiben;
daß er aus von beeden geht / nur dem Geist; dem Sohn / beleiben.

Lob der Höchst-Heiligen Dreyeinigkeit

Bisher hat mir dein Geist die Gortheits-Sonn gezeiget.
ich hab'in seinem Liecht ihr Wunderliecht entdeckt.
doch hat er mir das Ziel des Forschung-Flugs gesteckt:
weil mehr Etkäntnuß aus der Seelen nicht gezweiget.
Mein Geist sich in die Tieff des Gnaden-Meeres neiget /
do man selbselbsten dich in deiner Güte schmäckt.
Ich habe dich in mir zu suchen auch erkeckt /
weil du in deiner Gnad / sie in mir sich ereiget.
Vergib mir ich bekenn's! diß Wort scheint sehr vermessen:
doch ist es wahr / daß ich nicht ohne deine Gnad /
ein Fünklein könt verstehn / wann sie mich nicht besessen.
Es ist die Dankbarkeit der Weißheits-Gaben Pfad.
Mein Gott! sey hoch gepreist vor solch' Erkäntnus Blicke /
und bald im Himmel mich mit vollem Schein erquicke.

Lob- und Wunder-Gedanken

Du Dreygeeinter Gott / du Selbstheit alles guten /
du Allerforschende Haubt-Vnerforschlichkeit /
gewest und bleibender vor-in- und nach der Zeit!
Ich schreib itzund von dir / durch deines Geists Anmuten.
Des Lebens Lebens-Safft / der Weißheit helle Fluten /
von dir / dem Vrsprung-Brunn sich haben ausgebreit
durch Röhrlein des Verstands / in uns sich eingeleit /
dein Käntnuß ausgewürkt / wie auch des Creutzes Ruten.
weil du dich in dem Creuz Herz-herrlich lässest sehn /
so will ich daß dein Liecht nur mög' in mir aufgehn.
erwählen es: erwegt / daß Edler dein Einfliessen
in Seel-versüsster Freud / als aller Welt geniessen;

ein Allheits-Strahl ist mehr / als dieses ganze Nichts.
Du Sonnen-Brunn gewähr mich deines Weißheit-Liechts.

Ferneres Lob / und Andacht

Ach! der Heilig / Heilig / Heilig / und doch Einig-wahrer Gott /
unzertheilter Gottheits Punct / unauflößlichst fest vereinet
in der Dreypersönlichkeit / äusserst-Einig Eins erscheinet /
der belebend und erhebend / Allvermögend Zebaoth!
Engel / Sterne / Feuer / Lufft / Meer und Erden sein Gebot
gern vollziehen. Alles gut ist in seinen Seyn verschreinet.
Kurz / die Allheit aller Ding ist Er / in diß Wort verkleinet:
doch das Böse ausgenommen / wie auch Trübsal / Angst und Noht.
Alles ist von Ihm erfüllt / zwar von Augen ungesehn:
wann das Vrliecht sie erblickte würd ihr Glanz gleich ganz vergehn.
Denn die Vberschwenklichkeit / nichts begränztes kan begreiffen.
durch viel Sternen stäts vom fernen / schickt die Sonn' uns Strahlen
    her /
die zwar nur / wie wir auch endlich / brennten nahend doch zu sehr.
uns unschädlich Nutz zu seyn / Gottes Blick unsichtbar schweiffen.

Herz-bezeugter Gottheits-Trieb

Du Tugend-Vberfluß / stäts-quellendes Vermögen /
du ewig-gebends Gut / bleibst doch untrennbar ganz!
Ach Allerleuchtender / doch ungesehner Glanz!
die selbst' und einig Ruh / kanst alles doch bewegen!
wohnst in dem Jubel-Thron / und bist doch stäts zugegen.
Man siht dich nicht / und trägst den Hoheit Strahlen Kranz.
wir sind vor dir / wie Staub: noch wachst für unser Schanz /
und gibst / die wir den Fluch verdienet / Himmel-Segen.
Du Vnerreichlichkeit im Wesen / Willen / Wundern /
besonders in der Güt / die dich schier übertrifft!
laß mich den Lobes-Geist / zu loben / recht aufmundern.
Dein Klarheit recht verklär' / in meiner dunklen Schrifft /
du Erzvollkomnes Gut / du All- und Einigkeit /
du Dreyheit / die in Eins besteht und geht allzeit!

Zugabe von L. Sonneten

H. Neuer Jahrs-Wunsch. Du krönest das Jahr mit deinem Gut

Psal. 65. v. 12.

Herr Jesu / kröne du mit Früchten dieses Jahr!
der edle Geist-Geschmack die ganze Welt ergötzet /
sie aus der irdisch-in die Ewigkeit versetzet /
in der die Süßheit erst vollkommen wird und klar.
Ach schicke zeitig Zeit / weil bißher Früling war.
Dieweil der Diamant mit deinem Blut genetzet /
du reines Opfferlamm / so gib daß er geätzet
und einmal werd' erweicht / dein Klarheit offenbar?
Du dunkle Wolkenseul / werd' auch einmal zu Feur.
Zeig deine Herrlichkeit / in Werken / wie in Sinnen.
Laß / was du längst vertröst / vollzogen werden heur.
Laß die empfangne Frucht heur Tages-Liecht gewinnen.
Gib / daß / wie jener Knab / zum siebenden ich geh /
und ja einmal nach Wunsch ein Hülffes-Wölklein seh.

Zum Glücklichen Neuen Jahrs-Anfang

Herr Jesu mache du den Anfang meiner Sachen!
Dir / Dir befihl ich mich / mit allem meinen Thun.
Ach daß dein klarer Geist mir aus den Lippen rund' /
und glänzt / wie vor im Geist / itzt in dem Mund und Sprachen!
Ach daß die Flammenflüß herz-rührend' ausherbrachen /
daß meine Kähle wär ein Witz- und Warheit-Brunn!
das Chor ist schon erfüllt; Mein Herrscher / sag nur / Nun
so will ich / solt die Seel ausgehn / den Anfang machen.
Ich will / wie Crösus Sohn / vor lauter Lieb und Gier /
auch stumme Zung und Mund / dich zu bedienen / finden.
Mach nur die Rolle auf des lieben Tages schier /
und laß durch Glauben mich unglaublich überwinden:
das Erd' und Himmel froh erstaunend schauen an /
wie als durch deine Gnad / der Glaube schafft und kan.

Von dem Allwesenden Namen Jesus

Jesu / meines Lebens Ziel / du mein ganzes Alls in Allen /
du mein Leben in dem Sterben / süsser Fried in Krieg und Streit /

in der Welt mein halber Himmel / Lust in Widerwärtigkeit /
in der Erden-Düsterheit mein Begeistertes bestrahlen!
nichtes / (bistu meine Hülff /) kan unmüglichschwer mir fallen.
wann der Drach all' Vnglücks Kugeln / Hauffenweiß auf mich
  ausspeit /
bin ich in der Jesus-Vestung der Verletzlichkeit befreyt.
Alles Vbel gibt die Flucht / macht man diesen Nam erschallen.
Er sey meines Hauptes Cron / meines Herzens inners Herze /
meiner Zungen ganzes Tichten / meines Sinnes Gegenstand /
meines Lebens Vnterhald / meines Schiffleins Sternen Kerze /
meine Allheit / wann ich nichtes! dieses ist mein Haubt Gewinn
daß ich in mir selbst aufhöre / und dann in dir alles bin.

Christliche Dienst-Aufopfferung

Herr / mein Gedächtniß ist vom Wachs zu deinen lenken:
präg deines Willensbild / dein Wunderkrafft / hinein:
Es soll / als wie ein Stahl / ganz unaustilglich seyn.
Wollst / Höchster / mir dein Blut an Goldesstatt / einsenken.
Auch meinen Willen will ich willig dir / Herr / schenken:
Nur deines Worts Befehl er folgen soll allein:
in ihm dein Gnadenbild und Wunder-Art erschein'!
er diene dir mit Lust / wie sie mit stätem denken!
ingleichen der Verstand / soll ob der Sonnen Hütten /
ja ob Saturnus Kreiß / mit seiner Schärffe gehn!
doch / werd' ich es vor gut zu deiner Ehr ersehn /
So leg ich ihn in Staub / wie weit er auch geschritten.
kurz / all mein dichten soll zu deiner Ehr geschehn.
Laß mich die Krafft hierzu / Allkrafft von dir erbitten.

Einfältig-doch Allvermögende Glaubenskrafft

Ich kan nicht tieffe Sprüch' aus hoher Witz' anziehn /
bin nicht in Platons und Pythagors Schul gewesen /
kenn Nilens Bilder nicht / kan nicht Athenisch lesen /
hab nicht des Römers Zung noch Salomons Kunst-Sinn.
Mein ganzes Wesen steht bloß einig nur hierinn /
daß / so viel möglich / ich mich hüte vor dem Bösen /
und mach die Seel im See der Eitelkeit genesen /
durch Glauben / mit dem ich Allüberwindend bin.
Ich laß euch Cron und Thron / auch Macht und Pracht besitzen:
vereint euch mit der Erd'; Ich mit dem Himmel mich /

mit dem ich alles kan. Sein Wunder herrlich sich
in mir / aus meiner Schwärz die Demantstrahlen blitzen.
Ich rühm mich nichts; Allein mein Schwachheit mich erfreut /
weil sie zur Werkstat dient der Krafft der Göttlichkeit.

Verwerffung der schnöd- und öden Geld-Lieb

Wie weit ist deine Lieb / mein lieber Sinn entfernet
von diesem güldnen Nichts / das als in allem gilt /
das alles Geld entgeldt / der Erden Herrscher-Bild /
das seiner Lieber Herz verstählet und verähmet.
Zum Bild der Göttlichkeit mein Herze nur hinsternet /
schätzt sich vor eitelm Tand / mit dem Verachtungs-Schild.
sey nicht mit roten Koht / mit Geist und Krafft mir mild.
mein unerschätzter Schatz / daß ich dich kennen lernet!
Erd' hab dir deinen Staub / das gleiche gleiches liebt:
Ein Erden-Herz / sich voll mit Sand und Läim anschiebt:
mein Seel will nur in GOTT / der sie ausbliese / rasten.
Wird mir von Ihm erfüllt mein Leib der Seelen Kasten:
So habt euch Crösus Gut / und Amaltheen Horn.
Ich hab / dieweil ich GOTT / das best ja alls erkohrn.

Uber den Spruch / Psal. 119. v. 46

Ich rede von deinen Zeugnussen vor Königen /und schäme mich nicht

Solt man der Höchsten Ehr' und Weißheit sich auch schämen /
welch ist des Herrn Wort? Ach nein! man soll sie frey
bekennen wie daß sie des Lebens Leben sey:
auf daß die andern sich zu ihrem Dienst bequämen.
Will man hierüber auch uns Leib und Leben nehmen /
schadt nicht: die Warheit steht uns todt und lebend bey.
sie hat der Freudenblick so viel und mancherley /
daß man mit jauchzen stirbt / stat daß man sich solt grämen.
Der Warheit Klarheit scheint durch düstre Irthums-Nacht:
Verführungs-Schatten muß von ihren Strahlen weichen:
wer sie verderben will / wie jener Thor es macht /
der mit ein wenig Erd die Sonne wolt verstreichen.
Ihr Thoren! seht ihr nicht / das Sonn' und Warheit ist
viel grösser / als die Erd' und aller Menschen List?

Als die Heiden die H. Schrifft verbrennen wolten / das Buch aber unversehrt bliebe / und viel Leut dadurch bekehrt wurden

Was soll das jrdisch Feur dem Himmlischen doch schaden?
mit nichten das Geschöpff die Schöpffungskrafft versehrt:
viel eh es / als ein nichts / in ersten Vrsprung kehrt.
nur Diener die Geschöpff / nicht Feinde sind der Gnaden.
wann's mit der Flammen wär der ganzen Höll beladen /
so würd kein Stänblein doch von Gottes Wort verzehrt.
das leidet kein vergehn / was alle Ding ernehrt
es ist / aus Gottes Mund / der Himmel-leitend Faden.
Solt dessen Mund das Feur / aus dem es ward / nicht zwingen?
Er macht das Irdisch hier / auf daß das Himmlisch brennt /
auch wider die Natur / das Zeitlich nit verschlingen:
Daß jenes zu dem Kreiß mit vielen Geistern rennt.
das Blat bleibt unverletzt / auf daß die Herzen brennen.
Dort Er erhält das Buch / hier vieler Tausend Sinnen.

Als durch eines H. Mannes Leibeigenschafft /die Landschafft / in welche er verkaufft /vermittelst seiner Predigt bekehret wurde

O Süsse Dienstbarkeit / wann Gott dadurch gedienet /
sein' Ehr vermehret wird / und Seelen-Nutz geschafft!
daß tausend Geister frey / kommt ein Leib in verhafft!
beglückte Knechtschafft / die mit Herzen-Herrschung grünet /
die sein' und Gottes Feind mit Gott und Ihm versühnet!
der Allbeherrscher hat in Fässeln gleiche Krafft:
aus ihrem Stachel fliest des Geistes Wundersafft /
daß / zu besiegen mit die Sieger / man erkühnet.
Ein solch verborgner Funk die ganz Abgötterey /
als Pulver über sich durch Glaubens Krafft zerspringet:
wird / daß er Freyheit würckt / herzwillig selbst gedränget;
Leibeigen / daß er mach die Seelen Satan-frey.
Ach! Gott verhänget nichts / das nicht zu Glück erspriesset:
wann man den Glauben auf- und die Vernunfft zuschliesset.

Als mir einmal / am H. Drey König Abend /beym Eyrgiessen / der Herr Christus am Creutz klar und natürlich erschienen / oder aufgefahren

Es kan der gecreutzigt Christ anders nichts als guts bedeuten.
Kündet Er das Sterben an /

wohl gethan!
So wird er mich selbst beleiten.
Soll ich mich denn zu dem Creutz und zu vieler Plag bereiten?
So ist Er doch mein Gespan /
bricht die Bahn /
steht mir mächtig an die Seiten.
Soll das heimlich Gnaden-Wort seinen Raht im Werk vollenden?
Ach wie hoch beglückt wär Ich!
die Ich mich
Niemal ließ davon abwenden.
Ihr mögt fürchten / was ihr wollet: Ich bin immer gutes Muhts.
Kan das Höchste Gut auch bringen anders was / als lauter Guts?

Auf das neue widerwärtige Glück

Wilstu mir / O Glück / aufs neue widersetzen?
der Anfang ist schon recht / auf alte Feindsal-Weiß.
denkst zu besiegen mich? es ist umsonst dein Fleiß.
die Tugend läst sich / auch gedrucket / nicht verletzen!
Wann deiner qualen Heer die Degen auf sie wetzen /
wann du mich schon umgiebst mit engem Aengsten-Kreiß:
will Tugend-tapffer ich erhalten doch den Preiß.
Ein schwer-erlangter Sieg kan doppelt-hoch ergetzen.
Vergieß' ich weises Blut; die Thränen trennen nicht
vom Tugend-Rennen ab / sie seynd vielmehr die Sporen /
dadurch ein traurigs Aug das Helden-Herz anstickt.
Sie werden zu Entsatz der Herzen-Bürd / gebohren /
das so entlastet dann viel mehr mit Ehr verricht.
Bekriegst mich auf das neu / so hast aufs neu verlohren.

Uber die unverletzliche Tugend

Das Vnglück endlich kan an Tugend mich nicht irren.
Es mundert sie vielmehr / bläst ihre Funken auf /
und bringt des Muhtes Hängst in dapffern Helden-Lauff.
wann es mir Tugend mehrt / so kan ich nichts verliehren.
Wann auf das äusserst auch die Sachen sich verwirren /
Saturnus / Mars / Mercur / selbst fallen über Hauff:
So spring' ich unverzagt mit freyen Füssen drauf.
Ihr Widerstand muß mir mein Siegs-Pracht erst recht zieren.
Bleibt Gott allein mein Trost; so sey der Erden Trutz /
und allem Vngelück / mich wenigst zu verletzen!

weil sie die Fersen sticht / beginnt mich zu ergötzen
die Himmlisch Nectar Brust: und schweb in seinem Schutz.
muß ich schon alle Lust und Erden-Glück aufgeben.
so bleibt mir Tugend doch noch länger als mein Leben.

Die Dienst-anbietende Tugend

Ich will wol / wann du es verlangest / zu dir kommen:
doch zieht ein ganzes Heer der Trübsal mit mir ein.
Ich und das Vngelück / schier unzertrennlich seyn.
Es hat ihm grosse Streich' auf mich schon vorgenommen.
Feurstrahlen / Wetterkeil' / es regnet auf die Frommen.
Es hageln auf mich zu / die Hass- und Donnerstein.
man siht / vor Neidgewülk / kaum meinen Ehren-Schein.
Ich bin offt manche Stund im Thränen-See geschwommen.
Traust du die Stürme dir herzstandhafft auszustehn:
so soll mein' Herrlichkeit mit Pracht bey dir eingehn.
Ja ich versprich dir auch / dich nimmermehr zu lassen.
Drum / liebe Freundin / wollst ein Helden-Herz nur fassen.
Ich krieg und sieg' / und gib / vor treue Dienst zu lohn /
hier Ruhms-Vnsterblichkeit / dort eine schöne Kron.

Beantwortung der Tugend auf ihre Bedingung

Komm nur her / du schöne Tugend / sey zu tausend mal gegrüst /
komm / mein Schatz / komm in mein Herz: es gehöret ganz dein
    eigen
wollst dein Hoheits-Wunder Pracht in der Seelen Thron erzeigen.
hab ich dich / O schönste Göttin: mir an keinen Gut gebrist.
Ist das Vnglück mit viel Plagen / lieb / schon wider dich gerüst:
Laß nur seyn! der Höchste kan sie wol anderwerts hinneigen /
Man muß durch die Dörner Weg' in die Sternen Kreiß aufsteigen.
Nun es regne blitz' und donner! Tugend hab ich mir erkiest.
Das ist eine schlechte Lieb / die was Widerwärtigs schrecke.
Paris war nicht so gesinnt: Trojen er beherzt veracht.
Ja vielmehr der Widerstand / doppel-heiße Brunst erwecket.
Vnglück kan dir nichtes schaden / als daß es dich wehrter macht /
und mir dort mein' Ehren Kron / mit so viel mehr Sternen zieret /
als vielmahl ich über sie / hier mit Grosmuht triumphiret.

Uber meine vielfältige Widerwärtigkeiten

So viel / als der Igel Stachel / darff ich Waffen widers Glück:
daß ich aller Ort und End mich vor seinem Anlauf schutze /
und die kühn Verletzungs-Hand / vor dem Tugend Angriff stutze.
Ich hab mich mit ihm zu schlagen / alle Stund und Augenblick.
Es steckt wohl / als wie der Igel / voller Stachel / voller Tück.
Doch muß nach dem Tugend-Klang es mir danzen ihm zu Trutze /
wann ich ihm den Vnbestand / und das schnell vergehn aufmutze.
Ich / indem es mich will plagen / es mit seiner Lust erstick.
Es ist üm ein kleins zuthun / daß ich mich mit ihm bemühe.
Es wird noch / in Fässeln / müssen zieren meinen Steges-Pracht.
Ob ich schon der Tugend wegen / jetzund werd verhasst verlacht:
Acht ich es doch alles nicht / wann ich nur mein Werk vollziehe:
liebt es Gott / wird meine Pein tausendfach ergetzet werden /
dort in seinem Jubelthron / oder theils wol noch auf Erden.

Die Unüberwindliche-beherzte Standhafftigkeit

Grosmütigkeit pflegt stäts was grosses zu verlangen /
wie Jason / der sich auf dem Meer zu fahren wagt /
und auch das güldne Fell durch Müh und Fleiß erjagt.
Es ist der Tugend Art / was grosses unterfangen.
Kan man nicht allezeit mit Sieg-erwerben prangen:
So ist es Sieg genug' / da Glück und Sieg versagt /
doch bleiben gleichbeherzt / in beeden unverzagt.
mit Glück-Verachtung wird offt grosser Sieg begangen.
Schadt nicht / wann ich schon auch / wie jener / sechsmal käm /
und nichts von meinem Sieg' und dessen Freud vernähm'!
diß ist der gröste Muht / den keine Schwerheit schrecket /
der vor Vnmüglichkeit selbst seine Gränzen stecket /
läst / zehenmal zu rück getrieben / doch nicht ab /
behält in allem Streit den Vorsatz biß ins Grab.

Dämpfung der unzeitigen Tugend-Regung

Was helffen hohe Helden-Sinnen?
was nutzt ein edler Tugend-Muht?
was hilfft / das Herz voll Himmel Glut /
die Augen voller Heroinnen?
wann solche in den Fässeln brinnen!

Es ist das selbste Gut nicht gut:
man wirfft es willig in die Flut /
dem Schiffbruchs-Vnglück zu entrinnen.
Nicht Laster nur / auch Tugend bringet
zur Vnzeit höchstes Vngemach:
wann sie nicht noch was höhers zwinget /
dem Stand und Zeit zu geben nach.
die aufgehebte Lanz man senkt /
wann man den Sieg zu kriegen denkt.

Auf die endlich-alles-überwindende Tugend

Wann Vnglück noch so offt sich an die Tugend machte /
So richtet es nichts aus / ja wird von ihr besiegt.
Von Phöbus Helden-Hand / die Schlange todt da ligt.
Der dapfre Cadmus auch / den Drachen steiff umbrachte.
Auch Perseus sich nicht lang auf seinen Sieg bedachte:
Des Göldnen Gartens-Wacht auch bald den Garaus kriegt.
Bald / auf der Riesen Trutz / ein Pfeil und Keil herfliegt.
Alcidens Hydren-Sieg vor alles hier betrachte.
Was Göttlich ist / wie sie / leidt kein Vertilglichkeit.
Ihr muß der Widerstand zu letzt gewonnen geben.
Richt sie auf Erden nichts / so kan sie sich erheben
zu ihrem obern Zweck / an dem sie allzeit Freud
in allen Stürmen hat. Er gibt ihr solch Vergnügen /
von dem das minste nur / das eusserliche Siegen.

Auf eben dieselbe

Tugend / Witz und Tapfferkeit / können aller Noht Ansiegen.
Scylla und Charybdis stehen / von den Wellen unbewegt.
Wer sich mit Entschliessung rüstet / alles Vnglück leicht erlegt.
Nur die Pflaumen / lassen sich einen jeden Wind bekriegen.
Zeit und Sterne mögen fort / daß was ihnen liebet / fügen.
Der / so aller Tugend Tugend / sanffte Ruh' / im Herzen trägt /
bleibet / wann sich schon die Erde sampt dem ganzen Himmel regt
/
durch viel seltnes Aenderwerck / unverrucket im vergnügen.
Wann die Freyheit in den Sinnen / selbe in dem Himmel seyn.
Nichts man acht der Fässel hafft: kan sie doch der Straußen Magen
/
Warum nicht die Tapfferkeit / überhärten und ertragen.

Glück und Vnglück an sich selber ist ein bloßer Meinungs-Schein.
Solt sich der um Schatten-Schein und erdichte Noht betrüben /
der das höchst' und wahre Gut / Gott / kan unverhindert lieben?

Uber die streitende Christen-Ruh

Es soll der Menschen Sinn ein solche Ruh nur lieben /
die Gott zu loben nur nicht ruht in Ewigkeit.
Es sey nun solches Thun im Frieden oder Streit /
so ist es Ruh genug / in Gottes Lob sich üben!
Das stille Wasser pflegt man schiffend zu betrüben:
das Ruder / das Gesetz / trübt die still-sicher Zeit;
die nie-bereute Reu / führt zu des Hafens Freud.
man muß zu Gottes Ehr' offtmals die Ruh verschieben!
Soll' an Beherrschung / Gott / der Wellen und der Wind
erzeigen seine Macht / muß er sie erst bewegen:
So mustu / durch die Noht gelangen zu dem Ziel.
wer keine Rast und Ruh in seinem Sinn empfind /
biß sich des Friedens Krafft in ihm beginnt zu regen /
lebt krieg- und ruhend stäts nach Gottes Lebens-Will.

Auf die überflüssige Winter -und Widerwärtigkeits-Länge

Es kan mein Geistgeschick / mit dieser Zeit sich gleichen:
wann Vngedult schier macht aus Jahren Ewigkeit /
und sich nach längster Kält erzeigt ein Fünklein Freud /
daß man nichts gwissers hofft / als Schnee und Weh werd weichen
und pflegt bey kalter Sonn und kleinem Trost / zu schleichen
ins halb-entblöste Feld / und bleiche frischungs-Heyd /
voll Trosts / es komm nun bald die Freud und Blumen Zeit /
den frohen Frülings-Port nun ehest zu erreichen.
Ach Schmerz-verkehrter Schluß! jetzt kommet erst geflogen
das weiße Wolken-Heer / der grünen Hoffnung Grab
doch weicht ein standhaffts Herz / dem Widerstand nicht ab /
biß / nach zugeben / ihn der Himmel selbst bewogen:
Mann muß so lang mit ihm / durch Glaub und beten streiten /
biß überwunden er selbst tritt auf unsre Seiten.

Auf den / Gott Lob! vergehenden Winter

Der Winter ist schon todt / und allbereit begraben.
Der Himmel gab' ihm noch / zum Vberthau / den Schnee /

den nahm'er in die Erd. Sein Grab-Schrifft heist: vergeh!
sein Glück ist / daß ihn nicht verzehren Schab-noch Raben.
Sein Grabstein von Krystall / ist noch ein weil erhaben.
Doch / daß der Bösen ihr Gedächtnus nicht besteh /
will Warheit / daß man hier ein klares Beyspiel seh;
Daher verzehrt die Sonn / den Stein und die Buchstaben.
Die Erde klagt ihn zwar / in Dunkelbrauner Farb;
Doch wird sie wider bald zur Frülings-Hochzeit schreiten.
gar billich ists / daß der Verderber selbst verdarb.
Man wird ihm kürzlich aus mit Donner-Glocken leuten.
Mein und der gantzen Erd' Erz-Aergster Feind! wolt Gott /
daß du hinfür müst seyn / auf Ewig Ewig todt!

Gott-lobende Frülings-Lust

Ach seht das Sieg-Gepräng des Höchsten hier erscheinen!
der Früling ihm den Fahn der Güldnen Sonn vorträgt.
Favonius mit Pracht die Heerpauck rührt und schlägt:
Trompeter geben ab die süssesten der seinen.
Das singend Lufft-Heer kommt / die grossen mit den kleinen:
Ein jeds / an Lorbeer statt / was neu-gewachsnes hegt.
Das bundte Blumen-Kleid / die Erd' ihm unterlegt.
Er sitzet auf dem Thron von blauen Saphir-Steinen.
Die Kron ist / Sieg und Freud; des Sieges Frucht / das Leben;
des ganzen Wesen Werk / das Jubel Lob-Geschrey /
der Athem aller Ding / so nun aufs neue neu /
die durch die frische Lufft still-lautes Lob ihm geben.
Der Nordwind / Eyß und Schnee / hier die Leibeignen seyn.
Mein schlechtes Blat / das sey des Sieges Denkmal-Stein.

Gott-lobende Frülings Lust!

Gott sperrt die Erden auf / als seines Schatzes Kasten /
der einig Schlüssel ist / sein Wort / durch dessen Krafft
ihr / käumen / wurzen / grün- und blühen wird verschafft.
Es würkt den Wachsthums Safft in Erd- und Sternen-Brüsten /
Ja kan die ganz Natur zur Freud und Wollust rüsten.
Es ist der Wurzel Geist / der Gräslein Herzens-Safft /
der Blumen Lebens Lufft / mit süssem Thau behafft /
kurz / der Geschöpffe Ruh / nach dem sie all gelüsten:
Es zeigt uns Gott in ihm / als in dem Spiegel Glanz /
und weist uns selben auch in all-erschaffnen Dingen:

wie seine Schön' herblickt aus bunten Blumen Kranz.
Sein Süßheit sich zu Mund will aus den Früchten schwingen.
Ja alls / was sichtbar nur / ist Gottes Ebenbild /
wie schön / süß / gut er sey / wie hoch! wie reich! wie mild.

Gott-lobende Frülings-Lust

Jauchzet / Bäume / Vögel singet! danzet / Blumen / Felder lacht!
springt / ihr Brünnlein! Bächlein rauscht! spielet ihr gelinden Winde!
walle / Lust-bewegtes Träid! süsse Flüsse fliest geschwinde!
opffert Lob-Geruch dem Schöpffer / der euch frisch und neu gemacht!
jedes Blühlein sey ein Schale / drauff Lob-Opffer ihm gebracht /
jedes Gräslein eine Seul / da sein Namens-Ehr man finde.
an die neu-belaubten Aestlein / Gottes Gnaden-Ruhm man binde!
daß / so weit sein Güt sich strecket / werd' auch seiner Ehr gedacht.
Du vor alles / Menschen Volck / seiner Güte Einfluß Ziele!
aller Lieblichkeit Genießer Abgrund / wo der Wunderfluß
endet und zu gut verwendet seinen Lieb-vergulten Guß.
Gott mit Herz / Hand / Sinn und Stimm / lobe / preiße / dicht' und spiele.
Laß / vor Lieb' und Lobes-Gier / Muht und Blut zu Kohlen werden /
lege Lob und Dank darauff: Gott zum süssen Rauch auf Erden.

Gott-lobende Frülings-Lust

Lachen des Himmels / Geburts-Tag der Freuden /
Hochzeit der Erden / Erzielung der Zier /
quelle der Wollust nach Herzens Begier /
Wiesen voll Biesem die Sinnen zu weiden /
süsses Erquicken auf schmerzliches Leiden!
Ewigkeits-Spiegel man findet in dir /
Himmlischer Siegel-Ring / heller Saphir /
da sich ließ Göttlicher Name einschneiden!
du druckest die Einflüß der Sternen herab /
daß sie der Erden das Grünungs-Bild gab /
welches versiegelt die Göttlichen Gnaden /
ob wir schon leider mit Sünden beladen:
Daß er / in Jährlich-verneuender Welt /
gleichwol den ewigen Gnaden-Bund hält.

Gott-lobende Frülings-Lust!

Himmel voll Cymbel / voll Lauten und Geigen /
Bisem- und Amber'-erfüllete Lufft /
Rosen- und Lilgen-verlieblichter Tufft!
wollest / den Höchsten zu loben / nit schweigen!
Himmel-an wolle die Süßheit aufsteigen /
herrlich Gott ehrend aus tieffester Klufft.
Seine Genaden und Wunder ausrufft /
wie sie sich mächtig und prächtig erzeigen.
Leset / in weißlichten Blättern der Blüh /
Göttlicher Allmacht ungleichliche Werke.
sehet / in Traidern / die Himmlische Stärke /
die das Blüh-Härlein bewahret ohn Müh.
Göttliche Wunder in allem man siehet /
Wann man den Vorhang der Faulheit aufziehet.

Gott-lobende Frülings-Lust

O Früling / ein Vatter der Heliconinnen /
du Musenfreund / Meister der Weisheit und Lust /
der Künste Cupido / der Pallas ihr Brust!
laß Pegasens Säffte mir kräfftig zurinnen /
auf daß ich mich netz' und ergetze darinnen.
Erfülle das Hirne mit Himmlischem Must /
und mach mir die heimlichen Wunder bewust /
erheblich und löbliche Dinge zusinnen!
Die Göttlichen Werke den Menschen verklär.
erzehl' und entheele sein seltzames schicken.
Entdecke sein Heiliges Wunder-Erquicken.
in allen Welt-theilen sein' Ehre vermehr.
Sey / lieblicher Früling / die freundliche Taub /
Ach bring' uns das frölich Erlaubnuß-Oel-Laub'.

Gott-lobende Frülings-Lust

Saffirener Himmel / Goldglänzende Sonne /
Smaragdene Erden voll Rosen Rubin /
ganz silberne Flüsse / Krystallene Brünn /
Sabäisches Lüfftlein der Frölichkeit Krone /
erklingendes singen der Vögel voll Wonne!
beglücket / erquicket / verzücket den Sinn /

von jrdisch zu Himmlischer Freuden-Stadt-Zinn /
vom Schauplatz der Erden zum Himmlischen Throne:
zu lieben und loben die Göttliche Macht /
die alles mit Wunder besonder erdacht /
die Himmel regieret / die Erden gezieret
mit Blumen und Blättern so mannicher Weiß /
durch künstliche Weißheit / vorsehenden Fleiß /
das Weisheit Liechts Strahlen in allen man spüret.

Gott-lobende Frülings-Lust!

Früling / ein Vorbild vom ewigen Leben /
Spiegel der Jugend / der Freuden Gezelt /
Jährlich-verjüngeter Fönix der Welt /
Athem der Musen / der Huldinnen Weben /
Wonne so alle Ergetzung kan geben /
Goldschmid der Wiesen / und Mahler im Feld /
Kleinod / das niemand erkauffet mit Gelt /
frischer der vieler Herz-frischenden Reben!
sey mir willkommen / ausländischer Gast /
Freuden-Freund / Glückes-Wirt / Diener der Liebe!
sey nur mit Blumen und Blättern gefast /
deine hieherkunfft nicht länger verschiebe!
alle verlangbare Schätze du hast.
Dir ich die Krone der Lieblichkeit giebe.

Gott-lobende Frülings-Lust

Das schöne Blumen-Heer / geht wider um zu Feld /
um Ruch und Farben-Pracht recht in die Welt zu streiten:
des Laubes Lorbeer-sträuch bekränzen's aller seiten.
Dryaden schlagen auf die kühlen Schatten-Zelt.
Es ist mit Lieblichkeit verguldet alle Welt.
Die Freuden-Geister sich ganz in die Lufft ausbreiten.
Die Welt-regierend Krafft / will alls in Freud verleiten.
Die süsse Himmels-Füll sich etwas Erdwerts hält:
Es weist die Ewigkeit ein Fünklein ihrer Schöne /
ein Tröpflein ihres Saffts / ein Stäublein ihrer Zier.
Dis lieblich kosten macht / daß ich mich erst recht sehne /
und lechz mit dürrer Zung' / und heisser Gier nach ihr.
O Früling / Spiegel-Quell / du netzest und ergetzest /
aus Erd in Himmel-Lust die Seele schnell versetzest.

Gott-lobende Frülings-Lust

Durch diese holde Blum / riech' ich des Schöpffers Liebe.
aus jener hohen Farb / strahlt seiner Schönheit Schein.
Er hauchet / mit dem West / mir seine Süßheit ein.
Auf Rosenblättern / er sein sanfftes Herz beschriebe.
Sein Güte / mir zu gut / sich durch die Schoß austriebe.
Es fliest aus seiner Brust der Seeler-Kähle Wein /
macht alle Lieblichkeit vollkommen gut und rein /
die ohn den Lebensgeist ein tode Lust nur bliebe.
Er macht ein Wasserwerk / begiest mit Gnaden Safft
die Sternen-Schal / und machts in uns aus ihnen springen:
von uns / im Jubel-Thron / durch hohe Danckes-Krafft /
die Glück -vermehrten Ström empor auch wider dringen.
Es ist die ewig Ruh allein dahin bemüht /
daß uns in allem Ding ihr Lieb erscheint und blüht.

Gott-lobende Frülings-Lust

Die Bäume nicht allein / mein Herz will auch ausschlagen.
die Hoffnung treibt hervor manch frisches Trostes Blat.
Der hohen Güte Hitz sie aufgeblasen hat.
Es pflegt des Geistes West sie hin und her zu jagen.
Die Freudenblüh folgt auch mit innigem behagen /
versichert / in dem Sinn / der süssen Frucht der That.
Die Hönig-Macherin hat guten raum und statt /
die Gott-erhebend Seel' ihm Lob und Preyß zu sagen.
Sie sauget Safft und Krafft / aus Bücher-Blumen-Brust;
und baut dem Wachs-Pallast / die Leut-erleuchtend Lehre;
erfüllt mit Geistes-Thau / mit Himmel-Hönig-Must /
der Seelen Kählen süß' und fliest zu Gottes Ehre:
was jrdisch hier geschicht / ist Geistlich mir in Sinnen:
nur in das Ewig ziehlt / mein wunder-freud Beginnen.

Gott-lobende Frülings-Lust

Frühling / Fürst der Jahres-Zeiten / allerschönster Sonnen-Sohn /
Rosen-Vatter / komm herzu! schau / die neubekleidten Wiesen
prangen in der Hoffnungs-Farb: Ach erhebe nächst bey diesen
die Grün-weissen Lauberhütten / deinen Blühgestickten Thron.
Aus den bundten Tulipanen / machdie glänzend Lenzen-Kron.
Ach daß die verliebten West von sich Blumen-Biesem bliesen!

Billich / vor dem Steinern Pracht / Gärten-Schmelzwerk wird
  gepriesen /
komme / Früling / frölichs Wesen! dir rufft schon mein
  willkomms-Thon.
Mein' in Ruh verliebte Sinnen / wünschen keinen Hoheit-schein /
als der Sonnen Klarheits-Glanz / seyn in und mit sich vergnüget.
In der Rosen Purpur-Tracht / all ihr Pracht und Hoffart liget.
Bässer ist / als Welt-beherrschen / Tugend ihr Leibeigne seyn
Sorgen frey und Freyheit voll seyn die frischen Kränz der Erden /
hegen süsse Tugend-Ruh: Güldne Regen / Angst-Beschwerden.

Gott-lobende Frülings-Lust

Die Lieblichst Musik ist / wann Zeit' und Freud einstimmen /
wann Herz und Lufft zugleich / still / klar und heiter seyn /
wann man zugleich empfind der Sonn' und Wonne Schein /
wann die Gedanken mit dem Schwalben Wolk-an klimmen /
und mit dem Sternen-Glanz / die Andachts-Funken glimmen.
Dann flicht sich Lorbeer-Lob in alle Saiten ein /
und herrscht der Herzen Heer in seinem Thron allein /
und ist der Tugend Flug erschwungen ihn zu rühmen.
Ich brauche mich der Zeit / O Ewigs Wunder wol /
du Herz-vertheilte Lieb' und eingeherzte Flammen!
Ach unerschöpfte Quell / vollkommen doch beysammen!
ich fühl und will wol viel / kan doch nicht / wie ich sol /
dich preißen: Ach verleih solch überschwänklich Krafft
zu loben / als du mir liest fliessen Freuden-Safft!

Gott-lobende Frülings-Lust

Uber ein Lustbringendes Regenlein

Der Regen schadet nichts / als daß er uns die Lust
nur tausendmal verschönt / und angenemer machet.
Die Sonn / nach hartem Strauß / mit klaren Strahlen lachet.
der Himmel seuget nur die Erd mit seiner Brust.
Er ist der Nectar Tranck / der Lust-erweckend Must.
Er schläfft die Sonne ein / daß sie nur frischer wachet.
Der kurz-verdeckte Schein / mehr Gier und Zier ursachet;
Entziehung / wünschen mehrt; wie jederman bewust.
Er ist des Himmelsgeist / der sich hell distilliret:
der Balsam / der die Welt mit Blumen Ruh erfüllt /

wann Gott der Wolken Glaß zerbricht / mit Freuden quillt;
Als Himmlische Tinctur / mit Gold die Erden zieret.
Es ist der Segensafft / aus Gottes Mund herfliesset:
des Wollust-Nutzbarkeit / das ganze Land geniesset!

Sonnen-Lob

Du Sternen-Käiserinn / des Himmels wehrte Krone /
das Aug der grossen Welt / der ganzen Erden Seel /
der Strahlen Mittel-Punct / die Lust- und Schönheit Quell /
das Leben aller Ding / der Klarheit Strahlen Throne /
du Leut-Erleuchterin / du Schatz-Haus aller Wonne /
des Höchsten Spiegel Glaß / (nichts zeigt ihn also hell /)
der stäten Regung Bild durch deine schnelle Schnell' /
du göldner Wunder Brunn / du sonderliche Sonne!
Ein Schiff / auf dem uns Gott die Lebens Güter schickt;
sein Wagen / der zu uns den Himmels-Seegen führet;
der Zeiten König bist / der Tag' und Jahr regiert /
des edle Gegenwart die Länder sehr erquickt
du schöner Segen-Baum / den Gottes Hand gepflanzet!
aus deiner Strahlen-Blüh / des Schöpffers Schönhet glanzet.

Uber das kleine wolbekandte Blümlein: Vergiß mein nicht

Schönes Blümlein! deine Farbe / zeigt des Höchsten Hoheit an /
als spräch sie: vergiß mein nicht / du / dem also hoch beliebet
dieser Erden Eitelkeit / die doch endlich nur betrübet.
Wisse / daß man / meiner denkend / wol vergnüget leben kan.
Von dir kleinem Sitten-Lehrer lern' Geheimnus jederman.
Deiner Blätlein fünffte Zahl / in mir die Gedächtnus übet
ihre fünff ergebne Sinn / und sie durch betrachten schiebet
in die fünff hochwehrten Wunden / welche unsre Lebens-Bahn.
Deines Krauts und Stängels grün lehret / daß wir hoffen sollen /
Gott werd' unser nicht vergessen / ob wir wol auf Erden seyn /
unter manchem Creutz und Vnglück / werd auch bald zu sich uns
    holen.
Ach vergiß mein nicht / O Schöpffer! deine Hülf auch mir erschein'.
Ist doch meiner Hoffnung Safft / her aus deinem Wort gequollen /
in dir liget grosse Weißheit / Blümlein / wärstu noch so klein!

Auf den Geistlichen Wortes-Donner: im grösten Donnerwetter / im Garten

Du starker Donner-Gott! gib deinem Donner-Krafft /
dem Herz durchdringungs-Wort; daß man die Geistes-Blitze
darauf erblick' / und fühl' auch die Einschlagungs Hitze /
daß allen Herzen-Stolz es strack danider rafft!
das Donner-prastlen hat Bekehrungs-Eigenschafft /
weil Gottes Gegenwart im Schrecken hat den Sitze.
Es ist voll Fruchtbarkeit diß schröcklich Lufft geschütze:
So ist sein Eyfer auch mit Gnaden-Krafft behafft.
Der Wunder-Strahl / sein Wort / verletzt der Seelen klingen /
dem Leib die scheiden nicht; das stark' ist nur sein Ziel.
Sein Geist-Subtiligkeit kan unvermerkt durchdringen.
Zu zeiten durch den Schall zu fällen ihm gefiel.
Behüt uns nur / O Gott / vor Wolken Donnerschlägen:
Durch deine Wortstreich wollst bekehrend uns erlegen!

Auf die liebliche Sommer- und Ernde-Zeit

O Wunder-Gottes Güt! die in die Erd sich senket.
Sie grünt und prangt hervor / in Nahrung-reicher Art.
die Allmacht hat mit ihr sich in die Erd gepaart:
aus deren Würkung Gott / uns diese Gaben schenket.
bey iedem Sichelschnitt / ists billig / daß man denket
an Gottes Gnaden Mäng' und Lob zum wundern schaart.
So wenig ja den Dank / als er den Segen / spaart!
sein Gnaden-Herz sich ganz auf uns zu giessen lenket.
Ein schallends Ehren-Lob soll aus den Halmen gehn /
weil seiner Ehren voll die Erd' / und was sie träget.
Am Lebens Mastbaum soll der Lobes-Segel stehn:
Der Freuden-Seufzer-Wind ihn lieblich süß beweget.
So sammlet Gottes Lieb / durch diese Erdenfrücht:
und schüttet dafür aus / sein Lieb- und Lob-Gerücht!

Auf eben dieselbe

Du tägliches Wunder und Gnaden-Beginnen /
du Erde voll heimlich und Himmlischer Krafft /
voll unseres Lebens und Hortes Wort-Safft!
die Göttlichen Strahlen Lieb-wallen darinnen /
biß daß sie gekörnet den Ausgang gewinnen /

mit sättigem Segen und Leben behafft /
den unsere sichere Sichel weg rafft.
Sein Gnaden-Lob lässet sich niemal aussinnen.
Man fühlet / mit Essen / sein Lieblichkeits-Lust.
in jeglichem Bröslein ist Allmacht vorhanden.
Es wär uns kein Segen noch Leben bewust /
wann jene nicht neben den Speißen gestanden.
Das Sichtbare / weiset unsichtbare Ding /
daß jenes aus diesem unmerkbar entspring.

Auf den Kornschnitt

Schneidet / schneidet ab mit Freuden / was der milde Himmel gibt
  /
die verguldte Lebens-Kron / fechsnet ietzund in die Scheuren:
Gott wird sie / wie auf dem Feld / segnen auch in euren Mäuren.
Dem Allwesenden / durch diese / auch zu uns zukommen liebt.
Die vermenschet' Allheit nachmals / in dem Brod / in uns sich schiebt
  /
bey dem Gottes-Wunder-Tisch / durch ihr starkes Lieb-anfeuren.
Dieses Gott- nit Engel-Brod / laß die Sünde nicht versäuren!
Ewig es begabt und labet / alles anders bald verstübt.
Zwar es ist hoch dankens wehrt / auch das Leiblich Segen-geben.
Doch ach! was die Seel' ergetzet / äusserst zu erwünschen ist.
Schatten / Pfeil / und Flügel-Art ist / mit seinem Gut / diß Leben.
Gib mir / was du wilt / von diesem: nur das / was du selber bist /
Seeligkeit und Ewigs Gut / bitt ich / mir nit zuversagen.
Wer nur nach dem Höchsten zielt / wird das kleine schon erjagen.

Auf die Fruchtbringende Herbst-Zeit

Freud'-erfüller / Früchte-bringer / vielbeglückter Jahres-Koch /
Grünung-Blüh und Zeitung-Ziel / Werkbeseeltes Lustverlangen!
lange Hoffnung / ist in dir in die That-Erweisung gangen.
Ohne dich / wird nur beschauet / aber nichts genossen noch.
Du Vollkommenheit der Zeiten! mache bald vollkommen doch /
was von Blüh' und Wachstums-Krafft halbes Leben schon empfangen.
Deine Würkung kan allein mit der Werk-Vollziehung prangen.
Wehrter Zeiten-Schatz! ach bringe jenes blühen auch so hoch /
schütt' aus deinem reichen Horn hochverhoffte Freuden-Früchte.
Lieblich füsser Mund-Ergetzer! lab' auch unsern Geist zugleich:
so erhebt mit jenen er deiner Früchte Ruhm-Gerüchte.

zeitig die verlangten Zeiten / in dem Oberherrschungs-Reich.
Laß die Anlas-Kerne schwarz / Schickungs-Aepffel safftig werden:
daß man Gottes Gnaden- Frücht froh geniest und isst auf Erden.

Christliche Abend-Gedanken

Der Sonnen Purpur-Flamm' ist in das Wasser gangen:
des Höchsten Gnaden- Liecht ist noch in vollem Schein;
es bleibt / nicht nur wann Sonn' und Tag' hinunter seyn /
besonder ewiglich pflegt es uns zu umfangen.
O klarer Seelen Glanz! laß mich mit dir auch prangen /
wann Sternen / Sonn' und Mond / Erd / Himmel / fället ein
am Ewig-Jüngsten Tag / bewahrt vor aller Pein:
dann laß in deinem Liecht / mein Antlitz / Liecht erlangen.
Es hat das Sternen-Feld nicht so viel Schimmer-blick /
als Gottes Vorsicht Aug' vor uns Erhaltungs-Sorgen.
In deinem Schutzgezelt / vor ganzer Welt voll Tück /
lebt man gesichert frey / ohn' alle Sorg / verborgen.
Dein' Allmacht-Hand regirt / auch schlaffend / unser Glück.
Die Gnad bleibt ewiglich / wird neu noch alle Morgen.

Gänzliche Ergebung in Gottes Willen

Ich überreiche dir das Zepter meines Willen:
Ach nimm es gnädig an / allweißer Herz-Regent!
gib / daß nach deinem es werd ewiglich gewendt.
Laß dessen Gierden-Flamm stäts nach der Höhe zielen.
Dein' unerforschte Weg' und seltnes Wunder spielen /
dein Raht / verderbt mir nichts / wann er mich schon verblendt:
durch Flüss' und Flammen durch / ungläublich er offt lendt /
nicht netzet noch verletzt / die ihm zur Lust gefielen.
Wer wolte nicht sein Schiff demselben gern vertrauen /
der mitten auf dem Meer kan sichern Hafen bauen /
ja dessen Wort den Port kan schaffen / wo es will.
Deß Odem / Wind nach Wunsch und angenehme Still
selbselbsten gibt und hat / wie kan mich der verleiten /
der nie kan aus sich selbst / als aus dem guten / schreiten?

Auf die unaufhörliche Gottes- und Tugend-Liebe

Wann Aethna / Speiß-beraubt / aufhörete zu brennen;
das schwallend-wallend Meer / ließ den beschwemten Grund;

wann Thetis-Wohnplatz / wo jetzt Adler schweben / stund;
wann man / vor Wellen / nicht die Alpen mehr wird kennen;
wann sich der kleine Beer vom Angelstern würd trennen /
nach dem des Eisens Ziel zu wenden sich begunnt;
wann alles Wechsel trieb' / im Wunder bunten Rund:
So bleibt doch meine Treu im Himmel-stäten rennen.
Der Geist / so Himmlisch ist / folgt seinem Vrsprung-Trieb:
es mag vergänglichkeit / so bald sie will / vergehen.
Dann Ewig / gleich wie Er / bleibt seine Frucht / die Lieb.
Kein Irdischheit sich darff zu dämpffen unterstehen /
was Tugend in den Bund mit Ewigkeit verschrieb.
Die Welt wird diesen nie / wie Er sie / brechen sehen.

Wunsch-Gedanken / in Anschauung des Gestirnten Himmels

Du schöne Sternen Stadt! wann werd ich dich bewohnen?
wann wird / zwar unverdient / Saturnus unter mir
und meinen Füssen stehn / mit seiner Kinder Zier?
wann werd' ich frölichst seyn / dort bey dem Chor der Thronen /
geziert mit Klarheit-Pracht und Gottes Strahlen Kronen /
die ich schon glaubend sih / und gwiß verhoffe hier?
du andern schröckliche / mir aber süsse Thür /
du Himmels-Portner / Tod / darffst meiner nicht verschonen:
gar gern verzeih' ich dir dein tödten / das belebt.
nur feige Herzen sich vor dir erschrocken zeigen.
Wann Himmels-Herzheit herrscht / muß Furcht und Blödheit
    schweigen.
Kein Fahr noch sterben acht / wer nach was hohes strebt.
Ein weiches Blätlein nur / kein fester Felse / bebt.
Tod! dein vernichten / muß zu Engels-Art erzweigen.

Verlangen / nach der herrlichen Ewigkeit

Schwing dich / meine Seel' / in Himmel / aus der Eitlen Zeitlichkeit!
schwing dich hin / woher du kommst / wo du auch wirst wider
    bleiben.
Wollst mit süsser Denke-Lust deine weil diewweil vertreiben:
biß du wirst ergetzt / versetzet in die Zeit-befreyte Zeit.
Ach ich meyn die Ewig-Ewig-Ewig-Ewig-Ewigkeit /
in die der belebend Tod wird entleibend einverleiben.
Vnterdessen soll mein'Hand was von ihrer Hoheit schreiben /
von der nie gefühlten Fülle / ihrer Erz-Herz-süssen Freud.

Krafft und Safft der Ewigkeit / die aus und mit dir entsprungen /
der du Vnursprünglich lebest und dahero Ewig bist!
log die künfftig Wunder-Wonn' in den Mund und auf die Zungen
daß ich klärlich herrlich schreibe / wie dein will ohn Ziel dort ist /
uns mit dir / dem höchsten Gut / zu vereinen unverdrungen.
Komme wider / komm hernider / zum Gericht gerüster Christ!

Vorgebildete Erblickung / der Herrlichkeit Gottes

O Glanz / der ganz durchhellt! ach ausgestrahltes All /
entdeckte Göttlichkeit / entblöste Wunder-Mänge /
du lieblichst zarte Lieb / du Pracht und Macht Gepränge!
du all-erleuchtends Liecht / du Geist-durchblitzter Strahl /
nur Fünklein- weiß erkandt in jenem Erden-Ball!
dort warestu verhüllt in Wort- und Bunds-Vorhänge:
Nun bistu offenbar. Die Jubel-Lob-Gesänge
erheben deinen Ruhm mit offt erholtem Schall /
O Heilig-hoher Gott / verzuckbar schönes Wesen /
du aller Gier und Wunsch / allein bezieltes Ziel!
du machst auf alle weiß / wie man nur will / genesen.
Mit Güt-Austheilung hast dein Ewigs Freuden-Spiel /
und willst mit Fleiß den Preiß der Tugend auserlesen /
die dir aus Gunst in uns zu würken vor gefiel.

Uber die Unendlichkeit Gottes

Du ungeendter Gott / doch einigs End und Ziel /
des Wunder-bunten Runds! das ganze Wesen gehet
aus dir! und auch in dich: in dir sein Ziel bestehet /
der du / unzielbar selbst / hast doch damit dein Spiel.
Weil auch in mich ein Strahl zu schiessen dir gefiel
von deinem Vnursprung / den Geist mir eingewehet:
so gib / daß er sich stäts zu seinem Ziel erhöhet.
Laß sein Vrwesen ihn aufziehen gar subtil.
Ach gib ihm / wann das End der Endlichkeit vorhanden /
ich meyn / des Erden-Theils des Leibes: daß er sich
recht schwing' in seinen Punct / entfreyt von eitlen Banden /
Leb / wo von Ewigkeit er war auch ewiglich!
zum Gegen-Ziel / zur Höll / laß ihn nicht seyn entstanden!
Gib / daß dein Will / mein Heil / fort geh' und ich in dich.

Der Teutschen Uranie, Himmel-abstammend- und Himmel-aufflammender Kunst-Gesang in Funfzig Liedern: untermischt mit allerhand Kunst-Gedanken

1. Uber meine einig- und äusserst-geliebte Seelen-Göttin / die Himmlische Deoglori

1.

Deoglori, Himmels Zier /
und der Erden wehrte Sonne /
meiner Seelen Seel und Wonne /
mein verlangen Wunsch und Gier /
mein Herz-auserlesnes Leben!
dir bin ich so gar ergeben /
daß mit Freuden / dir zu lieb /
ich Leib / Gut und Blut aufgib.

2.

Ach du meine Denke-Lust /
meiner Sinnen Sehnungs-Ziele /
meines Geistes Freuden-Spiele /
ohne die mir nichts bewust!
wann werd' ich das Nectar-fliessen
deiner Gegenwart geniessen?
wann wird / schönster Strahlen-Schein /
deine Klarheit bey mir seyn?

3.

Wann im Sternen-bunten Thron
ich im höchsten Grad solt schweben;
wann das Glück mich wolt erheben /
gäb mir aller Kronen Kron;
wann ich Cäsars Welt-besiegen /
oder dich / mein Lieb / solt kriegen:
wär es (O der Liebes-Macht!)
gegen dich vor nichts geacht.

4.

Deoglori bleibt mein Herz /
wann auch meines längst verwesen.
Sie hab' ich so fäst erlesen /
daß kein Welt-ersinnter Schmerz /
keine Mensch-erdenklichkeiten /
sie vermögen auszureuten.
Alles / alles ist umsonst
auszulöschen meine Brunst.

5.

Ach mein Seel-versenktes süß /
ein-geherzte Freuden-Flammen!
viel eh ich den Lebens-Stammen /
als dein Bild / verletzen ließ.
keine Trennung nicht empfinder
das / was selbst der Himmel bindet.
Unauflösllich ist / das Band
von der Welt-Erbauungs-Hand.

6.

Komme / mein erseufzter Trost!
mich recht Englisch froh zumachen /
Ach beglückte Müh' und wachen /
ob ihr mich viel Krafft gekost!
tausendfach-belohntes sehnen!
Nectar-süß ergetzte Thränen!
Ach der überschwänglich Sieg!
wann ich *Deoglori* krieg.

1. Uber das Sinnbild / Ein die Welt-Kugel beschauender Adler

Die Göttliche Weißheit all Sachen regiret /
die kuglichte Erden weiß- wunderlich führet.
Alls wendet und lendet und endet der Herr:
den seinen zum bästen / und Göttlicher Ehr.

2. Lob-Lied / Der schönen Euthymia oder Gemüts-Ruhe

1.

Schöne Euthymia / zierde der Tugend /
Schätzbares Kleinod / wolständig der Jugend /

theuer und schätzbar zu unseren Zeiten /
Siegerin aller Entpörung und Streiten!

2.

Alle die Speisen die kanstu versüssen /
daß wir sie seelig und frölich geniessen.
Deine Gesellschafft dermassen ergötzet /
daß sie die Einöd der Wüsten ersetzet.

3.

Holde Ergetzerin ängstiger Sorgen /
was schon vorhanden auch künfftig verborgen!
einige Hüterin alles vergnügen /
künstlich und dienstliches Werkzeug zum siegen!

4.

Mächtig- und prächtige König-Reichswürden /
weichenden reinesten Himmels-Begierden /
Wunder der schönen / dich einig zu lieben.
wer dich besitzet / lebt ohne betrüben.

5.

Zepter und Kronen / Lufftflüchtige Ehren /
Glückes-begünsten / wie Monden / verkehren;
Sieges Prachts-Fahnen und Palmen vergehen:
meine Euthymia Ewig bleibt stehen.

6.

Spiegel ja rechtes selbständiges Wesen
höhestes Glückes / so machet genesen!
Wenderin aller Herz-plagenden Sachen!
nimmermehr lästu den Kummer erwachen.

7.

Herzens-Beherrscherin / Fürstin der Sinnen /
Herzogin meiner Gedanken beginnen!
höchlich verlang' ich / dir dienend zusterben /
wann ich nur könte dein beyseyn erwerben.

2. Uber den / durch alles Ungewitter / der Sonne zufliegenden Adler

Der Adler den Aufflug zur Sonnen hinkehret /
kein Donnerstrahl / Blitze noch Regen ihm wehret:
durch stürmendes Vnglück / und feurige Noht
dich schwinge / und dringe zum ewigen Gott.

3. Der H. Jungfrau Maria / Wiegenlied / wie sie dem lieben Jesulein vermuhtbar zugesungen

1.

Schlaff / du Edle Seelen-Ruh /
schließ die Herzen-Liechter zu!
komm / mein Joseph / hilff mir wiegen
mein und aller Welt vergnügen!
ich hab' in den Armen hie /
den die Welt beschlosse nie.
In dem Herzen / in der Krippen /
mit den Händen / Sinn und Lippen /
wieg ich dich /
sänfftiglich.
Schlaff du süsse Seelen-Ruh /
schließ die Herzen Liechter zu!

2.

Schlaff du stille Seelen-Ruh /
schließ die Herzen-Liechter zu!
Du / dem sonst der Engel Säiten
eine Music zubereiten /
den der Himmel süsse Zier
lobt und ehret für und für.
Laß mein Herz-ergossnes singen
wol in deinen Ohren klingen /
schönstes Kind /
schlaff geschwind /
schlaff du Edle Seelen Ruh /
schließ die Hertzen Liechter zu!

3.

Schlaff du stille Seelen-Ruh /
schließ die Herzen-Liechter zu!

schlaff du meiner Keuschheit Krone /
Gottes und der Engel Wonne!
schlaff mein Kind! mein Vatter schlaff /
und uns allen Ruh verschaff.
auch im Schlaff er vor uns wachet /
unsre Wolfart blühen machet /
mit Begier
für und für.
schlaff du sanffte Seelen-Ruh /
schließ die Herzen-Liechter zu!

4.

Schlaff du süsse Seelen-Ruh /
schließ die Herzen-Liechter zu!
helle Sonn / laß dir gefallen /
einzuhalten deine Strahlen.
Kommt die Zeit / so wird der Blitz /
deiner Gottheit Macht und Hitz
alle Welt mit Glanz erfüllen /
nach bestimmtem Gottes willen.
Engel / singt /
spielt und klingt:
schlaff du holde Seelen-Ruh /
schließ die Herzen-Liechter zu!

5.

Jetzt schläfft unsre Seelen-Ruh /
schliest die Herzen-Liechter zu.
Doch sein Herz bleibt ewig offen /
wer nur fäst in ihn kan hoffen.
Der den Tod zum Schlaff gemacht /
und vor unser Glück stäts wacht /
der das Glücke schlaffend gibet
seinen Freunden / die er liebet;
schläfft ietzund:
daß er kund
werden unsre Seelen-Ruh /
schliesset er die Augen zu.

4. Neu Jahr-Lied

1.

Herr Jesu! hilff das Jahr anfangen /
mit Gottes-Furcht und wahrer Lieb!
ach lasse mich nur dich verlangen:
daß alles / was ich würk' und üb' /
ersprüß zu deines Namens Ehr'.
Ach Jesu / mir nur dis gewähr!

2.

Erfüll' / O Hort / mein Herz mit Glauben /
die Seele mit dem höchstem Gut /
das keine Macht noch List könn rauben;
mit Geistes-Freud / den blöden Muht;
den Mund / mit deines Namens Ehr' /
in Freud' und Leid: Herr / mich gewähr!

3.

Richr meine Füß' in deine Wege /
zu wandlen auf der Tugend-Bahn;
und zeige mir die schmalen Stege /
darauf man langet Himmel an!
richt meinen Gang' zu deiner Ehr' /
und führ' ihn aus: Herr mich gewähr!

4.

Herr / laß mein offt-erseufztes Flehen
gelangen doch vor deinen Thron /
und mir Elenden Hülf geschehen /
daß mir aufgeh ein Gnaden-Sonn.
O Jesu / mich diß Jahr gewähr
deß / was hier dient zu deiner Ehr.

5.

In deine nie-versagte Güte
befehl ich Seel / Ehr / Leib und Freund.
Durch deine Allmacht uns behüte /
bekehr' auch gnädigst unsre Feind.
Ach es gereicht zu deiner Ehr'
und unsrem Heil: drum mich gewähr.

6.

Wann dir / zu proben mich / beliebet /
an irgend einem Unglück-Stein /
auf daß mein Glaube werd geübet:
so giebe / daß er rein mag seyn;
daß sich mein Creutz / zu deiner Ehr'
erstrecken müß! O mich gewähr!

7.

Ja kurz / all meiner Sinne sinnen /
des Herzens Wunsch / der Lippen Wort /
der Hände Werck / all mein beginnen /
gereiche dir / O höchster Hort /
zu deines süssen Namens Ehr'!
in allen mich diß Jahr gewähr.

3. Auf das Neue Jahr!

Jesus.

Jesum jetzund jubiliret /
Engel-Ehnlichst ehret!
Seine sanffte Süßheit spühret
Unser Volk vermehret.
Solchem Sieg solennisiret!

4.

Jesus / Tugend / Ehr und Glück / helffen mir das Jahr anfangen
seelig / löblich / rühmlich / froh / daß dadurch ich mög' erlangen
Ruh' / Ergetzung / Trost und Freud'. Ach ich will mit diesen prangen
/
wann die nunmehr zeitig Zeit seyn wird / wie der Rauch / vergangen.

5. Neu-Jahrs-Gedanken

1.

Jesu! steh mir bey /
je Hund auf das neu!
Dir ich mich / diß Jahr /
schenke ganz und gar.
Deiner Gnaden Krafft /

mache mich sieghafft:
daß ich deine Ehr /
mehre mehr und mehr.
Jesu! sey mächtig in Armen und Schwachen.
daß sie dein Lobe laut-kundbar bald machen.

2.

Tugend / wehrtes Gut!
bersch' in meinem Muht.
gib / daß meine Gier
einig steh zu dir.
Mach durch deine Zucht
reiff / der Ehren Frucht.
Schmelz der Laster Schnee /
daß er bald vergeh.
Sonne der Tugend! wirff hitzige Strahlen /
daß sie mein Leben mit Ehren bemahlen!

3.

Weißheit! komm zu mir /
werde meine Zier.
Deiner Süßheit Brust /
tränke mich mit Lust.
Deiner Gnaden Liecht /
mich stärs unterricht.
Meiner Wörter Schall /
sey dein Pfeil und Strahl:
daß sie bekriegen und siegen mit ehren /
alle / die Freyheit und Ruhe verstören.

5.

Jesu! schweb' in meinen Sinnen /
wie die Erd' im Luffte-Kreiß.
Segne meiner Wert beginnen.
Schenk mir / dir zu Preiß / den Preiß.
Sey mein Mittel-Punct und Ziel /
daß (ich mache was ich will /)
muß mit dir mein Herz anheben /
mit dir enden auch / mein Leben!

6. Andacht-Bereitung / zur Betrachtung des H. Leidens Christi: Als ich die Französische Astree beyseit gelegt

1.

Weg / Eytelkeit!
du must bey seit /
der Andacht Platz zu machen;
daß das Sünd-entschlummert Herz
mög zu Gott erwachen.

2.

Weg / Scherz und Spiel!
jetzt ist mein Ziel
auf Christi Creutz gerichtet:
weil sein unerhörte Lieb
mich dazu verpflichtet!

3.

Weg / Zier und Pracht!
Schmuck / gute Nacht!
ich will den Sack anziehen /
und der Laster Uppigkeit
durch die Buße fliehen.

4.

Astrea schön!
ich laß dich stehn:
den Seelen-Hirt zu lieben.
Er / der rechte Celadon /
ist beständig blieben.

5.

Am Bach Kidron /
vor dem Lignon /
will ich mich jetzt begeben:
weil an ihm sein Leben ende
meines Lebens Leben.

6.

Sein Creutz ist nun
Liebs-Warheit Brunn:
wo wird mit Freud erblicket /

wie der schönste Gottes Sohn
ist mit Lieb verstricket.

7.

Der Leuen Grimm /
durch seine Stimm /
er sterbend macht zu steinen:
auf daß könt' / an seinem Blut /
Gottes Lieb erscheinen.

8.

Ich schreib mit Fug:
es ist genug!
Gott ist nunmehr vergnüget.
Zeit ists / daß auf seinen Schmerz
er mit Freuden sieget.

9.

Du Königs Sohn /
Roseleon!
bist auch in Lieb gefangen!
an deins Wortes Degen- Spitz'
alle Reich' auch bangen.

10.

Liebhaber / weicht!
dann keiner gleicht
dem Herren Christ / im lieben.
Alles ist ein kühles Thau /
was von euch geschrieben.

11.

Nun komm / mein Schatz!
du hast schon Platz:
mein Herz gehört dir eigen.
In mir muß jetzund die Welt /
dich zu hören / schweigen.

7. Uber das H. Leiden Jesu Christi

1.

Mein Herze! wollst dich machen /
von eytlen Sachen /zu Christo deinem Gott!
betracht mit fleiß /
erweg' in deinem Herzen
desselben grossen Schmerzen.
Ihn Herzlich preiß' /
um alle seine Noht.

2.

Herr Jesu / deine Wunden /
zu allen Stunden /
erquicken meinen Muht.
Es ist meine Lust /
dein Leiden zu bedencken /
dir Lob und Dank für schenken.
mir ist bewust /
daß mich erlöst dein Blut.

3.

Der / so nicht gar von steinen /
muß ja beweinen /
Herr / deine grosse Qual.
Es ist dein' Angst
unmüglich zu ersinnen.
Dein Herz möcht dir zerrinnen /
da du bezwangst
der Sünd' und Teuffel Schwall.

4.

Zu allem diesem triebe
dich deine Liebe /
die du zu uns gehabt.
Der brünstig Geist
macht dich das eigne Leben
vor unsre Wolfart geben.
Ach! dieses heist /
mit eignem Blut gelabt!

5.

Herr! deiner grossen Treue
ich mich erfreue /
an meinem letzten End.
In süsser Ruh /
will ich mit tausend Freuden
von dieser Welt abscheiden.
Die Höll' ist zu /
wann ich zu dir mich wend.

6.

Was soll' ich dir verehren:
ich will bekehren
mein Herz' und böse Werck.
Ich will hinfort
in deinen Wegen gehen /
den Sünden widerstehen /
mit Gottes Wort.
O Herr / verleih mir Stärk!

6. Wider verhoffen / in Hoffnung

Voll getröster Hoffnung leben / in des Glücks Verzweiflungs Zeit /
ist ein Kunst- und Wunderstücke des Entzünders aller Freud.
Wie die Irdisch- helle Sonn' offt durch dicke Wolken strahlet:
so der Himmlisch Freuden-Blitz / in der Noht die Hülff vormahlet.
Durch der Sonne Würkungs-Kräffte / wird das Gold im Berg bereit /
keinen Schein sieht man zwar drinnen: Eben die Gelegenheit
hat es / in der Höchsten Noht / mit dem unverhofften Hoffen /
ist euch schon sein Raht verdeckt / steht der Hülff der Weg doch
offen.

8. Auch auf das H. Leiden Christi

1.

Greiff-betrachter Wunder-Raht!
wer kan ihn recht ausdenken:
O Gott-allein nur- eigne That!
den ärgsten Feinden schenken /
sein einig Herz-geliebtes Kind:
zu tilgen aller Menschen Sünd;

auch zu erleiden Hohn und Spott /
ja gar den tod;
uns zu erlösen aus der Noht.

2.

Der alle Welt mit seinem Wort
erschaffen und regieret /
der Heiligkeit und Tugend Hort /
gefänglich wird geführet /
ja der der Erden Heil gesucht /
wird von- und auf ihr selbst verflucht /
der allerheiligst Gottes Sohn /
den Himmels Thron
verließ / und litte Schmach und Hohn.

3.

Den aller Engel Heer umgab' /
auch Cherubin anbeten /
der so mit seiner Allmacht Stab
kond' Israel erretten /
der alles kan / was er nur will:
steht wie ein Lämblein stät und still /
als ihm die böse Rott bekriegt
und falsch an ligt.
Erbschweigend' und besieget siegt.

4.

Der alle König' eingesetzt /
ja der mit Himmels Kronen
von seinem Vatter wird ergetzt /
der Herrscher über Thronen /
wird von den Motten hie verlacht
und von den Thoren ganz veracht.
Der Warheit Mund man glaubet nicht.
Das Urtheil spricht:
die Heiligkeit werd' hingericht!

5.

Die Hand / so auch den Himmel hat
umspannet und getragen /
wird von der Rott (O Frefel That!)
mit Nägeln angeschlagen.

Die Füsse / so die Tugend-Bahn
nur giengen / man auch nagelt an /
diß nicht genug; sein Haupt man stach /
O Schmerz! ach! ach!
mit Dornen / daß das Blut herbrach.

6.

Es hänget an dem Creutzes-Stamm
ganz blutig / voller Striemen /
das unbefleckte Gottes-Lamm:
ach last uns das hoch rühmen!
sein Tod / uns ewiglich belebt.
Sein neigend Haupt / uns all' erhebt.
Des Herzens Blut-Brunn öffnet sich /
im Seiten Stich.
O Herr! wer dankt dir würdiglich?

7. Der Herr kennet den Weg der Gerechten

Ps. 1. v. 6.

Freylich kennt er jhren Weg: solt Gott seinen Sohn nicht kennen /
welcher der Gerechten Straß / drauff sie all gen Himmel rennen?
was traumt ihr denn / umzustossen / ihr Verächter / unsern Gang?
Christ ist unser Weg und Warheit / darum ist uns gar nit bang.

9. Jesum-Lobendes Liebe-Lied

1.

Ich lobe Gott / und mache klingen
den vielbeliebten Lobes-Schall.
Zu Jesu süß will ich mich schwingen:
durch seinen Geist es ihm gefal.
Der mach' / im süssen Liebgeruch /
auf-opffern diesen Lobe-Spruch.

2.

Ich kan dich nicht genug erheben /
O Jesu / mein Lieb / Herz und Seel /
mein Freud / mein Trost! und einigs Leben /
auf den ich meine Hoffnung zehl!

du Herz-erleuchtend Freuden-Liecht /
mach alle Traurigkeit zu nicht.

3.

Was Preiß / was Ruhm und Lobgedichte /
ist mein geliebter Jesus wehrt!
zu dessen Ehr' und Dienst ich richte
die Gaben / so er mir verehrt:
und wünsche / daß der Erden Kreiß
voll werde seiner Ehren Preiß.

4.

Wie höchlich hastu mich geliebet /
O mein geliebter Jesu Christ!
vor mich biß in den Tod betrübet /
ja gar vor mich gestorben bist /
des Teuffels und der Höllen Reich
zerstöret auf einmal zugleich.

5.

Du hast auch mit Triumph besieget
die Sünde / Tod / und Teufel all /
Gesetzes-Schuld genug vergnüget /
hernach mit Freuden ohne Zahl /
wie Jonas / der im Wallfisch lag /
entstanden an dem dritten Tag.

6.

Mit Wonne jauchz- und jubiliren /
hast du in Himmel dich erhebt:
dort ewiglich zu triumphiren /
wo volle Freud und Wollust schwebt;
uns zu beglücken mitler Zeit /
mit deines Geistes Lieblichkeit.

7.

Die Feuer-Lieb- und Andacht-Strahlen
schiest du mir täglich in mein Herz /
machst mir die Göttlich Weiß gefallen
in Unlust / Zweiffel / Furcht und Schmerz /
und leitest mich zu jederzeit
im Glauben / Lieb / Beständigkeit.

8.

Mit diesem allen nicht vergnüget /
gibst mir auch deinen Leib und Blut:
daß alle Feind bald übersteget /
genug vor meine Sünde thut
die viel-bewehrte Seelen-Speiß /
auf dieser eitlen Erden-Reiß.

9.

O Jesu / süß in deinen Werken /
in deiner Schickung wunderbar!
wollst / wie bißher / hinfür mich stärken /
im Leid und Freud / Lust und Gefahr.
Gib / daß dein einig-weißer Will
sey mein gestecktes Lebens-Ziel.

10. Uber des Himmlischen Seelen-Bräutigams Vollkommenheit

1.

O Jesu / alles Leids Ergetzer /
O schöner Himmels-Bräutigam!
ach in die höchste Ruh Versetzer /
durch Brennung deiner Liebe Flamm!
auf Erden ist kein solche Glut /
die ohne kränken hitzt den Muht.

2.

O Liebe / der nichts zu vergleichen /
die alle Welt-Lieb' übertrifft!
es kan dein Lob ja nicht erreichen
mein ungeschickte schlechte Schrifft /
wird mir mein Herz von dir getränkt:
viel Seufzer / statt der Wort / es schenkt.

3.

Will ich mich mit der Schön vergnügen:
so bistu schöner als die Sonn.
verlang' ich einen Held zu kriegen /
gelüstet mich nach einer Kron:
du bist der Held / der alls erlegt /
der unverwelkte Kronen trägt.

4.

Beliebt mir ein getreue Seele /
die auch im Tod mich nicht verließ:
an dir ich eine solche wähle /
weil du / als mich die Sünd verstieß /
mich löstest aus der Höllen Noht
so gar mit deinem Blut und Tod.

5.

Erkies' ich mir dann einen Weißen /
der auch zu gleich ein Dichter ist:
so muß ich deine Weißheit preißen /
die auch die Himmel zugerüst;
es ist / dein allersüßter Mund /
der Dicht-Kunst Ursprung / Brunn und Grund.

6.

Wann ich mich sehne nach der Tugend:
nehm' ich nur dich / du Tugend-Ziel.
Gelustet mich denn nach der Jugend:
so hab' ich dich auch / wie ich wil /
ja kürzlich was zu wünschen ist /
hab' ich an dir / Herr Jesu Christ!

7.

Mein Schatz / mein Herz / mein Lieb' und Leben /
mein schönster Held und Himmels-Fürst /
O Herz / der Treu und Witz ergeben!
nach deiner Gunst mich häfftig dürst.
mein höchste Lust ist die allein:
ewig in dich verliebt zu seyn.

8. Der im Himmel sitzt / lachet ihr / und der Herr spottet ihr /

Ps. 2. v. 4.

Der den Schickungs-Zaum im Händen hat / und wendet wie er will
/
lacht der tollen Welt-Beginnen / hält ihr' Anschläg vor ein Spiel.
Wie der Kinder Karten-Bau / so ist jener Hochmuths Prallen:
bau man es / so hoch man will; bläst er drein / so muß es fallen.

Gott hat noch wol ein Aegypten / daß er Joseph mit ergetzt /
und der Brüder Bnterdruckung in erhabne Ehr versetzt.

11. Uber Gottes gnädige Regierung

1.

Jesu / meine Freud und Wonne /
meiner Hoffnung fäster Hort!
Jesu / meine Glückes-Sonne /
meine Hoffnung hie und dort!
dir befihlich meine Sachen:
hoffend / du werdstes wolmachen.

2.

Ach wie werd' ich mich noch freuen /
wann mir hilfft dein Angesicht!
Ewig müß' es die gereuen /
welche dir vertrauen nicht.
Wol mir! du wirst meine Sachen
mir ganz löblich glücken machen.

3.

Ach mein Herrscher! wollst ergetzen
die / so dir vertrauet hat:
daß auch andre in dich setzen
ihren Trost nach dieser That /
und befehlen ihre Sachen
dem / der alles wol kan machen.

4.

Deine Allmacht wird man loben /
preißen deine Gütigkeit:
weil du auch im Himmel oben
denkest an der Armen Leid /
und regierest ihre Sachen /
zeigest / daß du alls kanst machen.

5.

Solt dir was unmüglich bleiben?
nein! dein Allmacht lied' es nicht.
Solt die Sünde dich abtreiben?
nein! dein gnädigs Herz dir bricht /

dich erbarmen meine Sachen:
darum wirstu sie wol machen.

6.

An des Herren Gnad und schicken /
hab ich meine gröste Lust.
Ach er wird mich noch erquicken.
Mir ist seine Art bewust:
er verhängt die Unglücks-Sachen /
nur daß er kan Wunder machen.

7.

Hätt man Joseph nit gefangen /
und dahin verkaufft vorher /
hätt' vielleicht er nie empfangen
in Egypten solche Ehr:
ihme musten böse Sachen
eine Bahn zur Hoheit machen.

8.

Israel hätt nie erfahren /
was deß Höchsten Rechte heist:
hätt er nicht in vierzig Jahren
Wunderwerk an ihm beweist /
und so manche schwere Sachen
seltsam sie besiegen machen.

9.

Wann ich pflege zubedenken /
wie du herrschtest von beginn:
kan ich freudig in dich senken /
was ich wünsche hab und bin;
ja selbst-unmügliche Sachen /
kanstu leicht und füglich machen.

10.

Was kan man auch schwerer sagen /
als daß solt die Sonne stehn /
und / auf eines Manns behagen /
etlich Grad zu ruck gehn?
schafft er mit den grösten Sachen?
solt er nicht die kleinen machen?

11.

Sonn' und Sterne / Meer und Erden /
seyn annoch in deiner Hand.
auf dein winken / können werden
alle Dinge umgewand.
dir sich müssen alle Sachen /
wie du schaffest / lassen machen.

12.

Drüm so will ich dir befehlen /
alles was mir liget an /
beyd des Leibes und der Seelen:
du bist der / der helffen kan.
Dir ich heim stell meine Sachen:
glaubend / du wirst es wol machen.

13.

Hastu mich aus nichts erschaffen /
Herr / zu deinen Ebenbild /
und / da ich im Tod entschlaffen /
mich erlöset also mild:
vielmehr wirstu jetzt die Sachen
deines Kindes trefflich machen.

14.

Meines Schiffleins Steuer-Ruder /
meines Lebens Leitung / ich
dir vertraue lieber Bruder!
wollest so regieren mich /
und in allen meinen Sachen
deinen Will erfüllen machen.

15.

Nun so will ich nicht mehr sorgen /
wie es da und dort möcht gehn.
Mein Glück / ist in Gott verborgen /
wird doch bald sich lassen sehn.
Gott wird alle meine Sachen
Ihm zu Ehr gereichen machen.

9. Ich förchte mich nicht vor viel hundert tausend

Ps. 3. v. 6

Ist der Herr mit / mir zu helffen / ey so hat kein Furcht hier stat!
Er ist ja die Weißheit selber und die Stärk' in wahrer That /
mächtig ist er in dem Streit / von und mit ihm kommt das Siegen.
Last derhalben alle Welt / Höll und Teuffel / mit uns kriegen
Feur vom Himmel wird sie fressen / wie die zweymal funffzig Mann:
theils wird Rohtes Meer ertödten / theils ein Eselsbacken-Zahn.

12. Trost-Lied

1.

Wann es Spieß und Kugel regnet /
schneyet lauter Gifft und Pfeil /
wann ein Blitz dem andern gegnet /
strahlet tausend Donner-Keil:
hat sich der nicht zubesorgen /
der in Gottes Zelt verborgen.
Gottes Gnaden-starker Schutz /
bietet allen Kräfften Trutz.

2.

Wann der Höchste Hülff verheißet:
ob es schon nicht gleich geschicht /
alles sich dazu befleißet;
daß man seine Wunder sicht /
wie er allgemählich leiten
Glück durch Unglück kan bereiten /
offt mit Meer / Berg / Feind umringt /
eh ins gute Land er bringt.

3.

Man pflegt eh den Blitz zusehen /
als den Donner man vernimmt /
ob er wol zuvor geschehen.
Diß mit Gottes Werken stimmt:
eher man sein Werk empfindet /
als man deren Ursach gründet;
da er doch vorlängst bedacht /
was er seltnes jetzt gemacht.

4.

In der Noht / wird man beglücket.
Creutz / ist Freuden-Anlaß-Zeit.
Wann die Sonn dem Mond zuschicket
ihrer Strahlen Lieblichkeit /
wird er gegen uns verdunklet /
weil der Glanz nur aufwerts funklet /
bis er sich zu uns auch wend.
Also Gott das Glück auch lend.

5.

Die so jetzt in Trübsal schweben /
sind nicht ohne Glück' und Lust.
Ihr beglücktes Theil im Leben /
ist bey Gott / uns unbewust:
wann es Gott herfür macht gehen /
wird man es mit Freuden sehen.
Jedes denk ihm / in der Noht:
mein Glück' ist jetzund bey Gott!

13. Unterthänige Dienst-Aufopfferung dem Höchsten / in Leidens-Zeit

1.

Ich opffre Gott auf bey de Weiß /
mein Seele / Sinnen / Thun und Fleiß /
mein Würkung / Willen / Gut und Blut /
mein Krafft / Verstand / mein Herz und Muht.

2.

Ist es / O Gott / der Wille dein /
daß ich allhier soll elend seyn /
ohn' alle Zeitlich' Ehr' und Freud /
mit Angst und Noht in Einsamkeit:

3.

Ey so gescheh dein wehrter Will /
der war / ist noch / und bleibt / mein Ziel.
Mit tieffster Unterthänigkeit
mein Will / zu leiden / ist bereit.

4.

Ich bitt' allein / O Jesu Christ!
weil in mir kein vermögen ist /
zu leisten / was mein Mund verheist:
gib mir zur Gnad dein wehrten Geist;

5.

Der mich in Trübsal also stärk /
daß vor Gedult kein Angst ich merk;
der das / was mir unmüglich fällt /
mir helffe würken in der Welt.

6.

Vor allen ich dir meine Seel
aufopffer' / und sie dir befehl:
O starker Felß / laß keine Noht
sie scheid- und trennen nicht von Gott.

7.

Verstand / der Seelen erste Krafft /
der saug' aus deiner Weißheit Safft /
wie über-wol um uns es steh /
wann es nach deinem Willen geh.

8.

Gedächtnus / schlag die Bücher auf /
von anbegin der Schickung-Lauff /
und finde / daß es Gott so schickt:
daß hiesigs Creutz / uns dort beglückt.

9.

Die Lieb / der Seelen bestes Theil /
die halt des Liebsten Schläg für Heil /
an seiner Lieb sich so ergetz /
daß sie in Creutz sich seelig schätz.

10.

Sie lieb' ihn stark / in höchster Pein.
und wann es auch solt müglich seyn /
daß er ihr Feind zu seyn auch schien;
der Liebe Feur doch in ihr brinn.

11.
Wann Kunst und Weißheit wär bey mir /
woltich sie auch aufopffern dir;
vor alles Lob und Ehren-Pracht /
mit Freuden seyn vor nichts geacht.

12.
Mit Himmels-Muht mein Aug' verbind /
daß es zur eitlen Lust sey blind /
mein Sünd' und Elend stäts bewein /
so lang es ist der Wille dein.

13.
Zu Lob' und Lust mein Ohr sey taub:
dann beedes ist ein Herzen-Raub.
Verachtung sey mein gröste Ehr:
durch diese gleich' ich dir nur mehr.

14.
Gibstu mir nur ein Stäublein Mehl
des Himmel-Trosts in meine Seel /
so ist kein Tod in Töpffen mehr /
wann auch das Creutz noch bittrer wär.

15.
Mein Herz acht keine Schmerzen-Stich /
wann es nur nicht verlieret dich.
Kein süsser Ruch mich nicht erquickt /
wird er mir nicht von dir geschickt.

16.
Herr / nimm mein Leib und Leben hin!
ich acht' es alles vor Gewinn /
was ich in deinem Dienst verlier /
dein Creutz / ist meine schönste Zier.

14. Anderer Theil: Demütige Dienst-Aufopfferung in Wohlfart. Gesetzt: Ich wäre Glückseelig!

1.
Ists aber / lieber Gott / dein Will /
(das doch auf mich wär viel zu viel /)

daß ich auch hier soll Glücklich seyn /
und niessen deiner Freuden schein:

2.

So sey dir Lob / Preiß / Dank und Ehr.
in meinem Glück freut mich nichts mehr /
als daß ich dir / Herr / danken kan /
dich loben laut vor jederman.

3.

In Hoheit ich um Demuht bitt:
daß ich nit aus den Schranken tritt'.
in grossen Reichtum / sey mein Muht
gericht auf dich das höchste Gut.

4.

Je höher meine Freud auch steigt /
je höher werd ich dir geneigt:
betrachtend / daß von dir sie fliest.
was würd erst seyn / wer dich geniest?

5.

Du schickest mir zwar manche Lust /
und grosses an mir armen thust:
mein Herz doch nicht vergnüget ist /
als nur mit dir / Herr Jesu Christ!

6.

Verstand verstehe / daß dein Raht
mein Wohlfart mir bereitet hat /
nicht mein / noch andrer Klugheit Kunst:
es hebet mich nur deine Gunst.

7.

Gleich wie das Creutz / so auch das Glück /
sind bey de deiner Hand geschick.
Nicht mein Verdienst / nur deine Gnad
setzt mich in hohen Ehren-Grad.

8.

Gedächtnus! denk verwichner Zeit /
und übe dich in Dankbarkeit.

Vergiß der Elenden hier nicht:
dein Glück dich andern auch verpflicht.

9.

Das Glück / vermehr die Liebes-Flamm /
es schlage Lieb' und Lust zusamm.
Das Glücke selbst / halt nicht so wehrt /
als diesen / der es dir beschert.

10.

Die Liebe bleib' auch ohne Glück
beständig / wann sich das Geschick
verändert / sey sie solch ein Glut /
die brennet in der Trübsal Flut.

11.

Ich wolt / ich hätt Vernunfft und Geist /
und würdest du dadurch gepreist.
Ich wünsch kein' Ehr / als die allein /
daß ich dein Werkzeug möge seyn.

12.

Mein Aug / schau deiner Wunder Pracht /
und alles was dein Hand gemacht.
Mein Glaubens-Aug / auch sey gericht
in deiner Gnaden Angesicht.

13.

Mich mahn / der süssen Seiten-Klang /
an deiner Engel Lobgesang.
Gib / daß man höre überall /
wie hell dein Lob von mir erschall.

14.

Dein Wille / sey mir Honig-suß /
aus dem ich alle Lust genieß.
Das Man und *Ambrosie* mich labt /
wann ich mit Geistes-Oel begabt.

15.

Neigstu zu mir dich Gnaden-voll /
ach Gott wie thut es mir so wohl!

nichts lieber / als dein Güt / ich riech /
wann ich sie glaubend' an mich zieh.

16.

Wann ich im Schoß des Glückes schweb /
in voller Freud und Wollust leb:
will ich sie doch mit Tausend-Lust
verlassen / wann du schaffen thust.

15. Widertritt

1.

Unglück ist mein täglichs Brod:
Ach was Freuden-Hungets-Noht /
lieber litt' ich Hungers-Noht /
Als ich iß solch täglich Brod.

2.

Täglich stürmen auf mich ein /
Boßheit / Unlust / einsam-Pein:
doch versüsst die einsam-Pein /
was mir gibt der Himmel ein.

3.

Offt treibt mir / das Ungelück /
alle Lust und Freud zurück:
doch treibt wider offt zurück /
Herz und Muht / das Ungelück.

4.

Wann ich so viel leiden muß /
ist mir Tugend offt ein Buß:
leid doch willig solche Buß /
die mich letzlich krönen muß.

5.

Ich lig' / als ein Tugend-Held /
mit der Boßheit offt zu Feld /
wann ich dann behalt das Feld /
krönt sie mich als einen Held.

6.

In dem sauren Unglücks-Meer /
wird mir offt das Schiffen schwer:
Ich stürz mich / wird mir's zu schwer /
aus in Gottes Gnaden-Meer.

7.

Wann die Trübsal-Wolken sehn /
ob sie wolten nider gehn:
kan ein Freuden-Sonn' aufgehn /
wann wir schon kein Anzeig sehn.

8.

Wann mir wanket Muht und Herz /
und mich brennt die Kummer-Kerz:
kan mir doch / die Geistes Kerz'
Krafft-auflammen Muht und Herz.

16. Endschallende Reimen. Von Erhaltung und ausbreitung des Göttlichen Wortes. Der Glaube redet

1.

Ob Vnmüglichkeit sich mir widersetzt /
und die blasse Furcht stündlich mich verletzt /
will ich doch auf Gott mein Vertrauen richten:
richten / dichten / pflichten.

2.

Hab' ich doch wol eh meine Krafft erzeigt /
und die Sonne selbst / wie ich wolt / geneigt!
zwar nicht ich / nur der / der mir Kräfften giebet /
giebet / übet / liebet.

3.

Hoffe / schwaches Kind! laß Verweilung nicht
dich verhindern hier. was der Höchste spricht /
muß und wird gewiß mit der Zeit geschehen /
stehen / gehen / sehen.

4.

Ich / der Tugend-Held / kriege meine Krafft
aus des wunderbars Geist und Wunden-Safft.

Ja ich bin die Hand / die sein Herz recht rühret /
rühret / führet / spüret.

5.

Fahrt / Verlangen / fahrt / seyd der Monden-Schein:
daß ihr werd erfüllt / will ich Sonne seyn.
Doch müst ihr nach mir eure Scheiben lenden /
lenden / senden / wenden.

10. Erkennet doch daß der Herr seine Heiligen wunderlich führt

Ps. 4. v. 3.

Durch die Meer und Jordans-Fluten ungenetzt hindurch geleit /
und auf Feuer-Roß- und Wagen bringen in die Ewigkeit /
ist zwar wunderlich geführt; doch das gröste Wunder-weißen
ist / im Creütz ein Lied gemacht / wie man Gott in Freud wöll
    preißen /
Dieses kan der Geist der Freuden: wann uns seine Hülff einfliest /
macht sie / daß man Sonn' im Regen / Hönig in der Gall / geniest.

17. Klag-Lied

1.

O Höchster! hilff du mir mein Vnglück überwinden.
Mir ist es je zu schwer:
drum ich dein' Hülff begehr.
Laß nur zum wenigsten mich Linderung empfinden.
Herr / hilff du mir behend:
wo nicht / so machs ein End!
der viel-beglückte Tod / hilfft herrlich überwinden.

2.

Du Zucker-süsses End dem Gallen-bittern Leben!
komm her / ich fürcht dich nicht /
ich tritt dir ins Gesicht.
Du kanst das / was der Welt unmüglich ist / mir geben /
du allerliebste Ruh /
ach nahe dich herzu!
magst andern seyn ein Tod: mir aber wärst ein Leben.

3.

Ich gläube / daß sich recht der Häuter vor mir scheuet /
weil ich so herzhafft bin.
Ach komm' / und nimm mich hin!
mein Herz sich alleweil auf deine Sense freuet.
Ha! ha! mein Tod / nur her!
dich an mich nichts nit kehr:
ein schlechter Mader / der ein frisches Blümlein scheuet!

18. Auf das widerwärtige Unglück

1.

Ach du feindseeliges Unglück!
bliebstu doch nur ein mal zu rück!
wilst unaufhörlich mich begleiten?
ich reiß hinab / ich zieh' heraus /
so verunlustigst meinen Lauff /
bist mir verdrüßlich auf der Seiten.
Ach backe dich / du nimmer-froh /
quäl mich nicht alleweil also!

2.

Geschworne Feindin meiner Ruh /
Gesundheit / Ehr' und Freud dazu!
du Feindseeliger Tugend-Schatten!
du Höll-verfluchtes Weißheit-Gifft /
das tausend Widerstand anstifft!
wie kan sich Liecht mit Dunklen gatten?
die Tugend ist ein Demant-Stein /
muß Unglück-schwärz umschmelzet seyn,

3.

Verdunklerin der hellen Sonn /
verleiterin der Freud und Wonn /
die keusche Weißheit pflegt zu geben!
du Gall im Zucker-süssen Safft /
den schöne Wissen schafft verschafft!
du Tod dem Tugend-Helden-Leben!
und wär dirs noch ein Höllen-Pein /
muß Tugend doch geliebet seyn!

4.

Der schönen Jugend böse Pest /
die Thränen / Mark und Blut auspresst!
du Schwindsucht aller Schönheit Gaben!
du Fieber stäter Furcht und Angst!
du Thier / daß du mich nicht vorlangst
hast in das todten-Reich begraben?
du Seuffz- und Thränen-Wassersucht!
ach nimm doch nur einmal die Flucht!

5.

Bin ich denn dein erwählter Zweck /
daß du so gar nit wilthinwegk?
hast zu dem Quäl-Ziel mich erkohren?
so sey dir offner Krieg und Streit
und Muhts-Unüberwindlichkeit!
bey mir hinfüro stäts geschworen.
die Tugend / wann ich recht betracht /
im Unglück sich recht glänzend macht.

6.

Kein *Hercules* ist / der nicht schlägt
der Hydren Köpff / und sie erlogt.
die Unthier seyn darum auf Erden /
daß Tugend / Stärk und Dapfferkeit /
nach Sieg-geendtem Helden-Streit /
in aller Welt gepriesen werden.
Also verhoff ich / mit der weil /
von dir / Unglück / ein Ehren-Seul.

11. Du Herr / segnest die Gerechten /

Ps. 5. v. 13

Laß nur fluchen / wüten / toben / Belial und seine Schaar /
wann Gott die Gerechten segnet / hat es mit uns kein Gefahr:
dann in Ihm seynd wir Gerecht / und derhalb in seinem Segen.
mag sich nun ein ganzes Heer wider uns gerüstet legen:
Gottes Gnaden- starker Schild / schirmet unser Haupt im Streit /
macht die Boßheit-Pfeil zerspringen / schenket Sieg- und
    Friedens-Freud.

19. Auf eben dasselbe

1.

Mein Unglück weiß es wol /
daß ich es würd verklagen:
drum läst es mich nichts sagen /
daß mans nicht wissen soll.
Es wehrt auf alle Weise
die hohe Feder-Reise:
jedoch gelingts ihm nicht;
Beständigkeit durchbricht /

2.

Will in der Unglücks-Klag
mich nicht gar lang auf halten /
den Himmel lassen walten:
er weiß den Endschaffts-Tag.
Es muß / es muß vergehen /
solts noch so lang anstehen.
Es ist der Endlichkeit /
wie alles / unterbreit.

3.

Ob ich schon seufz' und wein'
in dessen in den Banden /
so wird es doch zu schanden
noch über meiner Pein:
in dem es muß empfinden
der Tugend überwinden!
und sehen seine Macht
von selber ganz veracht.

4.

Kanst / böses Unglück / nichts
als Kunst und Tugend plagen?
must endlich doch verzagen
an leschung ihres Liechts!
Sie sitzen dir zu ferne /
im Schos der guten Sterne;
verlachen deinen Fleiß /
im sichern Himmel Kreiß.

5.

Ach Tugend halt dich wol!
nach langem Streit und Streben /
wird dich der Höchst' erheben /
daß dichs nit reuen soll.
Zwar darff es kein anfrischen:
du würdest eh verflischen
in deiner Himmel-Brunst /
als achten ihren Dunst.

6.

Es wird noch eine Zeit
aus der Versehung kommen /
der Eitelkeit entnommen /
in der mit voller Freud
die Tugend selbst wird richten /
was sie hier wolt vernichten.
Mit Füssen wird sie gehn
auf ihrem Widerstehn.

7.

Verharre nur mein Herz /
bey ihren edlen Fahnen.
laß dich mit ihr verbannen
zu aller Noht und Schmerz /
Der Lorbeer wird sich schwingen /
dir Glanz und Krantz zubringen
üm dein bedörntes Haubt /
dem Unglück ganz entraubt.

20. Auf die unglück seelige Tugend

1.

Tugend / duck dich / bis das Wetter
deiner Plag vorüber gehr /
dir des Gottes aller Götter
unerhörte Hülff bey steht.
laß das Braussen
nur versaussen.
Ungelück hat auch sein Ziel /
währt nit länger als Gott will.

2.

Gott will seine letzlich schutzen:
Ihrer Feind tollkühne Macht
kan Er bald mit Spotten trutzen;
ihre Ränck' Er nur verlacht.
Ihr ersinnen
und beginnen /
muß Ihm dienen zu dem Ziel /
welches Er erheben will.

3.

Tugend mustu kläglich schwimmen
in der Thränen Wasserflut:
Lasse nur das Dächtlein glimmen
deines Christen-Helden-Muht.
Laß' im Weinen
auch erscheinen /
daß das endlich sey dein Ziel /
was der Höchste haben will.

4.

Ube dich nur in dem Schweigen /
in Pythagors Nutzen-Kunst.
Durch die Wort sein Recht bezeigen /
ist höchstschädlich / auch umsonst /
durch Vertragen /
hilfft der Magen
zu des Leibs Gesundheit Ziel.
Gott schickt letzlich / was man will.

5.

Wort entzünden / Wort erhitzen /
sind des Zornes Zunderfleck:
Auf sie folgen Unglücks-Blitzen /
nehmen doch kein Trübsal wegk.
Weißheit-Stille /
bringt die Fülle
süsser Freud' / erwartt das Ziel /
da der Himmel helffen will.

6.

Laß dich schmähen / laß dich schelten.
Ehr nit achten / ist ein Ehr.
Tugend-Kron / kan alls vergelten /
litte man auch noch viel mehr.
Laß nur doben!
der / so droben /
leitet selbst dich zu dem Ziel.
Trotz / wehrt / was Er haben will!

12. Es müssen alle meine Feinde zu Schanden werden!

Ps. 6. v. 10.

Freylich müssen unsre Feind ganz und gar zu schanden werden:
weil derselbig vor uns streit / dessen Wort erschuff die Erden /
der den Felß in Brunnen wandelt / und das Meer in hohe Mäur /
der die Sonn zurucke rucket / der vom Himmel schickt das Feur.
Wie die Syrer / wird er sie eilends in die Flucht verjagen /
und mit seinem Engel-Heer / ohne unsre Schwerder / schlagen.

21. Auf eben selbige

1.

Tugend / wann ich dich zu lieben
mir so steiff nicht fürgesetzt /
blieb' ich durch so viel Betrüben
mehr als tausend mal verletzt.
Alle Wetter gehn auf mich /
Zornesstrahlen / haglen / knallen:
doch / solt auch der Himmel fallen /
gleichwol lieb und üb ich dich.

2.

Was ich deinetwegen leide /
gieß' ich alles in den Leth.
Mir beliebt die Weißheit-Weide:
daß / dem Unglück in die Wett
ich ganz unbeweglich bleib'
und die holden Musen ehre /
mich an Neid und Streit nit kehre /
etwas sie zu preißen schreib.

3.

Wird nit / in den sauren Wellen /
unsrer Perlen Zier erzeugt?
solt' ich nicht auch / in Leid-Quellen
meiner Freundin seyn geneigt?
Ja / mein Herz / schließ dich nur zu /
wie der Perlen Mutter pfleget /
daß kein Grimm-Salz dich beweget:
Weißheit lieb' und leb in Ruh.

4.

Jason kunte nicht erlangen /
ohne Streit / das göldne Fell.
Hercules wurd nit ruhmprangen /
wann er nit in jener Höhl
hätt' erlegt die wilden Thier.
Tugend / muß mit Schmerz gebähren
ihre edle Frücht / die Ehren:
Niemand nehm ihm's anderst für.

5.

Meine Schöne / meine Reine /
Weißheit meine Herzen-Braut!
dir hab ich mich gantz alleine
zuregieren anvertraut.
Neid und Boßheit acht ich nicht /
ob sie schon die Tugend hassen.
Sich durch nichts abtreiben lassen /
in der Weißheit Liebes-Pflicht.

22. Die verfolgte Tugend

1.

Tugend pflegt ja sonst zu geben
süsse Freud / (wie daß sie mir:
Unruh ursacht für und für?)
Seither sie mein ganzes Leben /
seither sie ist meine Lust /
ist nur Unlust mir bewust.

2.

Ach du Himmel / voller Sterne!
kanst du auch vertunkelt seyn?
solte nicht dein heller Schein
alle Wolken jagen ferne?
ja / der Donner scheut sich nicht /
sie zu treffen ins Gesicht.

3.

Wie auf edle Adler stechen /
alle Vögel / doch umsonst:
So versucht die Misvergunst
ihre Pfeil' auch abzubrechen /
an der Tugend / mit viel Schmerz:
doch geht er ihr selbst ins Herz.

4.

Tugend ist ein Regenbogen /
Ehren-bunter Himmelzeug;
doch auch gäher Regenß-Steig
der bald drauf komt hergezogen.
Ihr beglückter Sonnen Glanz /
wird offt schier verdunckelt ganz.

5.

Nun sie sey auch / wie sie wolle:
einmal hab' ich sie erkiest.
Mein Schluß unzerbrüchlich ist /
ewig treu er bleiben solle.
Um sie dult ichs allzumal /
Donner / Regen / Blitz und Strahl.

6.

Trutz des Wetters ungeheur /
trutz der stürmen-vollen See /
trutz des Winters Eis und Schnee /
trutz den Strahlen / trutz dem Feur /
trutz / was Tugend hindern will!
wann Gott will / wird alles still.

23. Auf die in den Sonneten gedachte zuruck gegangene Pfingst-Reise

1.

Helle Flammina / mein Herzens- begehren!
muß ich dich gänzlich- verhoffet entbähren?
müssen so löbliche Lebens-Gedanken
von dem erheblichen Tugend-Zweck wanken?

2.

Solt nicht solch löblichs verlangen siegprangen?
solt ich / mit Abschlag-beschämeten Wangen /
lassen solch alte gewaltige Sitten?
ist mir die Hoffnungs-Schnur gänzlich zerschnitten?

3.

Dreifache Schnüre sonst selten zerreissen:
aber mein Vnglück will alles zerschmeissen.
Eine zu kurz ist / die andre zerschnitten /
selber zerreiß' ich die dritt' in der mitten.

4.

Leider! des leidigen Vngelücks Tücke /
meine Lust / meinen Trost / treiben zu rücke /
daß ich muß niessen die Feuer-Corallen /
welche von meiner Flammina stäts fallen:

5.

Muß den Herzbrechenden Kummer verschweigen /
darff keinen Vnlust noch Traurigkeit zeigen;
muß den Herzbrennend- und quälenden Schmerzen
heimlich verbergen zu innerst im Herzen.

6.

Diese Sach ligt mir unendlich in Sinnen /
all meine Anschläg sich enden hierinnen.
hab in dem Traume manch lieblich Gesichte /
welches doch wachend wird wider zu nichte.

7.

Meine Flammina läst sich in den Auen /
gleichfalls als in den Pallästen / beschauen.

Ihre Allgegenwart füllet die Erden /
kan mir / mein Leben / auch überall werden.

8.

Ihre Bestrahlung vor alles ich wähle /
weil ihre Göttlichkeit ewig zur Stelle.
Raubet man mir schon die sichtbaren Blicke:
helle Vnsichtbarkeit mich nur erquicke!

9.

Diese ungläublich-geglaubete Sachen /
kan mir kein Menschen-Macht ruckstellig machen.
Ob sie mit Hindernuß mich schon betrüben:
niemand kan wehren das innerlich lieben.

10.

Helle Flammina! du liebest die deinen /
Ob sie die Feinde zu stürzen vermeinen;
wann die Erdkräfften all stürmen zusammen /
lästu mich sehen Geist-Strahlen und Flammen.

11.

Glücklich O glücklich dieselbige Stunde /
da du befeurest Herz / Zungen und Munde!
laß mich die quickenden Lippen geniessen /
daß sie mich süssest berühren und küssen!

24. Uber Die Göttliche Gnadenbeglückung / die alles Leid in Freud verkehret

1.

Du Himmlisches Sion! wann werd ich dich sehen?
wann werd' ich zu deinen Pracht-Thoren eingehen?
ach Jesu / mein Bräutigam / ruffe mir schier:
ich warte mit sehnender Herzlicher Gier.
Ich hab mir erlesen
das Himmlische Wesen /
auf dieses mein Geist
sich einig befleist.

2.

Du schöneste Schönheit der Tugenden Tugend!
ich opffer dir meine frisch-blühende Jugend.
Dein Gnaden-Besafftung sie süssest bethau /
daß Wunder-Frücht frölichst in solcher man schau.
Muß ich schon vermeiden
die Irdischen Freuden:
Rauch / Schatten und Wind
dieselben nur sind.

3.

Herz-herrschende lieblich doch heimliche Wonne /
hell-strahlend doch Augen-unsichtbare Sonne /
du starke Bewegung / doch leiseste Stärk /
in mir selbst geschehnes doch wunderlichs Werk /
mit Freuden empfunden /
erstaunend gebunden!
ich weiß / und weiß nit /
was / wie mir geschicht!

4.

Auf heisseste Herzens-Angst / kühle Erquickung!
auf rollen des Donnern / der Sonne Anblickung!
in mitten des Schiffbruchs / den Hafen ersehn!
das heisset / aus Stixen zu Tithons Thron gehn!
das Hönig aus Gallen /
aus Düsterkeit Strahlen /
aus Steinen wird Safft
erwecket mit Krafft.

5.

Ein Wunder-Wind / wendet und lendet die Pfeile
vom Aehrenen Ziele / zur Flammen-Geist-Seule.
Die Menschen besinnen / bedrängen und plagen:
doch gehet es endlich nach Gottes behagen.
Sie brennen und pressen /
vor drohen schier fressen:
doch gwinnet das Feld
der Himmlische Held.

6.

Ihr Leschungs-Wind / muß mir mein Feuer aufblasen.
Ihr Würckung / verschlinget ihr eigenes Rasen.
Der Widerstand selber / befördert zum Ziel.
So leise / so weise ist Gottes Rath-Spiel.
Laß rollen / laß prallen /
laß knallen und fallen!
der Wolken Glaß / bricht
der Sonne Gold nicht.

7.

Trotz / Vngelück / rühr mich! ich sitze / beschirmel.
Die Göttliche Gnaden-Hand selber dich stürmet.
Du woltst mich verbrennen: der Himmel sagt / nein?
du solt ein belebendes Phönix-Feur seyn.
Gott kan es verdrehen /
und machen aufgehen
die Sonne vom Nord /
es ist um ein Wort.

13. Gott ist ein rechter Richter

Ps. 7. v. 11.

Ob schon der Gerechte leidet / und der Gottloß Vnbill übt;
wann schon Böße sing- und springen / und die Frommen sind
    betrübt:
bleibt doch gleichwol Gott gerecht / der es allzeit pflegt zu schicken
    /
daß der Bösen Tück und Trutz / Fromme muß zu letzt beglücken.
Ists nicht allzeit hier auf Erden / doch gewiß im Himmels-Thron /
wo aus dem geringsten Creutzlein wird die höhest' Ehren-Kron.

25. Erhörungs Verlangen

1.

Solt dem Brunnen des Gesichtes /
der Erzklarheit alles Liechtes /
meine Noht verborgen seyn?
solten Seuffzer Herzen sporen /
bey dem Urohr seyn verlohren?
ach der Glaube saget / nein!

2.

Solt das all-erfüllend Wesen
nicht in meinem Herzen lesen /
dessen innerste Begier?
solt es / weil es ihm zu Ehren /
nicht so seltnen Wunsch gewähren?
Glaube hält es nicht dafür.

3.

Solt der zartest' Augen-Schmerzen
nicht dem Höchsten gehn zu Herzen /
als die gröst' Unleidbarkeit?
solt' er / wann man an-will-tasten
seinen Augen-Stern / noch rasten
und verziehen lange Zeit?

4.

Siht er doch / in meinem Flehen
seines Geistes Strahlen stehen /
und mit Christ-Rubinen Blut
alle meine Wort versetzet!
ist sein Herz dann nicht durchätzet /
von der Purpur-Flammen Flut?

5.

Er wird ja die Thränen zählen /
und Ergetzung auserwählen /
auf so heissen Himmel-Zwang!
seine Hand wird sie abwischen /
und mit Himmel-Lust erfrischen:
fliessen sie gleich noch so lang.

6.

Die beweglichst Erzbewegung /
lässet zu die Creutz-Erregung:
daß sie den Hülff-Stachel spitzt /
daß die Feuer-Liebes strahlen
können durch gedonnert fallen /
und die Gnaden-Hülff herblitzt.

7.

O du Himmlisch-leises Lenden /
unbegreifflichs Segen-Senden!
ich vertrau mich deinem Raht.
Kan ich schon dein Ziel nicht sehen:
will ich in Gehorsam gehen /
und es finden in der That.

8.

Laß mir nur ein wenig leuchten /
deine Weißheit / mich befeuchten
mit dem Edlen Glaubens-Safft /
mein verschmachtes Seelen-Leben!
so will ich mich ganz dir geben /
gibstu nur ein Tröpfflein Krafft.

14. Der Herr ist des Armen Schutz

Ps. 9. v. 10.

Wann des Höchsten Schirmungs Schilde schwebet ob der Armen
    Haupt /
sind sie (ob sie auch schon sonsten alles Erden-Trosts beraubt)
seelig: dann / wen Gott beschutzt / dem kan alle Welt nit schaden.
Vnumstößlich ist die Maur / der umringten Gottes-Gnaden.
Seyd daher getrost / ihr Armen! eure Noht / hat keine Noht:
Vrsach / dieser / der euch schutzet / ist der Allbeherrschend Gott.

26. Uber die Nichtig und flüchtige Welt-Lust.

Aus dem Buch der Weißheit Cap. 5

1.

O Tolle Welt! soltu mich also trutzen /
und deine Lust so höchlich ausher mutzen?
sie ist ein Schiff / das durch die Wellen-fuhr
läst keine Spur.

2.

Ein Vogel ists / der durch die Lufft hinfleuget /
und seines Flugs kein Bahn noch Zeichen zeiget.

Gleich wie den Pfeil man in der Lufft nicht spürt /
sie sich verliert.

3.

Ein Schatten ist / all' eitle Freud und Leben /
den man nicht kan erhalten noch aufheben:
ein bloß Geschrey / und lauter Hörnerschall /
ohn Widerhall

4.

Wie eine Wolk in Lüfften sich aufbauet /
doch bald vergeht / eh man sich recht umschauet:
ein Nebel / Rauch / und was vergänglich mehr /
gleicht deiner Ehr.

27. Gemütes-Beruhigung

1.

Meine Seel! sey still in Gott /
laß dich keine Sach bewegen /
sey ein starker Felß in Noht.
Ob sich Heere üm dich legen:
biete du / in Gottes Namen /
allen deinen Feinden Trutz!
stürmen / Strahlen / Wellen / Flammen
sag: mein Trutz ist Gottes Schutz!

2.

Stille / stille / Angst und Schmerz!
Sorg und Furcht / last mich mit frieden!
daß mein Gott-besessen Herz
bleib' in seiner Ruh hienieden.
Stille Brunnen nur / sind Spiegel
des erhellten Himmels-Liecht:
man erschwingt die Andacht-Flügel
durch traur-trübe Wolken nicht.

3.

Du / mein Herzergetzungs Geist!
ach mein Freuden-Feur belebe.
Hitz und Blitz erst allermeist /
wann ich gar in ängsten schwebe.

Wann der Mond ganz unterliget /
kriegt er seinen vollen Glanz:
so / nach Gottes Raht / man steget /
wann man Welt-verlassen ganz.

4.

Trost in Trauren / Seelen-Schatz /
auserwählter Sinnen-Himmel!
komm / mein Schatz / du hast schon Platz /
bringe deine Freuden-Cimbel.
Unlust / Furcht und Schmerzen / weichen!
trauren / Thränen / jag' ich fort!
meine Adler-Flüg durchstreichen
ihren Kreiß zu dir / mein Hort.

5.

Ach wie ist so überwol
mir in diesem Wunder Wesen!
ja mein Geist / ist Geistes-voll /
kan in dir / was künfftig / lesen.
du spielst / auf der Sinnen Bühnen /
deiner Wunder Schauespiel:
zeigst / daß Seel' und Sieg gewinnen /
deiner Flammen-Thaten Ziel.

28. Die wider erholete Schwermütigkeit

1.

Auf / auf / geängstes Herze!
die trübe Wolk verschwindt gemach.
der Rauch / der Irdisch Schmerze /
wird auch zertriben nach und nach.
Der Nebel vieler Plagen /
bereit sich aufwerts schwingt:
daß er nach wenig Tagen
den Gnaden-Regen bringt.
Laß deinen Unmut fahren:
du bist ein Himmels-Kind.
Der Höchst wird ja bewahren /
die gänzlich ihm ergeben sind.

2.

Frisch auf! nimm Adlers-Augen /
schau in die Sonn / die ewig Freud:
es würd dir dieses taugen /
zu dulten hier viel Traurigkeit.
des Himmels Vorschmack / machet
ein all-erleidends Herz /
das alle Noht verlachet /
hält Sterben nur vor Scherz.
Ach wer mit den Gedanken /
wie in dem Meer der Fisch /
im Himmel wär ohn wanken:
wie wär er Heilig / froh und frisch.

3.

Der Herr / sey deine Stärke;
der Glaube / sey dein Schild und Sieg;
damit des Satans Werke
und aller Laster schwerer Krieg
in dir zerstöret werden /
und nichts als Geistes-Ruh /
auch auf der eitlen Erden
bey dir sich finden thu.
Es fahren die verlangen /
wie Feuer / über sich:
auf daß / wann alls vergangen /
du werdst erhalten ewiglich.

4.

Erhalt' in Friedens-Gränzen
den Geist / wann alles wütt und tobt.
Laß Ruh und Frommheit glänzen:
wirds schon von allen nicht gelobt.
Verachtung ganz verachten /
dem schmeichlen taube seyn /
nach schnödem Geld nicht trachten /
vermeiden Hoffart-Schein /
sich mit sich selbst vergnügen /
in Armut bleiben Reich:
das heist die Welt besiegen /
und selten finden seines gleich.

15. Herr / warum trittestu so ferne? etc

Ps. 10. v. 1. Antwort.

Daß ich meine Christen probe / ob sie gute Schiffer sind /
so / bey Stürmen / sauß- und brausen / fahren wie bey gutem Wind /
daß der Hochmut-Segel fall / und die Hände sich erheben;
daß man in der Todes-Noht Geistlich recht beginn zu leben;
Ja / daß man verlangen trage nach des Himmels festen Land;
meinsttheils aber / daß mein' Allmacht / Güt und Hülffe werd erkandt.

29. Uber den Spruch Christi: Friede sey mit euch!

1.

Gottes Fried' ist euch gegeben:
nehmet ihn mit Freuden an.
wisset / daß allein er kan
geben ein vergnügtes Leben.
mit dem edlen Seelen-Fried /
er uns alles theilet mit.

2.

Frölich in gemeinen Plagen /
muhtig in der grösten Noht /
ja getrost auch in dem tod /
glücklich in den bösen Tagen!
wen der Himmels-Fried' ergetzt /
der ist stäts in Freud versetzt.

3.

Ungewitter / Hagel / Regen /
Winde / Blitz' und Donnerstrahl /
Wellen / und Erdbeben-Knall /
können diesen nicht bewegen /
der in Gottes Frieden lebt /
über alles ist erhebt.

4.

Er kan kecklich alls verlachen /
was die eitle Welt beginnt:

er viel anderst ist gesinnt.
Er läst nur den Himmel machen.
geh' es übel oder wol:
sein Herz ist doch Trostes-voll.

5.

In dem Krieg ist er mit Frieden;
in der Armut / gleichwol reich;
Tod und Leben gilt ihm gleich:
wann er nur ist ungeschieden
von des höchsten Fried' und Freud /
die ihn tröstet allezeit.

6.

Ach die Edle Ruh der Seelen /
allen Mangel reich ersetzt:
ja in Leid vielmehr ergetzt:
seelig / wer sie pflegt zu wählen!
alles in der Welt vergeht:
nur der Seelen Ruh besteht.

7.

Wahres Ende der verlangen /
einigs Ziel und höchstes Gut!
bleibe stäts in meinem Muht /
lasse mich mit dir nur prangen.
Hilff daß ich die Welt besieg' /
und mich stäts mit dir vergnüg.

16. Ich traue auf den Herrn / etc.

Ps. 11. v. 1.

Flieg nicht / mein erlöste Seel / auf die Hoffart-Stürzungs-Berge /
noch auff die Sictlisch' Höhe / schnöder Flamm verdampter Brand.
Hoffart / spricht Gott / ist das jenig / welches ich zu meist verherge.
Wer die Hoheit kan verachten / wird gar billich hoch genandt.
Bleibet fort auf euren Bergen! mir beliebt der Demut Thal.
Wird sich alles / wie man sagt / in erwarter Zeit verkehren:
werd ich so dann seyn versetzt aus dem Staub in Thron der Ehren;
ihr / aus diesem in den Staub / durch der Hoffart Donnerstrahl.

30. Ergebung In Göttliche Regierung

1.

JESU / meine süsse Freud /
Hoffnung / Heil / und ganzes Leben!
wer solt deiner Gütigkeit
doch nit gänzlich sich ergeben:
wann mich Unglücks Sturm und Wind
an die Zweiffels-Klippen schmeisset /
des Trostschiffleins Wand zerreisset:
fängest du mich auf geschwind.

2.

Wann ich in dem Irrgang bin
vieler Sorgen und Gefärden /
und nicht weiß wo aus wo hin /
find' auch keine Schnur auf Erden;
kan ich bald in deinem Wort
eine Wunderführung finden;
kan mich aus- und überwinden /
durch dich / meinen starken Hort.

3.

Wann der Himmel über mir
ganz von Zornes-Donner krachet /
und die Erde mit Begier
ihren Schlund nach mir aufmachet:
bleib' ich doch in gutem Stand /
laß mich ihrer Macht Vermögen.
im geringsten nicht bewegen.
was mich schutzt / ist seine Hand.

4.

Wie die Sonn den Erden-Kreiß
täglich neu mit Glanz bemahlet:
so des Höchsten Wunder-Preiß /
uns auch stündlich neu bestrahlet.
Wir sind seiner Güte Ziel:
seinem Raht pflegt zu belieben /
Weißheit / Allmacht / Recht zu üben /
offt zu halten manches Spiel.

5.

Er beginnt mit meinem Geist /
nach der Spiel-Art mit dem Ballen:
der bald in die Lufft auffreist /
bald auch muß zur Erden fallen.
Beedes ist sein Will und Werk':
ihn laß' ich mich / nach verlangen /
schwingen / werffen / wider fangen.
Er war / ist / und bleibt mein Stärk'.

31. Freudiges Trost-Lied

1.

Durch Noht und Tod /
zum lieben Gott
nur steiff hindurch gedrungen.
Ein Helden-Muht /
läst Leib und Blut:
wird nur der Sieg' errungen.

2.

Nur frisch gewagt!
wanns schon versagt
einmal / auch wol gar hundert.
Durch Widerstand
wird Gier entbrandt /
und Tugend aufgemundert.

3.

Nur keck daran!
dann letzlich kan
Unläßlichkeit nichts fehlen.
Der Felß genetzt /
wird durch geätzt:
und wär er auch gar stählen.

4.

Pfuy schäm dich / Glück /
daß deine Tück
mir Schwachen nichts anwinnen!
auch in der Flut

und Wellen Wut /
mein Trost-Liecht pflegt zu brinnen.

5.

Was Strahl und Knall /
was Qual und Fall
hab ich nit ausgestanden!
noch ist mein Liecht /
hell aufgericht /
in meinem Geist vorhanden.

6.

Was Gott erhält /
(pflegt alle Welt
dawider schon zu toben /)
muß doch bestehn
und förter gehn /
sein Gnad' und Macht zu loben.

7.

Ich zweifle nicht:
was Gott verspricht /
muß wol vollzogen werden:
und soll darauf
des Himmels Lauff
sich ändern sampt der Erden.

32. Ringel-Lied Uber des Glaubens Krafft

1.

Es leb' Allmügligkeit / und herrsche Glaubens-Krafft!
es fliesse Nectar-süß der reine Einfluß-Safft /
der mich so hoch ergetzet.
Es nahe sich die Zeit /
die alles Leid ersetzet.
Es leb' Allmüglichkeit!

2.

Vertrauen triumphir' / und führ' in Sieges-Pracht
Glück / Furcht / Vernunfft / und was verachtet deine Macht /
schwing' auf die Himmels-Fahnen!
und daß es für und für

laß singen Weißheit Schwanen /
vertrauen triumphir!

3.

O Herr erzeige dich / wie an dem Roten Meer:
versenk' hier Vngelücks / wie dorten Pharons / Heer.
Mach' auch / aus Felsen / Brunnen.
Daß Herz-verwunderlich
die Tugend sey entrunnen /
O Herr / erzeige dich!

4.

Die Warheit werde frey / der Himmel sey ihr Schutz /
der biet dem Widerstand / als ihrem Feind / selbst Trutz /
er woll sein Hand ausstrecken /
und jener stehen bey;
woll Naht und Hülff' erwecken /
daß Warheit werde frey.

17. Herr wie lang wiltu mein so gar vergessen

Ps. 13. v. 1.

Gedächtnus! ist es dir auch müglich zu vergessen?
ja gar? und also lang? ach denk' an deine Güt.
Bistu doch eine Krafft im Göttlichen Gemüt.
Solt einen Fehler man dem höchsten Gut zumessen.
O Herr / du Allmacht-Sonn / dem / helffen / sein Natur;
die Wunder / seine Werk; deß Herz / Barmherzigkeit!
wann ich von deiner Hülff ein Fünklein spürte nur /
und wäre bald vorbey die gar-vergessens-Zeit!
mein Gott! wie kanst du doch vergessen meiner Schmerzen?
ich hab in meinem sie und meins in deinem Herzen.

33. Morgen-Lied

1.

Das ewig unvergänglich Liecht /
das Gnadensafftig einher bricht
und Seegen auf uns thauet /
schafft / daß die Sonn der Klärheit Thron /
des Sternen-Reichs verguldte Kron /

man frölich wider schauet.
Ehret / mehret
Gottes Würde / eur Begierde /
soll itzt ringen /
Gott am ersten Lob zu bringen.

2.

Die kleine folg der grossen Welt /
und werd nächst ihr zugleich erhellt:
doch mit viel edlern Strahlen /
die nicht / wann dieses grosse Rund
wird gehen ganz und gar zu grundt /
mit solchem auch hinfallen.
Herzen / Kerzen /
Geistes glänzen / kan bekränzen /
wann die Erden /
muß zu Staub und Aschen werden.

3.

Gib / daß der Geistes-Sonnen Krafft
geb meiner Sinnen-Erde Safft:
viel Tugend-Blüh zu zeigen.
Laß solche / wie die Sonnen-Ros' /
erhebend von dem Erden-Kloß
zu dir sich wider neigen.
Anfang / Fortgang /
glücklichs Schicken / quickends Glücken /
seeligs Enden /
kommt / O Gott / aus deinen Händen.

4.

Wann deine Gnaden-Hand mich führt /
mein Geist dein Geist-Bestrahlung spürt /
dein' Allmacht mir beyspringet:
so ist mir nichts unmüglich hoch.
Wann tausend Hydren wären noch /
wann mich die Höll umringet /
wolt' ich / kecklich
sie verlachen / meine Sachen /
wohl vollbringen /
dir / Herr / Lob und Sank zu singen.

34. Frülings-Lied

1.

Schönester Früling / Lustliebliches Wesen /
König der Zeiten vom Höchsten erlesen /
Mahler der neulich-beschneyeten Wiesen /
Haucher des holden Süß-Blumichten Biesen!

2.

Neue Besafftung die Bäume nun kriegen /
alle zu grünen und blühen sich fügen /
Höchster! wollst Geistes-Safft mildlich mir geben /
grünend und blühend in Tugend zu leben.

3.

Offtmals die Blüten den Blättern vorkommen.
Eh man noch einige Hoffnung genommen /
blühet offt Gottes Gnad völlig in Werken.
Alles gelinget / was dieser will stärken.

4.

Rosen und Lilien / bunte Tulpanen /
schwingen des Frülings Lustsiegende Fahnen.
Dieses / was pflichtig man ihnen muß schweren /
zielet dem Höchsten in ihnen zu ehren.

5.

Jedliches Blätlein der Wälder und Wiesen
zeiget uns / wie sich bespieglet in diesen
Göttlicher Weißheit vielständiges Wesen:
überall können ihr' Allmacht wir lesen.

35. Uber die Blumen

1.

Du Allschöpffer auch die Lilgen / so in tieffen Thälern stehn /
wunderschön herfür läst gehn.
Ihr Gewand / die holde Blüh /
altet nie.

2.

Jedes Blätlein / jedes Strichlein / weiset deiner Allmacht Pfad /
und die Würkung deiner Gnad;
jedes trägt dein Weißheit-Bild
in dem Schild.

3.

Ihr der Erden schöne Sternen / holde Blumen / seyd das Werk /
wo ich Gottes Güte merk:
weil er euch so herrlich ziert /
schutzt / regiert.

4.

Wo der Augen Glanz hinblicket / wo mein Fuß sich nur hinsetzt /
sih' ich alls von dir ergetzt.
Dein Lob / was nur geht hervor /
hebt empor.

5.

Ach mein auserwählter Schöpffer! deine Güt' ist übergroß.
Ja es ist der Erden Kloß /
zu empfangen ihren Schein /
viel zu klein.

6.

Höchster! laß mich / dich zu loben / deine Wunder sehen an.
überall man lesen kan /
deinen nie verglichnen Fleiß /
Ehr und Preiß.

7.

Was betracht ich lang der Wiesen / Wälder / Felder / Gärten / Zier?
hat doch deine Gnad an mir
mehr gethan / die selbsten sich
senkt in mich!

36. Göttliches Wunder Lob

1.

Ach wie herrlich kanstu zieren /
Herrscher / alle Welt!
man pflegt überall zu spühren /

daß dir wol gefällt /
Gnad' und Güte zu erweisen.
Alle Ding / dein Lob zu preißen /
uns sind vorgestellt.

2.

Dein Mund aller Sachen Regung /
treibet / durch dein Wort /
schnelliglich die Erst-bewegung
aller Himmel fort.
Sie die stäten und Ir-Sterne
Sonn' und Monde folgen gerne
deiner Stimm / mein Hort!

3.

In die mitt' hastu gesetzet /
an dem Himmel-Kreiß /
deine Sonne / so ergetzet
und behält den Preiß.
Gott du wilt dadurch uns lehren /
zu der Tugend uns zu kehren /
auf so weiße Weiß.

4.

Deine grosse Himmels-Kerzen /
leuchten uns nicht nur:
sie auch zeigen unsern Herzen /
eitler Zeiten Schnur;
keinen Blick sie stille stehen /
eilend zum vergehen gehen /
wie des Windes Spur.

5.

Wann des Mondes Kugel kommen
zwischen Erd' und Sonn /
als dann wird der Erd benommen
jener Glanzes-Wonn':
also wird / von eitlen Sorgen /
Gottes Herrligkeit verborgen /
samt dem höchsten Thron.

6.

Frölich pfleg ich anzuschauen /
was dein Wort erbaut /
Himmel / Flüsse / Feld und Auen.
Wer dir fäst vertraut /
ist ein Herr der ganzen Erden:
alles muß ihm dienstbar werden /
was er nur anschaut.

37. Wiesen Liedlein

1.

Ach du preißbar-hoher Gott!
wer kan deine Güt' erreichen?
welche Adler-Sinn durchstreichen
deinen Ruhm / Herr Zebaoth /
ich kan mich so hoch nicht schwingen /
will nur von dem nidern singen.

2.

Nicht die seltne Engel-Zier /
noch der Sonne Wunder-Wesen /
hab ich mir jetzt auserlesen:
es wird nur von mir allhier /
in der Blumen vollen Wiesen /
Gottes Allmacht Pracht gepriesen.

3.

Schaut das holde Schmelzwerk nur!
jeder Blumen Farb' und Blüte /
ist ein Spiegel seiner Güte.
Roht / ist seiner Liebe Spur:
daß er uns sein Herz abmahlet /
wie es lauter Flammen strahlet.

4.

Blau / ist seiner Hoheit Bild
und des unerzielten Sitze /
seiner Wunder Herrschungs-Witze /
mein Saphirner Himmels-Schild:
Göldne Sternen-Blick drein fanken /
Freuden hoher Glück-Gedanken.

5.

Seht nur / wie bespiegelt sich
sein rein-weisse Herzenstreue /
in der weissen Blätlein Reihe
so Geist-weiß-verwunderlich!
sein rein-weisses Herz und Wesen /
wir in jedem Blümlein lesen.

6.

Dieser Blumen Purpur-Tracht /
zeiget an das blutig schwitzen:
ob sie aus den Ritzen spritzen /
und daraus hieher gebracht /
seines Blutes Ebenbilder /
gleichsam unsre Schutzes-Schilder!

7.

Was soll denn das Grüne seyn?
ach es zeiget / daß das hoffen /
steh' in Gottes Güt' uns offen!
jedes Graß / wär's noch so klein /
dunkt mich / mit Begier / mir sagen:
ich soll wünschen / hoffen / wagen

18. Was ist der Mensch! daß du sein gedenkest

Ps. 8. v. 4.

Ach was ist der Arme Mensch / daß du seiner so gedenkest.
ihm so reiche Wunder-Gnad / Hülffe / Schutz / und Rettung
    schenkest?
der nichts kan als dich erzürnen / übertrit all dein Gebot:
dennoch du dich ihm erzeigest / als ein Lieb'-ergebner Gott.
Kan aus diesem Gnaden-Werk / wie aus einem Büchlein / lesen
deiner Gottheit Eigenschafft / Art / und recht selbständigs Wesen:
daß du gütig / liebreich / heilig / und derwegen Gott must seyn.
Aus der unergründten Liebe / leucht der Gottheit heller Schein.
Auch die unaufhörlich Güt / uns was übermenschlichs lehret:
weil sie nur in Gott allein / unverdient gleich-Liebreich währet.
Ja die allerheiligst Würkung / ohne Selbnutz uns zu gut /
zeigt / es sey was hoch-erhabnes / über aller Menschen Muht.

38. Spazir- oder Schäfer-Liedlein

1.

In den angenehmen Auen /
komm ich / Gottes Güt zuschauer /
wann der Abend einher bricht.
wann die Schäflein bey der Tränke /
seinen Wundern ich nach denke /
meine Lobes-Pflicht verricht.

2.

Setz mich bey dem Bächlein nider /
und betrachte hin und wider /
meines Schöpffers Schaffungs-Kunst /
in der Erden Blumen-bringen:
die will mit dem Himmel ringen /
ob ertheilter Gnaden-Gunst.

3.

In dem kommet mir zu Ohren /
so beliebt und auserkohren
meiner Nachtigalle Schall;
da die Tochter in den Lüfften
macht erschallen aus den Klüfften:
dir sey Preiß / O ewigs All?

4.

Pfleg die lange Zeit zu kürzen /
und die Einsamkeit zu würzen /
mit der keuschen Bücher-Lust:
jedes Blat / ist mir ein Flügel /
und ein nachgelassner Zügel /
zu der süssen Himmel Brust.

5.

Laß die Schaf in Schatten stehen /
pfleg dieweil auf sie zu sehen:
denke dieser Hoheit nach /
die ich künfftig werd besitzen /
da mein' Ehren-Kron wird glitzen
als die Sonne tausendfach.

6.

Ob ich dieser Zeit schon habe
nichts / als meinen Hirtenstabe:
weiß ich doch ein Königreich
inner dem Saphiren-Dache /
und Demantinen Gemache /
das ich sterbend' erbe gleich.

7.

Lebe von der Schäflein Wolle /
wünsche nichts / als was ich solle /
bin in meiner Armut reich /
und ein Königin bey Schaafen /
kan ohn' Angst und Sorgen schlaffen /
werd ob keinem Stürmen bleich.

8.

Gottes Lob ist all mein dichten:
alls pfleg' ich dahin zu richten /
daß sein Name werd gepreist.
In betrachtung seiner Wunder /
leg' ich mich: und werde munder /
daß er der noch mehr mir weist.

39. Lust Liedlein bey dem Ypserfluß

1.

Ach du schöne klare Quell /
schnell' und hell!
fließ in süssen Freuden!
an dir wolle für und für /
Lust und Zier
mit viel Freuden weiden.

2.

Deiner Ufer Graß-Smaragd /
mir behagt /
vor das Türk Gewebe.
Was ist Gold und Seiden Wust /
ohne Lust?
Freud' und Freyheit lebe!

3.

Wann Aurora / in der Früh
sprengt die Blüh /
komm ich / sie zu grüssen;
opffer einen klingel-Reim /
in geheim;
eh Hitz-Strahlen schiessen.

4.

Mit dem hellen Demant-Thau /
ist die Au
durch und durch versetzet.
Niemand stillt den Himmel-Pracht
bey der Nacht /
er bleibt unverletzet.

5.

Hier sih' ich an allem Ort /
meinen Hort /
Hoffnung / so mein Leben.
Biß zum Westen von dem Ost /
muß mein Trost
mir vor Augen schweben.

6.

Ich vergönn / der Kronen Pracht /
Ehr und Macht /
dem / den sie belieben:
denke / bey der klaren Bach /
Tugend nach /
mich in ihr zu üben.

7.

Weil das Geld ein Sorgen-Nest:
ist das bäst /
die Begierde fliehen;
mit der frischen Fischer-Schaar /
ohn Gefahr
Fisch davor beziehen.

8.

Nimm die Blumen an den Rand
um den Strand /
vor die edlen Steine:
sie sind / ohne Meeres-Reiß /
jedem Preiß /
gleich so schön von Scheine.

9.

In dem weissen Blüte-Buch /
ich aufsuch
die Erschaffungs-Wunder:
setze dann an jedes Blat /
an die statt /
Lob und Preiß darunter.

10.

Deiner Sänger Lufft gethön /
klingt so schön:
über Feld-Trompete /
die nur Blut und Mord bereit.
Dieser Streit
Lobt Gott in die Wette.

40. Lob der zu Zeiten angenehmen Einsamkeit

1.

Ach Einsamkeit / mein einigs Leben /
du vielbeliebte Sinnen-Ruh!
wie spricht der Geist so lieblich zu!
es kan sich ungescheut erheben
zu ihme die verlangens-Krafft /
und nehmen seinen edlen Safft!

2.

O Herz-erlesne liebe Stille!
man hört in dir des Himmels Wort;
die Seuffzer gehen richtig fort;
man siht des Höchsten Ziel und Wille /
du ungetrübter klarer Bach /
zeigst mir die reine Gottes-Sach.

3.

Du bist der rechte Wunder-Schatten /
wann Weißheit-Sonn' in uns eingeht.
In dir der geistig Geist versteht
die unerforschbarn Gottes-Thaten.
In deinem Dunkel / komt herfür
die Strahlenreiche Sternen-Zier!

4.

Verhinderung der Hindernüssen /
Ausschlüssung aller Widrigkeit!
der Tugend einig-eigne Zeit /
in der wir ihre Lust geniessen /
da uns der Welt Gerümpel nicht
die süss' Ergetzung unterbricht!

5.

Du offnes Feld des süssen Wesen /
der Erzgab von des höchsten Hand /
der Freyheit / die ohn' alle Band
in dir / weil du sie aufzulösen
begunst durch deine Eygenschafft /
die nit mit Forcht und Scheu behafft.

6.

Ununterbrochnes munders schlaffen /
du kurzes Bild der Ewigkeit /
von allem Streit befreyt und weit!
du Hönig-König / sonder Waffen /
schwingst dich in Gottes Blumen hin /
und bringest süssen Safft Gewinn.

7.

Du allerschönste Perlen-Mutter /
die Geistes-Thau in dir erzeugt /
und Weißheit selber in dir säugt!
in dir bleibt Tugend also guter;
kein Boßheit-Salz kommt nicht in dich /
du bleibst süß-lieblich ewiglich.

8.

Der Erzgefangenen du giebest /
der Heimlichkeit / den Freyheitstand /
du lösest das Verschweigungs-Band:
so äusserst du das Wolthun liebest.
Kurz! edler lieber Ruhe-Schatz!
in dir hat Herz und Freyheit Platz.

41. Auf die tröstliche Gedanken / von der Göttlichen Güte

1.

Ihr liebe Gedanken!
ihr bleibet ohn wanken /
begleitend in Feldern /
ergetzend in Wäldern /
mein einiger Hort /
an jeglichem Wort.

2.

Ihr süsse Gespielen
nach wunschbaren Willen!
ihr Gottes-Gesandte!
ihr Engel verwandte!
wie tröstet ihr mich /
so herzinniglich!

3.

Ihr Himmels Holdinnen
Rubinen der Sinnen!
der Herzen ihr Kerzen /
das Scherzen und Herzen
des Friedens / und Sieg
nach grausamen Krieg.

4.

Im wachen und schlaffen /
bey Büchern bey Schaafen /
bey Hirten / Hirtinnen /
bey Flüssen / bey Brünnen /
ja / wo ich kan seyn /
da fallt ihr mir ein

5.

Ihr spielet / ihr mahlet /
ihr lächlet / ihr strahlet /
ihr schreibet und hauet /
viel Vestungen bauet
und Städt / in die Lufft
und Herzengrund-Klufft.

6.

So bleibet nun blitzend
und Freuden erhitzend /
in meinem Gemüte;
biß euere Blüte /
und fleissige Zucht
bringt würkliche Frucht.

42. Göttlicher Gnade Betrachtung / in der Blühe

1.

Mitten in der schönen Blüh /
sitz' ich voller Freuden hie /
voller Freud' ob Gottes Güte /
die den Sinnen und Gemüte
ihre Wunderwerk vorstellt.
Weiß nicht / wo ich mich hinwende /
wo Anfange oder Ende:
alles mir so wol gefällt /
daß / aus Uberfluß des Willen /
sich die Wörterqvellen stillen.

2.

Zwar ist dessen Ursach leicht /
weil der Geist im Himmel streicht
ganz verzuckt ins Engel-Wesen /
daß ihm traumend macht genesen /
zieht nach sich der Sinnen Krafft.
Also kan er nichts vorbringen /
weil er mit viel höhern Dingen /
als die Zeitlichkeit / behafft:
wie der Reiger in dem fliegen /
läst er alles Nidre ligen.

3.

Wie der treue Storch die Speiß /
die er kriegt auf seiner Reiß /
durch den langen Kragen windet /
daß in dieser Speiß-Arch findet
ihre Nahrung sein Geschlecht:
also pflegt mein Geist in gleichen
seine Beut zu überreichen
meinen Reimen / die mit Recht
seine Kinder und Nachkommen /
wann er dieser Welt entnommen.

4.

Gottes ausgefallne Güt /
tausend mahl viel schöner blüht /
als der weisse Weichsel-Garten.
Ach ich will auch noch erwarten /
mit der Gott-beliebten Zeit /
Herzergetzungs-frische Früchte /
gebend Himmlisch Lobgerüchte
Gott in Zeit und Ewigkeit.
Daß in Gott versenkt Verlangen /
ist bereit in Würckung gangen.

43. Uber die Nachtigal

1.

Hört der holden Nachtigall
süssen Schall /
durch den Busch erschallen:
sie will / durch ein Kling-Gedicht /
ihre Pflicht
ihrem Schöpffer zahlen.

2.

In dem weiß-geschmälzten Zelt
aller Welt /
seinen Ruhm sie singet:
dahin zielt ihr Müh' und Fleiß /
daß sein Preiß
hell von ihr erklinget.

3.

Dir / dir / dir / O höchster Hort /
ohne Wort
pfleg' ich Dank zu geben:
ohne End ist mein Begehr /
deine Ehr'
äusserst zu erheben.

4.

Jede Feder fordert Lob /
ist ein Prob
deiner milden Güte.
Gib / so offt ich sie aufschwing /
daß erkling
Dank aus dem Gemüte.

5.

Jedes Würmlein / das ich iss /
ist gewiß
deiner Schickung Gabe.
Nimm / Erhalter / vor die Speiß /
diesen Preiß /
und mich ferner labe!

6.

Dir sey Lob vor diesen Ast /
wo ich rast:
doch nit / dich zu loben.
Nein! dein Ruhm wird für und für /
dort und hier /
hoch von mir erhoben.

7.

Du hast / schöne Singerin /
meinen Sinn
auch in was ermundert.
Nur von Gottes Gnad sing ich /
weil ich mich
ganz in sie verwundert.

44. Gott-Lobendes Frülings Lied

1.

Angenehme Frülings Zeit /
Ebenbild der Ewigkeit /
Spiegel künfftig-süsser Wonne /
wie die klare See der Sonne!
Königin der Jahres-theile /
schon-gekrönt mit Blumen Zier!
meine Feder setzt ihr für /
dich zu rühmen in der Eile.

2.

Gottes süsser Athem-Tufft
blies' aus / deiner Bisen-Lufft /
erste Tochter seiner Witze /
seines schönen Wesens Blitze /
all-verneutes Erden-Leben!
Fünklein seiner Lieblichkeit /
die er dorten uns bereit!
Lufft / in der die Freuden schweben!

3.

Blumen-Adler / Noha-Taub!
du bringst uns Erlaubnus-Laub /
in die Neue Welt zu gehen.
Fönix / der nun zu erstehen
aus des Winters Asche pfleget!
überschwänglich-süsse Lust!
alles Uberflusses Brust /
welche Milch und Nectar heget!

4.

Tugend-Freundin / Weißheit-Ruh /
Musen-Schwester! laß mir zu /
meine ungestimmte Leyren /
die schon lange Zeit must feyren /
dich-erhebend' anzustimmen /
und ein Liedlein dir zu Preiß:
zwar auff meine Bauren Weiß /
die nicht Sternen-an kan klimmen /

5.

Safft aus Gottes Allmacht-qvell /
strahle seiner Wunder-Seel /
Krafft der unergründten Kräffte /
schönstes Himmel-Lauffs geschäffte /
Haupt-Ergetzung aller Sachen!
du bleibst von mir unerreicht /
keine Macht noch Pracht dir gleicht.
kurz! du bist des höchsten Lachen.

6.

Ich verlieb mich zwar in dich:
doch seh ich noch übersich.
Bist zwar schön: doch nur ein Schatten
künfftig-heller Wunder-Thaten.
Dorthin / die Gedanken fanken /
richten ihre Flügelfahrt.
Doch / in dem ich der erwart /
will ich Gott für diese danken.

19. Dreyständige Reimen

O Gottes Herz! läst dich dann betend nicht durchdringen?
bist von Demand / laß dich des Gottes-Lämmleins Blut
erweichen doch / und mir zu Trost und Hülff verbinden.
Der Heldenglaub / kont er doch sonst den Himmel zwingen.
Ich hab den nicht: ein glimmend tächtlein ist auch gut.
Mein Schwachheit nimm / Herr / wollest damit überwinden.

45. Auf die blühenten Bäume

1.

Ach du schönes weisses Feld /
aller Jubel-Vögel Zelt /
Frülings-Flor und Chor der Sänger /
Himmel der spatzieren-Gänger!
ich kan unterlassen nicht
dir zu richten meine Pflicht.

2.

O du schöner Perlen-Baum /
die halb aufgeschlossen kaum!

Zephir-Zucker / Schnee vom Biesen!
Gipffel-Lilgen / Stamm-Narcissen!
alle Gleichnus gleicht dir nicht:
deine Zier viel höher sticht.

3.

Schlossen-weisse Hoffnungs-Heerd /
die berühret keine Erd!
Schwanen-Schaar / die nicht in Seen /
sondern auf den Aesten stehen /
du lobst / ohne Zung' und Mund /
unsern Gott aus innern Grund.

4.

Kreiden-weisses Blüh-Papier!
auf dich wird / des Schöpffers Zier /
sich / durch schwarze Kirschen / schreiben /
und die Süssheit einverleiben.
Jedes Blätlein / ob schon stumm /
laut bekennet seinen Ruhm.

5.

Meine Feder schwinget sich /
setzte dieses Lied in dich.
Gottes Ruhm soll / durch mein schreiben /
ewiglich in dir verbleiben /
in dir in die Fruchtverkehrt:
daß der Höchste werd geehrt.

6.

Lob sey hier der Blüte Stern;
Ruhm und Preiß / der Kirschen Kern:
daß daraus ein Stamm aufschiesset.
aus der Dankbarkeit entspriesset
alles Segens Safft und Krafft;
sie erweicht den Gnaden-Safft.

7.

Weis' und weisse Kunst-gespunst /
klares Stern-Geweb' und Kunst!
Schleyer / dessen zarten Faden
spunnen Göttliche Genaden!

mich ergetz dein Blühgestalt /
biß dich Gott mit Früchten mahlt.

20. Eben solche

Bistu es nicht / mein Gott / der alles überwindet?
wie daß denn meine Noht so unbesieglich ist?
du hast dein Allmacht Hand leicht noch nicht ausgestrecket.
Gebiet ihr / daß sie komm! ein schönen Stoff sie findet.
Es scheint / als wär mein Sach zur Allmachts-Prob' erkiest /
wie Latzar / den mit Macht der Lebens-Fürst erwecket.

46. Auf Gottes Wunder-Beglückung

1.

Schöne Sonn / noch schöners Glück /
allerschönste Gottes Gnade /
ich spür' eure holden Blick /
und verhoffe das Gestade
und den Hafen meiner Gier /
nach verlangen zu erlangen.
Ach wie wird mein Herze prangen /
wann es schwebt in solcher Zier.

2.

Bauen sich schon Wolken auf:
ey es pflegt doch nicht zu regnen.
wie verwirrt der Erden Lauff /
läst er doch nit ab zu segnen
seine Freund mit Schutz und Sieg:
müssen in dem Kirchen-Kasten
in der Flut-Entbärung rasten /
haben Fried' und Ruh' im Krieg.

3.

Es ist ja / die Rohte Flut
seiner Wunder / Spiegel-Eise
ach er meynt es allzeit gut!
auch in höchster Prüfungs-Weise.
Wann er wegert / scherzt er nur /
pflegt die Hülffe zu bereiten.

In den Welt-Begebenheiten /
spürt man seiner Warheit Spur.

4.

Ach du weiser Wunderbar?
wer wolt dir nicht alls befehlen?
wer wolt dich nicht ganz und gar
zum Schatz / Schutz / Schild / Held erwehlen?
deine Weißheit weiß die Zeit /
und dein Allmacht schickt die Sachen /
deine Gnad kan alles machen /
dir zu Lob und uns zur Freud.

5.

Wie der Perlen- Fischer muß
an dem Grund die Muscheln fassen /
und versenkter in den Fluß
ihm die Augen binden lassen:
also will in Gottes Macht
ganz und gar ich mich versenken;
seine Weißheit wird mir schenken
einen Sieges-Perlen-Pracht.

6.

Ich ich will / Vernunfft-geblendt /
mich in Gottes Güte wagen /
und verhoffend beede Händ
voller Wunder Frücht her tragen:
will auf meinen Stern / auf Gott /
Nadel / Herz / und Augen richten /
ihn zu Hülff und Trost verpflichten.
Noht / hat glaubend keine Noht.

7.

Torheit wär es / solche Werk
Menschlich ohne Glauben glauben.
Dieser Gott-beherrschungs-Stärk'
ist erlaubt das Wunder-rauben:
kan erlangen / was sie will /
ja Gott selbst ins Herze greiffen.
Biß die Glaubens-Früchte reiffen /
bin ich frölich hoffend-still.

47. Trost-Liedlein

1.

Lieblichkeit /
Lust und Freud!
nach dem Regen / sehen
Freud' und Wonn /
Lust und Sonn;
was man wünscht / geschehen.

2.

Wird nicht schier
meine Gier
gleiches Ziel erreichen?
muß nicht offt
dem / der hofft /
alles Unglück weichen?

3.

Atlas-Last
hast gefast /
du / O mein Beginnen.
Doch verharr!
dann Gefahr
zuckert das Gewinnen.

4.

Helden-Muht /
gleicht der Glut /
der alls unterliget.
Sieg und Preiß
folgt dem Fleiß /
die Verharrung sieget.

5.

Sternen- Dach
man gemach
mit der weil ersteiget.
state Müh
feyret nie /
gar die Cedern beuget.

6.

Flieg' und flisch /
Flamm' und zisch /
O mein Hoffnungs Zunder!
Schwerheits-Stein /
deine Pein /
macht dich erstrecht munder.

7.

Lieblich ist /
wer geniest
Hönig auf die Gallen:
wann man sicht
Sieges Liecht
auf das Stürmen strahlen.

8.

Glaubens Krafft!
mach lebhafft /
mein fast-todtes hoffen /
hilff mir fort /
biß in Port
mein Schiff eingeloffen.

21. Aus dem Wälschen.

Uber die Empfängnus Christi

Es war ein grosses Werk / daß durch ein Gottes Wort
gleich wurd die Welt gebauet.
Doch / daß der ewig Sohn / auf eine Rede nur
sich gleich vermenschet hat / und von dem Himmel fuhr:
noch weit ein grössers war. Nun ganz verwundert schauet!
demütigst / es gescheh' / ein armes Mägdlein spricht:
drauff wird uns gleich gemacht das ewig Wort und Liecht.

48. Uber das Gebet

1.

Ach wie pfleg' ich mich zu freuen
über Gottes Wort!
herrlich pflegt mir zu verneuen

seine Treu mein Hort.
wann ich in der Schrifft will lesen /
pflegt mein Hoffnung zu genesen /
meint / sie sey im Port.

2.

Das Gebet / des Himmels Leiter /
ist der Hoffnung Grund;
Gottes Geist / ist des Bereiter;
Jesus / dessen Mund.
wann die Seuffzer aufwerts steigen /
Trost und Hülff' herab sich neigen:
ach daß ichs empfund!

3.

Jesus Namen / ist die Schalen:
Gottes Geist / die Glut /
derer Feurig' Andacht Strahlen
hitzen unfern Muht /
machen uns von Gott entfangen
alles / was wir nur verlangen /
auch das höchste Gut.

4.

Moses hatte lang gekrieget /
nicht durch kühne Werk;
Josua hat auch gesieget /
nicht durch seine Stärk':
durchs Gebet / ists ihm gelungen /
daß viel König' er bezwungen.
Dieses Bey spiel merk!

5.

Hat Hiskias nicht erbetten
die Gesundheits-Gab /
als er schier hätt sollen tretten
aus dem Bett' ins Grab?
ach ich wüst' ihr viel zu schreiben:
doch muß es anitzt verbleiben /
weil nicht Zeit ich hab?

6.

Ich will nur von neuem sagen /
was ich selbst gesehn
meines Vettern Krankheits Plagen
musten stracks vergehn /
als wir zu dem Herrn lieffen
um Gesundheit ihn anrieffen /
ist es gleich geschehn.

7.

Beten / ist mein Wehr und Waffen /
drauff ich mich verlaß.
Alles kan ich mit verschaffen /
wann ichs nur recht fass' /
alles Unglück überwinden /
Wunder-Trost in Trübsal finden:
was ist über das?

22.

Wer kan die Wunder-Bahn in Gottes Wegen finden?
wer solt sein Weißheit sich zu gründen unterwinden?
denn / Meer-Abgründlich-tieff' und über- Sternen hoch
ist Gottes Würkungs-Zweck nie ausgesonnen noch.
Mein Gott! es gnüget mir / daß ich mich dich laß lenken.
will auf die Folge nur / nicht auf die Ziel-Frucht / denken:
geht alls in seine Quell / wie aller Weißen Schluß /
so folget / daß dein Spiel mit mir zu dir gehn muß.

49. Auf die Geistes-Erleuchtung

1.

O Klareste Sonne! wer wolt dich nit kennen /
wer wolte nicht völlig erleuchtet sich nennen?
wann / Schöne / du scheinest mit feurigen Blick /
versicht sich das Herze auf hoffendes Glück.
die Warheit selbst schreyet:
bitt / was ihr verlanget /
auf daß ihr empfanget
was völlig euch freuet!
ich habe gebetten:

nun will ich hintretten /
im Glauben / weil Christum sein Zusag nit reuet.

2.

O herrliche Herrlichkeit glaubiger Herzen /
die glaubend verlieren all plagende Schmerzen!
durch Glauben / würkt Glaube ein völliges Werk /
im Glauben und Glaubigen Göttliche Stärk.
Die Glaubigen ehren
mit Allmacht-bekennen /
und Liebes-Brunst-brennen
den ewigen HERREN.
Sein Gnade sie weisen /
sein Wunder sie preißen /
sein Glori / Lob' / Ehr und Preiß herrlich vermehren.

3.

Wann Gölden und Perlene Bächlein entsprüngen /
und nahend von eurer Behausung hindrüngen /
ihr würdet bald völlig sie leiten hinein /
voll Freuden / voll Jauchzen / des Sieges halb / seyn!
die Gnaden-Gold-Flüsse
sich häuffig erzeigen:
ihr könnet sie neigen
zu eurem gentesse.
Der Glaube kan machen /
daß jedliche Sachen
den Frommen zu Frieden und Ehren erspießen.

23. An Gott den H. Geist

Mein geheimer Herzen-Schatz / meine helle Sinnen-Sonne!
tröste und bestrahle mich. Ohne deine Gnaden-Wonne /
bleibt es dunkler Vnglücks-Schatten. Von dem Mond / der
    Erden-Lust /
hab' ich schlechte Herz-Erquickung / wann du mir nicht bist bewust.
Spiel das sondre Sinnen-Spiel / auf dem Schauplatz der Gedanken;
mach die Geist-Rageten gehn / daß sie Sternenhoch auffanken:
daß man mög den Allmachts- Donner und den Jubel-Schall verstehn.
Laß / von An-zu Angesicht / bald / was jetzt im Geist / mich sehn.

50. Geistes-Belustigung in Gottes Wunder- und Gnadenwerken

1.

Ach wie mächtig / ach wie prächtig
sind / Herr / deine Werke!
wer sie achtet und betrachtet /
krieget Glaubens-Stärke.
Wer nur kan ein Fünklein sehen
und ein Stäublein groß verstehen /
muß in Freudensprüngen gehen.

2.

Meine Weide / meine Freude
sind / Gott / deine Wunder.
Es empfangen die Verlangen
Feur / als deren Zunder:
sie beflammen meine Gierden /
nach dem Gottes-Ehren-Würden
und der Kirche Sieges-Zierden.

3.

Weiße Schickung / Kunst-Erquickung!
laß mich dich auch fühlen /
deiner Thaten Schutze-Schatten!
wolle mich verhühlen:
bis die Sonn / dein klarer Wille /
mich aus dieser düstern Stille
bringt zum dir-bewusten Ziele.

4.

Ich erschricke / ja bestricke
mich mit Wunder-Banden:
wann die Klarheit / voller Warheit
in dem Geist vorhanden;
wann erwegend sie beweget /
durch die Wunder-Wunsch erreget /
deinen Mund zum Grund auch leget.

5.

Durch die Schwachen / deine Sachen
herrlich du ausführest;
sie erweckest und bekeckest /

reich mit Gaben zierest;
deine Feind durch sie bekriegest /
wunder-hoch in ihnen siegest /
dieses zu bedenken fügest.

6.

Schwingen / klingen / singen / springen /
will mein Geist vor Freuden /
sich beleben / durch erheben
in die Weißheit / weiden.
Ja es dunckt mich schon zu haben /
und Seel-süssest mich zu laben
mit verheissnen Gnaden-Gaben.

24. Morgen-Gedanken

Auf / auf! heb dich aus den Pflaumen: Nimm die Feder in die Hand.
Schwing dich von der Eitelkeit / GOTT dein' Opffer-Gab zu bringen.
Gott preiß-loben / ehren / danken / ist ja dein Beruff und Stand.
Laß die lebend' Harpf / dein Herz / schön von Gottes Wundern klingen /
Gott / mein Schöffer / Heiland / Tröster / höchste Drev und Einigkeit!
sey gepreist vor alle Gnaden / mir erzeiget Lebens-Zeit.
Könt' ich allen Meeres-Sand / alle Stern / zu Zungen machen /
aller Wälder Haar das Laub / alle Zahl befreyte Sachen;
wann mir Mensch- und Engel hülffen: könt ich deines Lobes Preiß
nicht den ringsten Theil aussprechen. Dieses nur allein ich weiß /
daß die Vnaussprechlichkeit / dessen Allgröß etwas zeiget.
Dieses lobt dich auf das höchst / das in Lieb verzuckt still schweiget.

51. Auf die ruhige Nacht-Zeit

1.

Sternen-bunter Himmels Thron /
und du Mond der Nächte Kron!
leuchtet / weil den Sonnen-Strahl
uns benimmt der Erden Ball.

2.

Stillheit / der Gedanken Grab!
stelle Sorg' und Grämen ab.

Stille / stille / still' in mir /
alle Herzbewegungs-Gier!

3.

Nun die Musik in der Lufft
schläfft in holer Bäume Klufft /
ruht und kommet mir nit für
in der Gott-Erhebungs Gier.

4.

Süsser Gottes-Gnaden-Safft
der auch schlaffend Glück verschafft!
fliesse mir in Träumen ein /
meiner Wolfahrt Schein und Seyn!

5.

Schatten / Freund der Ruhigkeit!
Nacht / du Müh'-Ergetzungs-Zeit!
ihr solt nie so dunkel seyn
daß ihr blendt der Ehren-Schein.

6.

Und du meiner Ruhe Ruh /
Herzen-Herrscher / komm herzu /
sey du selbst mein schlaff-Gemach:
gib / daß ich dir schlaffend wach.

7.

Meine Augen / schliesset euch /
seit an Ruh-Gebährung reich!
aber du / mein Geist / betracht /
lobe Gott um Mitternacht!

25. O Caesar, O Nulla

Vorgestecktes Tugend Ziel! wo nicht dich / den Tod erworben!
Lorbeer- Zweige zieren mich lebend / oder doch gestorben
lieber / als ohn' Ehr' / ohn Leben will ich seyn zu aller Zeit.
Adlers-Lust ist in der Sonne / in der Tugend meine Freud.

52. Bey Ansehung der Sternen /Wunsch-Gedanken

1.

O Ihr Sterne / O ihr Strahlen /
die ihr an dem Himmel leucht /
wann die Sonne von uns weicht!
wie beliebt ihr mir vor allen!
es ist meiner Augen Liecht
schnurstracks gegen euch gericht.

2.

Euer Blitzen / euer Glitzen /
eure Hochheit liebt mir wol:
daß mein Geist verlangens voll
wünschet neben euch zu sitzen.
Daß ich nicht mehr Irdisch wär /
nicht aus Hoffart / ichs begehr.

3.

Ihr vollzieht des Höchsten heissen /
in gehorsams höchstem Grad:
bleibt in seiner Ordnung Pfad
mit dem Einfluß / Lauff / und gleissen.
eures Thun und Lassens Ziel
ist / vollbringen was Gott will.

4.

Könt solch heiliges Beginnen
auch in mir ereigen sich!
daß ich würkte stätiglich /
wie ihr auf den Himmels Zinnen /
was mein Gott erheischt von mir:
wolt ich mich noch dulden hier.

5.

Nur die Ketten / nur die Bande /
nur der Sünden-Strick beschwer
machen wünschen / daß ich wär
Engel-rein in Gottes Hande /
ganz befreyt der Eitelkeit:
nicht das Elend dieser Zeit.

6.

Zagen / ist bey feigen Herzen;
nur die Kleinmuht wünscht den Tod:
Dapfferkeit kan alle Noht
tragen / sonder Klag und Schmerzen,
Nur / der Sünden Todt zu sehn /
wünsch' ich in den Tod zu gehn.

7.

O ihr Sterne / O ihr Strahlen!
daß ich nicht / wie ihr / auch leucht!
daß der Tugend-Zwang nicht weicht
dieser Leib / und ich in allen
durch der Tugend schönstes Liecht
werd' erhellt und auffgericht!

26.

Das / was man von Gott soll sagen / flösset uns derselbig ein.
Was den Himmel soll erheben / muß aus seinem Kunst-Schatz seyn.
Was zu seinen Ehren zielt / nimmt den Vrsprung her von oben.
Dieses Liecht erleuchten muß / dessen Klarheit man soll loben.
Drum mein alles guten Anfang / Ziel und End mein A und O!
fließ und gieß / bestrahl / erleuchte mich mit deiner Krafft also:
daß ich von dir sing' und sag / dich erhebe / lob' und preiße
auf fast-nie erhörte Weise.

27. Ich will eine Hülffe schaffen etc

Ps. 12. v. 6.

Schaff / ach schaff / O Herrscher / hülff / daß man Herz-getrost kan
    lehren.
Feur-begeiste Flammen-Zungen gib' / in Andacht-kalter Zeit /
der verfelsten Menschen Sinn glauben-kräfftig zu bekehren.
Wann der minste Allmacht-Strahle leucht in Herzen Düsterkeit /
wird sie gleich der Nacht verjagt / und das Lehr-Liecht zu erlangen
eine starke Herzen-Gier in der Seelen angefangen /
die / als wie die schmachtig Erden / wann ein Regen in sie fliest /
wahrer Warheit Vnterweisung / gleichsam Geisterdurst / geniest.
Schaffe nie-gefühlten Durst nach den süssen Sions-Quellen /
daß man / wie erhitzte Hirschen / nach dem Wasser schreyen muß:

schaff' auch Gnaden-Wasser-Ström höchst-ergötzlich unsern Kehlen.
Wollst im Durst / die mäng' uns geben: und den Durst / im Vberfluß.

28. Leidens-Entschliessung

So sey es halt! ich will das Vnglück auf mich nehmen /
das schwere Creutz / aufmeiner Schultern schwachen Berg /
wie Atlas thät' / ertragend mich dazu bequemen.
Der Höchste weiß / das Menschen-Krafft ist wie ein Zwerg /
ob schon der Will dem vorgedachten Riesen gleicht.
Der fliegend Lust / Gott inniglich bedienen will
nach Reigers-Art / durch alls Gewülk zur Klarheit streichet.
Der schwere Leib / hat tausend Hindernus zum Ziel:
der Will' ist Feur / flammt Himmel-an und alls verzehret.
Die Krafft / ein Rauch / im Vnglücks Wind verschwindt geschwind:
es sey dann daß sie Christus Wunden-Safft ernehret /
und daß man Stärk' in Kennung eigner Schwachheit find.
Offt will mein Geist / mit Milo / einen Ochsen tragen /
der Hydra Köpff' all' unermüdet hauen ab:
bald ist er ganz vor Schmerz und Angst in mir erschlagen /
daß ich an ihm ein feigen Sardanapel hab.
Ach Gott! ach wer den steiffen Muht stets währhafft heget'
in Noht und Spott / in Krankheit / Vnlust / Schmerzen-Pein!
den nichts auf Erd / was man auch nennen kan / beweget' /
in ihm selbst könnt' in Vnglücks-Würbel standhafft seyn!
denkstu / mein Geist! wer kan doch da beständig leben /
wo Vnbestand den Herrschung-Zügel leitt und führt?
ach warum nicht? schau / ob die Wankel-Wellen heben
die Fels im Meer? nein! ihrer keiner wird gerührt.
Der Diamant / das Bild der stät-Beständigkeiten /
wird in der See / des Gegentheils Beweiß / erzeugt.
Der Perlen-Schneck / verschliest sich fäst zu allen Zeiten
im sauren Reich / bis sich ein Himmel-Thau herneigt.
Machs auch also / sey Herzfäst in den Vnglücks-Läuffen /
und Demant-hart / will man dir stören deine Ruh.
Laß Gottes Wort und süsse Gnaden in dich treuffen.
Der Gierden-Sitz / das Herz / schließ' durch Entschliessung zu:
daß nicht hinein die Erden-Bitterkeiten rinnen.
die köstlich Ruh' / ist dann dein Perlen-Zier und Pracht:
die wirstu durch so kluges Kunst-Beginnen gwinnen.
HERR / gibe du zum Willen Krafft und Würckungs Macht.

29. Ketten- oder Ringel-Reimen

Müssen wir schon hier viel leiden: Gottes Gnad kan alls versüssen.
streben nach den Himmels-Freuden / ist gerüster Christen Leben:
achten weder Hitz noch Blitz / herzhafft zu dem Höchsten trachten;
bringet es schon Trübsal- Hitz / letzlich doch mit Palm umringet.
Lasset den beleibten Schatten / diese Welt: den Himmel fasset.
Fliehet / euch mit dem zu gatten / was verderben nach sich ziehet.
weiset / daß ein edles Herz seine Stärk' im Vnglück preiset /
glänzet in den grösten Schmerz / in der Pein den Schein ergänzet.
Alle Welt / mag wüten / toben: wann uns nur des Geistes Strahle
giebet einen Glanz von oben; und das untre nicht betrübet.
Streitet mit dem Laster-Hauff; dapffern Siegern ist bereitet
Ehre nach vollendtem Lauff / die kein Vnglück mehr verstöhre.

30. Aus dem Lateinischen versetzt

A und O du grosser Gott /
mein Gott / mein Gott in der Noht!
welches Krafft kan alles machen /
dessen Sinn weiß alle Sachen /
dessen Seyn das Höchste Gut /
der auch lauter Gutes thut;
ob- und unter allen schwebend /
ausser- und in allen lebend /
unter allen ungeschmäht /
ober allen unerhöht;
inner aller unverschlossen /
ausser allen unverstossen /
über alls mit Herrsch-Gewalt /
untersich als Aufenthalt;
alls begreiffend' ausser allen /
drinn erfüllend nachgefallen /
wird darinnen nicht gedrängt /
noch heraussen was verlängt;
unten unbetrübt im walten /
oben auch ununterhalten /
Welt-bewegend unbewegt /
hätst all Oerter ungehegt;
wandelst unverwandt die Zeiten /
flüchtigs stillst ohn Flüchtigkeiten;
nötige noch äusre Krafft

endert dein' Ureigenschafft.
Was vorbey / was soll geschehen /
kanstualls vor Augen sehen:
ja es ist dir allzeit heut /
unzertheilte Ewigkeit!
deine Vorsicht / wacht in allen.
Schaffst auch alles nach gefallen.
Zu dem Bild des Höchsten Sinn /
ordnest die Urwesen hin.
Nun der wahre Gott in diesen /
Drey in einem / wird gepriesen:
in dem Wesen Einigkeit /
Drey-Persöhnlich doch allzeit.
In Personen keine eher /
keine kleiner / keine höher.
Der gebohrn / dem Vatter gleichet /
gleich mit Wesen ist bereichet:
ist des Vatters Bild und Strahl /
Schöpfer und Geschöpf zumahl;
ist an Macht nicht minder mächtig /
an Gestalt und Seyn gleich prächtig;
so viel jener / so viel der;
welches jener / solches er.
Aus was der / er auch in gleichen /
kan in allem ihn erreichen.
Vatter / einer der gebahr;
Sohn / der / der gebohren war;
und der Geist von beeden gehet:
Drey-ein-wesend Gott bestehet.
Wahrer Gott muß jeder seyn:
doch nicht Götter / Gott allein.
Gott der Sohn / mit Fleisch umgeben /
wolt mit Fleisch bekleidet leben.
Du der ewig-Zeitlich bist /
der Unsterblich ewig ist:
wahrer Gott / und Mensch gebohren /
Gott und Mensch / doch unverloren.
Gott ist nicht ins Fleisch versetzt.
durch das Fleisch auch nicht verletzt.
dieses nur der Höchst' annahm /
unverzehrt durch Gottheits-Flamm.
Nach der Gottheit jenem gleichet /

nach der Menschheit ihm doch weichet:
Gott muß Gottes Vatter seyn /
Mutter eine Jungfrau rein.
in so neuen seltnen Banden /
zwo Naturen sind verhanden.
Er behielte / was er war:
was er nicht / sie auch gebahr.
Unser Mittler und Vorsprecher /
unser Höll- und Tod-Zerbrecher /
ließ beschneid- und tauffen sich;
ward gekreutzigt / starb für mich;
fuhr hinab die Höll zu stürmen;
stund' und fuhr' auf / uns zu schirmen /
zu dem klaren Himmel-Liecht /
daß er alle Welt dann richt.
Und das unerschaffne Weben /
ohn Geburt und Seyn-Anheben /
das dem Sohn und Vatter gleicht /
als ihr Geist aus beeden streicht.
Die selbständig Gottheits-Flammen /
die beständig hält zusammen /
Gott / ist unveränderlich /
läst auch nicht verwandlen sich.
Dieses ist das wahre glauben /
sonder falsche Irrthums-Schrauben.
Wie ich sage / glaub' ich auch /
gib nicht nach dem bösen Brauch.
Guter Gott! daher ichs wage /
ob wol böß / doch nicht verzage.
Hab' ich schon den Tod verdient:
hat mich doch dein Tod versühnt.
liebst du mich / ich nichts verlange
als den Glauben / der Sieg-prange
ohne schauen; bitt' allein /
brich die Bande meiner Pein.
In den Pflastern deiner Wunden /
wird der Kranken Heil gefunden.

31. Ogni Cosa per lo Meglio

Alle Sachen nimm zum besten: ist es noht / auch Bley für Gold.
diese Kunst bringt solchen Nutzen / daß dir alle Welt wird hold.

recht und würdig wird sie gleicht Theophrastens Kunst-Gold-Seele:
weil sie Vnglücks-trübe Wolk macht wie Glückes-Sonne helle.

32. Un cuor Animoso Vince ogni estremo

Achelous hat's erwiesen / als er in Aleides Hand:
da er sich bald macht zur Schlangen / schlüpfrend seine Freyheit fand.
In der eusserst grossen Noht sollen wir seyn Klugheit-Schlangen;
durch der Weißheit List und Rank / unverwehrten Pass erlangen.

33. Sopra il malo, aspetto il bono

Diese weiß-bewährte Kunst übt der neuen Welt Erfinder:
Glück Erwartung / machet ihm alles leidend Vnglück linder:
er erduldet Schmach und Dräuen: biß er neues Land erblickt /
wird dann / von verzeihungs bitten / Sieg' und Ehr zugleich beglückt.
wer auf Erden wird verspott / mag an Glaubens-Mastbaum steigen:
der wird das verhoffte Land / nahend / reich und groß / ihm zeigen.

34. Chi non risica, non quadagno

Wer nichts waget / nicht gewinnet. Sehet Alexander an /
und die kühnen Amazonen / was das wagen nutzen kan!
drum so waget euer Glücke / euern Leib und euer Leben:
wann ihr wolt gewinnen was / und beherzte Helden geben.

35. Dove non arrivano le forze bisogno che sopplisce l'acutezza del' ingegno

Was die Stärke nicht kan thun / bringt zu weg die List der Sinnen.
Darius die Persisch Kron / durch des Reitknechts Kunst-Beginnen /
durch das Pferd / die Griechen / kriegten / Troja / die berühmte Stadt.
Hannibal mit Feuer-Ochsen freyen Paß gewunnen hat.
Judith / hat mit List enthaubt Holofernen ohne Stärke /
und ihr Vatterland befreyt. Stärke / wo nicht List / das merke!

36. Lauro, palma, olivo, spesso in Sauio sono congiunto

Sieg und Stärke / samt dem Frieden / soll bey einem Weißen seyn:
wie an Marx Coriolanen solches gibt der Augenschein;
welcher unter Vnglücks-Last sich gewaltiglich erhebet /
Freund und Feinde übersigt / letzlich auch in Frieden lebet.
Niemand lasse sich so drucken / daß er nicht mehr siegen will:
noch den Sieg so hoch belteben / daß er nicht könn bleiben still.

37. Le belle cose, piaceno à tutti

Schönheit liebet jederman. Wer ist / der da hasst die Sonne?
warlich Niemand / als der Neid / der ihr ihren Schein nicht gonne.
doch versteh' ich nicht die Schönheit / die nur in dem Antlitz glitzt:
sondern wahrer Tugend Strahlen / die aus dem Gemühte blitzt.

38. Un cuor generoso, non è soggeto à l'incostanza della fortuna

Ein beherztes dapfers Herz ist dem Glück nicht untergeben:
kan sich auch / von ihm gestürzt / durch Großmütigkeit erheben.
Marx Coriolanens Elend / bracht ihn in der Feinde Gunst.
Also ist / zum Ehr-erlangen / Vnglücks Sieg die nächste Kunst.

39. Altri tempi, altre cure

Im Früling sorget man / die Erden zu besäen:
im Sommer / wie man mög / das nunmehr reiffe / mähen.
Wer im Früling seiner Jugend Tugend auszusäen pflegt /
einen schönen Kranz / im Alter / von den Ehren Aehern trägt.

40. Chi semina virtu, fama ricoglia

Wer die Tugend / wie der Cadmus / säet / seine Drachen Zän:
diesem werden hundert Famen / mit Posaunenschall / aufgehn.

41. Il saggio, domina le stelle

Wie Mercurens listigs Singen / Argus Augen schlaffen macht
ihn um solche / Haupt und Leben / durch der Pfeiffen Thon /
    gebracht:
also kan / der weiß / die Stern' und sich selber überwinden /
daß er sie / als schlieffen sie oder todt / nicht darff empfinden.

42. Chi si arma di virtu, vince ogni affetto

Wer sich mit der Tugend rüstet / wie der Perseus mit den Haupt
der Medusa / so dem Drachen seinem Feind das fühlen raubt:
machet der Begierde Schlangen / durch der Keuschheit Schild zu
 Stein /
welchen ihm die Freyheit schenket / daß das Herze frey kan seyn.

43. Vive si, che dopò morte tu vivi ancora

Nach dem Tod das Leben geben / steht allein der Tugend zu /
die kan Ruh' im Leben schaffen / und das Leben in der Ruh.
Leuchtet hier ihr Strahl in uns: nach dem Tod wird unser Nahme
ewiglich in ihr erhellt / als ein ungeleschte Flamme.
Ist demnach / des Tugend Lebens / Hydrens-Art die rechte Prob:
zwey aus eines Tod entspringen: dort der Seele / hier das Lob.

44. Un bel morir, fa l' huemo contento

Welches Lebens-Schiff von Wellen vieles Vnglücks wird geplagt /
freut sich über alle massen / wann der Wind im Port es jagt.
Ach wer wolt doch froh nit seyn / wer von Donner / Blitz und Regen
heim in sein Behausung käm / könt daselbst zu Ruh sich legen.
voller Hagel / Strahl / und Wasser / Leid / und Feindsal / ist die Welt:
drum das allersüssest Sterben mich allein zu frieden stellt.

45.

Der Erden warmer Hauch / so in die Lufft sich schwinget /
ihr selber wider nutzt / in dem er Regen bringet.
Stratonens weißer Raht / zu Dank dem treuen Knecht /
kehrt nutzend wider um / auf ihn und sein Geschlecht.

46. Uber Pygmalions Geltsucht

O Wunder / was ist das? der Trüger wird betrogen.
Das Gelt hat / wie Magnet / sein Herz an sich gezogen.
Sein' Hoffnung / sinkt zu Grund. Der klugen / bleibt der Schatz:
aus Vrsach / weil das Gut bey Bösen nicht hat Platz.

47. Uber den gekreutzigten Jesus

Seht der König König hängen /
und uns all mit Blut besprengen.
Seine Wunden seyn die Brunnen /
draus all unser Heil gerunnen.
Seht / Er strecket seine Händ aus / uns alle zu umfangen;
hat / an sein lieb heisses Hertz uns zu drucken / Lustverlangen.
Ja er neigt sein liebstes Haubt / uns begierig mit zu küssen.
Seine Sinnen und Gebärden / sind auf unser Heil gefliessen.
Seiner Seiten offen-stehen /
macht sein gnädigs Herz uns sehen:
wann wir schauen mit den Sinnen /
sehen wir uns selbst darinnen.
So viel Striemen / so viel Wunden /
als an seinen Leib gefunden /
so viel Sieg- und Segens-Quellen
wolt Er unsrer Seel bestellen.
zwischen Himmel und der Erden
wolt Er aufgeopffert werden:
daß Er Gott und uns vergliche.
uns zu stärken / Er verbliche:
>Ja sein Sterben / hat das Leben
>mir und aller Welt gegeben.
>Jesu Christ! dein Tod und Schmerzen
>leb' und schweb mir stets im Herzen!

Spruch-Reimen

1.

Jesu / meine Wunder-Allheit! Wunschbeseelig mich mit dir.
Wann ich diesen Haupt-Wunsch kriege / opffer' ich all andre Gier.

2.

Mensch / wilr du / daß dein Thun nicht soll zu nichtes werden /
so ruffe diesen an / der schuff' aus nichts die Erden.

3.

Soll deiner Anschläg Bolz mit in die Scheiben gehn
des Glückes / muß dein Aug' auf Gottes Hülff absehn.

4.

Die Weißheit ist / vor Gold / auch Gelt und Welt / zu ehren.
Sie war / und bleibt auch stehn / wann die sich um wird kehren.

5.

Die Weißheit ist / wie Sonn / vor welcher nichts verborgen:
vor dieser flieht die Nacht / vor jener alle Sorgen.

6.

Die Tugend / wie der Palm so schwere Früchte träget /
erhebt sich mehr empor: die Last den Muht erreget.

7.

Gleich wie das Wasser offt durch dicke Dämmereist:
also gelingt die Müh deß / der sich steiff befleist.

8.

Auf Hoffnung / wird das Traid / gesäet in die Erden:
auf Hoffnung / Tugendsee / wilt du vollkommen werden.

9.

Beständig bleibt der Stamm / doch nicht die Blüh und Frucht:
der Tugend Ruhm besteht / nimmt Schön' und Zier die Flucht.

10.

Der Wind / ob wol sehr rauh / der Sonn den Weg bereit:
Verachtung / fähig macht der theur-erkaufften Freud.

11.

Der Gottes furcht kan nichts / als sie ihr selber / gleichen:
all anders muß vor ihr und ihrer Krafft weit weichen.

12.

Gleichwie der Frülings-Wind die Schwalben uns her führet:
so Widerwärtigkeit / offt Lust und Trost gebiehret!

13.

Kein Süßheit ist / die gleicht der Tugend Krafft-geniessen:
es kan ein ganzes Meer der Wollust aus ihr fliessen.

14.

O Tugend! wann nicht wär dein End mit Freud verguldet /
so fündstu wenig Volck / das deiner Herrschafft huldet.

15.

Ein kleines dulde dich / O Creutz-belaste Schaar:
biß Sieg und Tugend wird ein wolvergnügtes Paar!

16.

Der Tugend ihr Geschick / ist Schmach und Unrecht leiden:
doch läst sie sich dadurch von ihren Zweck nicht scheiden.

17.

Wer dapffer und beherzt / den schröckt kein drauen nicht:
der Eiffer wird geschärfft / wann man ihm widerspricht.

18.

Das wär ein schlechte Lieb / wann ich dich nur wolt lieben /
O Tugend / wann es Fried! im Krieg / muß Lieb sich üben.

19.

Wird schon gerechte Sach in Mittelpunct der Erden
verworffen: muß sie doch mit Ruhm hervor bracht werden.

20.

Ob auch Gerechtigkeit nicht allzeit also scheinet:
so wird sie doch durchs Creutz / wie Silber / ausgefeinet.

21.

Wie kein so lange Nacht / es folgt ein heller Morgen:
so bleibt Gerechtigkeit nicht ewiglich verborgen.

22.

Betrüb dich nicht zu viel! dann / was dich heut beschweret /
wird morgen in ein Kron / aus einem Creutz / verkehret.

23.

Der Tugend / und der Perl / ist nichts an Wehrt benommen:
ob in der Thoren und der Kinder Händ sie kommen.

24.
Das wär ein thöricht Ding / in Unglück Tugend lassen.
Im grösten Unglück / muß den grösten Muht man fassen.

25.
Es wird vom Widerstand / wann Tugend ihn vermerket /
die Gier / wie Oel von Feur / verdoppelt und verstärket.

26.
Es ist kein kleine Stärk / auch unterlegen siegen;
weil man die Gurgel tritt / neu' Helden-Kräffte kriegen.

27.
Die Tugend / ob sie schon vor Haß und Neid gefrieret /
in Gottes Gnaden-May sich frölich neu gebiehret.

28.
Die Tugend / wie die Schwalb / im Unglück' ligt entwallen:
wart / bis des Himmels Hülff den süssen West lässt schallen.

29.
Wie in der Winter-Erd der Blumen glanz verborgen:
so wird der Tugend Zier verheelet durch die Sorgen.

30.
Die Bluhm bricht endlich aus / durch süsses Zeit-verkehren:
der Tugend Tuckungs-Zeit / wird auch nicht ewig währen.

31.
In allen Fall sich kan der Tugend Krafft ereigen:
im Siege Dapfferkeit / verlierend Großmuht zeigen.

32.
Es ist der Tugend Art / was schweres ihr vorsetzen:
auf daß der Wunder-Sieg sie höher soll ergetzen.

33.
O Tugend! die Gefahr trägt Rosen / dich zu krönen /
die die Unmüglichkeit als Gold pflegt zu verschönen.

34.

Wer herzlich Gott vertraut / kan alle Ding verschaffen /
nimmt Erd- und Herzen ein mit Glaub- und Wortes-Waffen.

35.

Ein ander liebe das / was Indien herschicket:
mir liebet Glaubens-Krafft / ich werd durch sie erquicket.

36.

Mit freuden sieget ob der Wunder-Glaub zu letzt /
die Widerstehungs-Hand ihm selbst den Kranz aufsetzt.

37.

Unmüglichkeiten- Stein zur Grundfest wird geleget:
nur in Ungläublichkeit der Glaub zu wundern pfleget.

38.

Die Hand / so Feur gekühlt / und Lewen-Rachen bunde /
ist unverkürzt / und kan die Kunst noch auf die stunde.

39.

Die unverwehrlich Zeit / kan alle Ding' erreichen /
es muß ihr Felsen-fest' und Atlas-Stärke weichen.

40.

Aus kleinen Sämlein offt entspringt ein dicker Stamm:
ein kleines Fünklein Glaub / bringt grosse Würkungs-Flamm.

41.

Durch wagen mit Vernunfft / wird keine Sach vergeben:
die / sichert vor dem Fall; und jene / macht erheben.

42.

Der Brunnen tieffe kan den Wasser-Safft versüssen:
aus tieffer Heimlichkeit / kan süsse Freude fliessen.

43.

Die Tugend hat gar nie sich Ursach zubeklagen:
sie kan den Sieges- Fahn in allem Zustand tragen.

44.

Ich glaub' Ungläublichkeit: jedoch mit dem beding /
daß dem / auf den ich trau / sind alle Sachen ring.

45.

Wen Gottes Hand regirt / dem kan es nicht mislingen:
er kan / aus finstrem / Liecht / und Glück aus Unglück / bringen.

46.

Mein Wunsch ist / Gott allein / der endlich wird zu allen.
Solt mir / der alles ist / vor allen nicht gefallen?

47.

Gott gibt mir alles hier / aus freyem Liebes-Muht:
das / was er mir versagt / ist nichts / weil es nicht gut.

48.

In Gott / end' ich mein Thun / daß es unendlich wird.
Da / wo mein Leben ist / da hafft auch die Begierd.

49.

In Mittelpunct der Ruh / die ewig sich beweget /
sey mein unmüssigs Werk mit stillem Fried geleget.

50.

Ich wolt' / ich könte so Beginnen /
daß ich / vergnügt wär aller Sinnen:
doch weil der Höchst es selbst nicht kan /
wie daß ich mich nimm darum an?

Liebes Bvch!
geh /
Mehre /
GOTTES
Preiß vnd Ehre.

Biographie

1633 *7. September:* Catharina Regina von Greiffenberg wird auf Schloß Seisenegg bei Amstetten an der Ybbs in Niederösterreich geboren. Sie ist die älteste Tochter des Johann Gottfried Freiherrn von Greiffenberg und der Eva Maria, geb. Freiin von Pranckh zu Reinthal und Frondsberg. Wie viele Standesgenossen des niederösterreichischen Landadels ist die Familie protestantisch.

1641 Tod des Vaters. Sein dreißig Jahre jüngerer Stiefbruder Hans Rudolph von Greiffenberg tritt die Erbschaft an, übernimmt die Güter und die Aufsicht über die Erziehung seiner Nichte Catharina Regina. Er vermittelt ihr solide humanistische Kenntnisse und Sprachfertigkeiten.

Später wird sie unter dem Namen »Ister-Clio« Mitglied des statutenlosen adligen Freundschaftsbundes, der »Ister-Gesellschaft«, der u. a. auch Wolf Helmhard von Hohberg und Johann Wilhelm von Stubenberg angehören.

1651 Nach dem Tod ihrer Schwester hat Catharina Regina von Greiffenberg bei einem Gottesdienst in Preßburg eine Art Erweckungserlebnis.

In den folgenden Jahren studiert sie theologische, philosophische, historische und wissenschaftliche Werke.

Erste dichterische Versuche, gefördert von ihrem Nachbarn Johann Wilhelm von Stubenberg.

1658 Beginn einer lebenslänglichen Augenkrankheit.

Neben poetischen Übersetzungen entstehen neue Gedichte, meist Sonette und Lieder.

1660 *April:* Beginn der Bekanntschaft mit Sigmund von Birken. Catharina Regina von Greiffenberg übersetzt die vier Gesänge des »Triomfe de la Foy« von Guillaume Salluste Du Bartas (gedruckt 1675).

1661 Hans Rudolph von Greiffenberg macht seiner Nichte einen Heiratsantrag, den sie jedoch wegen der engen Verwandtschaft zunächst zurückweist.

1662 *Frühjahr:* Die von Hans Rudolph von Greiffenberg zusammengestellten »Geistlichen Sonnette, Lieder und Gedichte« erscheinen in Nürnberg. Die Drucklegung besorgt Sigmund von Birken.

1663 Beginn der Arbeit an der »Sieges-Seule«.

Sommer: Die Türkengefahr veranlaßt Catharina Regina von

Greiffenberg, mit ihrer Mutter nach Nürnberg überzusiedeln.
Herbst: Erste persönliche Begegnung mit Birken, der im Auftrag von Hans Rudolph von Greiffenberg mit Markgraf Christian Ernst von Brandenburg-Bayreuth über die Möglichkeit einer Eheschließung zwischen Onkel und Nichte verhandelt.

1664 *12. Oktober:* Heirat mit Hans Rudolph von Greiffenberg in Frauenaurach bei Nürnberg.

1665 Nach der Rückkehr von Hans Rudolph von Greiffenberg nach Seisenegg wird er wegen »Konkubinats« verhaftet und ins Gefängnis gesperrt. Catharina Regina von Greiffenberg bleibt in Nürnberg.

1666 *April:* Freilassung von Hans Rudolph von Greiffenberg aufgrund einer kursächsischen Interzession und einer Supplik von Catharina Regina von Greiffenberg.
September: Gemeinsame Reise nach Wien. Catharina Regina von Greiffenberg verfolgt zehn Jahre lang den Plan, Kaiser Leopold I. zum Luthertum zu bekehren. Bekanntschaft mit Pater Philipp Müller, dem Beichtvater des Kaisers.

1667 *Januar–Februar:* Zweite Reise nach Wien.

1671 *Juni:* »Andacht-Reise« nach Regensburg.
Juli: Dritte Reise nach Wien.
Auf Bitten von Herzog Anton Ulrich von Braunschweig verfaßt sie ein Lobgedicht für den dritten Teil seiner »Durchleuchtigsten Syrerinn Aramena«.

1672 *Oktober:* »Des Allerheiligst- und Allerheilsamsten Leidens und Sterbens Jesu Christi / Zwölf andächtige Betrachtungen« (»Passions-Betrachtungen«) erscheinen (2. Auflage 1683).

1673 *Mai:* Aufenthalt in Nürnberg.

1674 *Januar:* Vierte Reise nach Wien.
Mai: Aufenthalt in Nürnberg.

1675 *März–April:* Aufenthalt in Nürnberg.
Juni–Juli: Fünfte Reise nach Wien.
Juli: Die bereits 1663/64 entstandene »Sieges-Seule der Buße und des Glaubens / wider den Erbfeind Christlichen Namens« erscheint zusammen mit »des Herrn von Bartas geteutschtem Glaubens-Triumf« und dem Anhang »Tugendübung, Sieben Lustwehlender Schäferinnen«.
Oktober: Tod der Mutter.

1676 *Mai:* Aufenthalt in Nürnberg.
September: Sechste Reise nach Wien.

1677 *Mai:* Tod von Hans Rudolph von Greiffenberg. Es folgen

jahrelange gerichtliche Auseinandersetzungen um dessen Güter. Catharina Regina von Greiffenberg gerät in wirtschaftliche Not.
August: Aufenthalt in Nürnberg.
November–Dezember: Aufenthalt in Regensburg.

1678 »Der Allerheiligsten Menschwerdung / Geburt und Jugend JESU Christi / Zwölf Andächtige Betrachtungen« (2. Auflage 1693).
Juni–Juli: Aufenthalt in Nürnberg.
August: Aufenthalt in Regensburg. Anschließend siebenter und letzter Aufenthalt in Wien (bis April 1679).

1679 *Mai:* Aufenthalt in Regensburg, dann in Nürnberg, dann erneut in Regensburg (bis Dezember). Der Ausbruch der Pest in Wien verhindert eine nochmalige Reise dorthin.

1680 Catharina Regina von Greiffenberg verliert den Prozeß um die Güter ihres verstorbenen Mannes und kann lediglich das mütterliche Erbe retten. Sie läßt sich endgültig in Nürnberg nieder, wo sie in der Stille des St. Egidienhofs lebt und arbeitet.

1681 *12. Juli:* Tod Sigmunds von Birken.

1692 »Des Allerheiligsten Lebens JESU Christi Sechs Andächtige Betrachtungen Von Dessen Lehren und Wunderwerken« und »Des Allerheiligsten Lebens JESU Christi Ubrige Sechs Andächtige Betrachtungen Von Dessen Heiligem Wandel / Wundern und Weissagungen« erscheinen.

1694 *8. April:* Catharina Regina von Greiffenberg stirbt im Alter von 60 Jahren in Nürnberg.

Printed in Great Britain
by Amazon